妙趣横生的通识读本

死 亡 课

关于死亡、临终和丧亲之痛（第6版）
DEATH AND DYING, LIFE AND LIVING(Sixth Edition)

查尔斯·科尔（Charles A. Corr）
克莱德·内比（Clyde M. Nabe） 著
多娜·科尔（Donna M. Corr）

榕励 译

中国人民大学出版社
·北京·

我们谨将《死亡课》的第 6 版献给曾经为理解和关怀那些正在与疾病、死亡和悲痛抗争的人们而作出卓越的贡献的 Dame Cicely M. Saunders，Dr. John D.（Jack）Morgan 和 Senator Jack D. Gordon。

出版说明

通识教育（general education），或称博雅教育（liberal education），最早源自古希腊。它教给人们运用理性思辨、探索真理、参与公共事务等方面的知识与能力。一个"博雅人"，必具备批判心智，其通过受教育所学得的不是知识内容的效用性（utility），而是透过心智的发展与理性运作来脱离蒙昧或修正褊狭观点，人的视野因此而开阔，心灵因得到解放而自由。

19世纪中叶，英国的大教育家纽曼说："大学不培养政治家，不培养作家，也不培养工程师，大学首先要培养的是灵魂健全的，到达博雅高度的，即具有完整人格的人。人格的完整对个人来说，意味着健康。一个健康的、灵魂健全的人做什么事情都更容易成功。"纽曼的教育理念被现代高等教育普遍接受，并成为通识教育的依据。而如果把通识教育的目标确定为培养"完整人格"，那么其教育对象远远不限于大学学子们。它是我们每一个人的成长过程中都不能缺失的教育。

中国人民大学出版社已经推出"21世纪通识教育系列教材"、"21世纪素质教育系列教材"等，在推动高等学校通识教育方面进行了有益的探索，获得了良好的社会反响。现在，我们再次倾力推出"妙趣横生的通识读本"，旨在更广泛地推广通识教育理念。

我们之所以把这套书定义为"读本"，是因为它是可以没有老师教授的；而"妙趣横生"则意味着让复杂的、高深的学问通俗易懂、引人入胜。也就是说，尽管这套书可以作为教材使用，但没有人强迫你阅读它，它会以其自身的思想魅力吸引你的关注，甚至让你爱不释手。

在编选这套丛书的过程中，我们首先选择了一些哲学类的图书，它们主要关注心灵建设、探索世界的本源、生活的意义、人应该怎样生活、应该如何思考，等等。有人说："要成为一个真正的人，取决于你在心中把什么看成是最值得追求的目标"，我们试图通过这些书帮你搜索那些值得追求的目标。同时我们还编选了一些艺术类的图书，通过对艺术理论、艺术史和艺术欣赏等方面的介绍，陶冶人们的性情，挖掘和提升人们感受生命中的创造力、美和快乐的能力。我们还将陆续推出一些普及自然科学知识的书，以激发人们追求真理、敬畏自然的科学精神，培养欣赏自然力和其他生命组织的能力，感受人类智能的无涯与有涯，并达成与自然和谐相处的目的。

这套丛书是一个开放的系统，希望学问大家能够不断地为我们推荐好书，使这套丛书生命长青。

胡适曾提出"取精用宏，由博返约"八个字作为为学之道，我们希望这套书能在每个读者的求学求知之路上助一臂之力。

中国人民大学出版社

编辑手记

死亡，是哲学家、文学家热衷的主题，我们普通人对此往往讳莫如深。在我们所受的教育中除了"生的伟大，死的光荣"这一英雄主义的死亡观以外，很少有关于死亡的教育。然而死亡又是我们每个人生命的终点，无论我们是否愿意，迟早有一天要遭遇它。而学会死亡，学会面对我们自己和他人的死亡，理应成为人生中重要的功课。伍迪·艾伦曾幽默地说，"死亡属于少有的几件很容易就能完成的工作——躺着不动就行了。"而就是这件简单的工作，当我们放弃各种宗教信仰时，并没有因为科技和社会的发展使之变得轻松。本书没有像哲学家那样止于对死亡的思考，而是以一种日常的方式去靠近死亡，给我们很多温暖的帮助。

本书将死亡教育划分为这样几个层面：

一是如何认识死亡，孔子曾经说过："未知生，焉知死。"而不知死，又焉知生呢？如何看待死亡，对我们理解生命的意义十分重要。

二是如何认识死亡的过程，即临终。也就是我们自己如何高贵地、有尊严地死；如何给予那些正在经历死亡过程的人一些帮助，让他们在人生之旅的最后阶段多感受一些温暖，少一些痛苦和孤独。而在这个过程中只有爱心是不够的，一些习惯的做法（比如：向病人隐瞒病情等）并不能像我们所希望的那样能减少病人对死亡与病痛的恐惧。

三是如何面对丧亲之痛，这里既有我们自己如何从丧亲之痛中解脱出来，也有如何帮助我们的邻居、朋友、孩子和老人面对亲人的"失去"。

作者让我们认识：死亡是生命的一部分，无论我们如何看待我们死后——是升入天堂，还是有下一个轮回，我们都会因为死亡而努力使生命更有价值，更珍视我们的生命。

作者让我们认识：悲痛是一种健康的情感，让我们适当地表达悲痛，也不要剥夺他人悲痛的权利，这是帮助人们开始新生活的最好方式。

作者让我们认识：和有自杀想法的人公开地谈论自杀，并不会像我们习惯

死亡课

认为的那样诱导自杀，而可能感受到他们内心的呼救，给予他们适当的帮助。而有些结束生命的选择也是他人难以挽回的。

作者让我们认识：我们要特别关注那些特殊人群，比如儿童。无论我们是否和他们直接谈论死亡，他们都会接触到死亡，并试图理解死亡。与其让他们胡乱猜想，不如了解现有的对儿童面对死亡的研究，更理性地告诉孩子死亡是什么，这会使他们在不得不面对死亡时更加的从容，并减少失去亲人、朋友，抑或宠物时的心灵伤害。

还有那些得了特殊疾病的人群——比如艾滋病患者和他们的家人，我们的不当对待可能会给他们带来病痛之外的痛苦。

书中有这样一个小故事带给我们很多启发。一个年轻的女人，她的儿子一出生就不会走路，很快就死去了。她非常悲痛，抱着儿子的遗体，挨家挨户地祈求人们给予救活儿子的良药。一位老人指示她去找佛祖释迦牟尼。于是她来到佛祖面前，佛祖告诉她，的确有一种药可以帮助她：让她去村里从来没有死过人的家里要一点芥末种子。于是她又挨家挨户地祈求，但都无功而返，因为没有一家没有死过人。她终于明白生命是必将消逝的，这世上所有东西都不是永恒的！

在本书付梓之际，正赶上日本，也是我们人类千年一遇的9级大地震。地震伴随的海啸使上万人失踪，死亡瞬间降临。日本国民面对灾难的冷静让人肃然起敬，而这一表现不仅仅与国民的文化性格有关，更得益于不断进行的灾难教育。面对死亡，我们也应该及时补上死亡教育这一课。

费小琳

2011 年 3 月 14 日

译者序

当你拿起这本书的时候，我能想象出你对它的好奇，和你心中掠过的那一丝丝恐惧和忧虑：读过之后会不会让我的心情变得阴郁而沉重？周围的亲朋看到我在读这样的书，会不会感到担忧，怀疑我想不开？读了这本书会不会给我带来噩运？读它到底对我有什么好处？我甚至能想象到你忐忑不安地把它拿在手里，经过艰难的思想斗争，最终又把它放回书架的情景。

这没有关系。其实，我也经历了与你同样的心灵跋涉，才完成了这本书的翻译工作。刚接到书的时候，我的亲人和朋友就表示了担忧，担心翻译此书会让我的心情变得抑郁。

其实，对这本书的态度，正是我们对待死亡的态度——好奇而恐惧。

但是，当我拿起原版著作的时候，就立刻感受到了身体里涌动着对未知的探索精神和对智慧的渴求；更有一种责任感，渴望对我们深深眷恋的这个世界有微薄的贡献。所以，我并没有犹豫，就接受了这份工作。

在我们仍对死亡讳莫如深的时候，死亡教育已在西方普及了几十年，很多大学专门开设此类课程，教育成果十分显著。在几段留学经历中，我所认识的西方人的确与国人有很大的不同，他们可以拿着有关死亡的书穿梭在咖啡馆、办公室和家庭之间；像谈论生活中一件自然的事情一样谈论着疾病、死亡和器官捐献；甚至将"我是器官捐献者"印在T恤上，以备自己发生不测时，可以第一时间进行器官捐献。他们是开放而自豪的，并没有因此变得悲观抑郁，反而更会享受生活。

正因为普及教育的缺失，才使国人对人生这一未知领域异乎寻常地忌讳和恐惧；可每当面临悲伤之时，又感到无助而迷茫。我们终究无法回避它，这是每个人都要面临的课题，与其盲目回避，不如好好了解它。作为译者，我不仅仅是语言上传达者，更是文化的使者，为国人带来科学的态度和积极向上的人生理念，我感到责任重大。

翻译的进展非常缓慢。中间我读了很多书籍，开始接触佛学和其他宗教哲

死亡课

学，从中学到了很多知识。翻译结束时，我不但没有抑郁，反而更加开朗。就像一个朋友在跳伞事故中死里逃生，回到地面后，他说他的世界变了，他开始懂得珍惜，一切变得从容，一切又变得紧迫。从容，是因为他突然没有了烦恼和欲望；紧迫，是因为他终于知道爱的珍贵，容不得蹉跎。并不是每个人都能有这样的经历，但求能从书籍中将智慧开启。

再一次通读全文，竟发现，在那力求客观严谨的文字中却句句饱含着爱的光辉。我只能说：与其说这是一部有关"死亡"的书，不如说这是一部有关"爱"的书。逝者对生者无声又深沉的爱，生者对逝者依依不舍的眷恋。面对失去的悲痛，我们究竟能做些什么，才是对逝者的告慰，对生者的镇痛？

"死亡到底是一堵墙，还是一个通道？"无论是什么，为了回避它，人们总是不择手段，对它的恐惧也成了人类智慧发明的原动力。

几乎所有的宗教都认为死亡并不是结束，而恰恰是开始。无论能否解开这个谜，意义其实并不在谜底本身。我们可以这样理解，这好比一场旅行，无论我们要去哪里，那里是否繁花似锦，芳草青青，我们总是要先与故乡告别的，要与所留恋的一切告别。不过死亡是永别，这是令人非常悲伤的。悲伤的并不是我们对未来的无知和恐惧，而是爱的失去。

死亡追根究底还是要让我们懂得"爱"——这一人类最伟大的情感——弥足珍贵。但是，爱像把双刃剑，让人的心灵升华，也让人贪恋人世，不忍与爱人分离。所以，是爱让人惧怕死亡。那么，我们又重新陷入了哲学的困境，既然爱让人贪恋人世，不得开悟；人死之后，又一切灰飞烟灭。那么，爱在人生中是否还有意义？

书中介绍的一本儿童读物《奶奶的饼干罐》让我找到了解答。

《奶奶的饼干罐》讲的是一位印第安老奶奶有一个头骨形状的罐子。她的小孙女开始很害怕这个罐子。每天晚上，奶奶都从罐子里取出一块饼干给小女孩，然后再给她讲一个印第安人的故事。小女孩不再害怕了，在她的脑海里充满了印第安人的辉煌和自豪。后来，奶奶去世了。爷爷把这个头骨罐子给了小女孩。他告诉她，这个罐子是满满的，里面不是饼干，而是奶奶的爱。有一天，她也会有孩子，到时候，她要往罐子里装满饼干，当她将奶奶的故事讲给自己的孩子的时候，奶奶的生命和灵魂就会与她在一起。

译到此处，我流泪了。人总是对世间有或多或少的失望，皆因追名逐利，舍本逐末，临终才能看清真相，体会真情，好似过了被欺哄的一生。终于明白唯有思想和爱才是生命。躯体总有腐朽的一天，爱和思想的传承才是对生者和逝者最大的慰藉，哪怕那只是一个小小的饼干罐。爱的安慰其实很简单。

原著是一本美国死亡教育的教材，在中译本中，我们从中国读者的角度出发，对原著内容进行了一些删节，例如每个章节的概要和小结，一些学术研究成果的罗列和陈述，用以描述死亡率、平均寿命、死因、死亡发生地点等研究结果的数据和图表，以及重复性描述美国"9.11"事件发生过程的篇幅等。

《六祖法宝坛经》有言："何名波罗蜜？此是西国语，唐言到彼岸。解义离生灭。著境生灭起，如水有波浪，即名于此岸。离境无生灭，如水常通流，即名为彼岸，故号波罗蜜。"经过现代人的修改，亦常作"此云到彼岸"。读到此处，我心潮澎湃，这不正应了原著封面上那只从此岸开往彼岸的小船吗？这幅宁静的图片已经让我们深深体会到了作者对生命与死亡的领悟以及赋予此书的意义。我不禁感慨古往今来，无论时空的差异有多大，原来人类对自己的归宿的认知竟是殊途同归、不谋而合的。一千多年前六祖大师的释经正是对今天我们这本书最好的诠释。

至此，译者才算感到发自心底的释然，因为我不仅完成了语言传达者的使命，更从宗教哲学的角度，为东西方文化架起了一座桥梁。人类对自己的归宿最终会达成共识，或许我们可以从共识中领悟到死亡并非一堵墙，而是另一段旅程的开始。我们衷心希望读者能以积极的态度去看待生命中这不可分割的一部分，由此更加珍惜现时的生活。这正是我们出版此书的意义所在。

二〇一一年四月十五日改译竣。于北京。

前言

我们将《死亡课》的第6版献给人类关于死亡、临终和丧亲之痛的研究的新贡献。在本书序言里，理查德·卡利什（Richard Kalish）在他的寓言《餐桌上的马》中写道，我们不能用任何魔力将死亡从我们的生命中彻底抹去，我们也不能将与死亡有关的悲伤也一并抹去。但是，我们可以分享见解和态度，彼此学习，一起努力积极应对死亡和悲痛。这些有积极意义的沟通可以帮助我们在面对死亡的时候用更加有意义的方式生活。

本书第5版出版之后，又出现了一些新的死亡事件和观点等，其中的所蕴涵的价值不断被提炼，日益成熟起来。我们努力地将这些因素加入到新的版本当中。

本书的特点包括：

1. 对美国社会的死亡经历的主要特点进行了仔细的探索；探讨死亡经历、人们对死亡的态度和美国的死亡体系。

2. 我们将研究的重点放在与死亡有关的经历上，而不是仅仅简要描述人们是如何面对死亡的。我们力求突出人们在死亡面前所付出的努力，以及这些努力对现实生活的影响。

3. 我们用任务型方法来解释个人及社会应对死亡相关事件并站在不同的角度上来逐个分析，例如儿童、青少年和成年人。

4. 我们用发展眼光来考虑死亡问题，从四个不同的人生阶段——儿童、青少年、中青年人和老年人来强调个人经历。

5. 我们重视文化差异，并关注不同的文化群体在面对死亡时态度及行为上的不同。

6. 本书侧重在应对死亡经历的过程中，引导通过家庭、社会团体来实施助人及自助。

7. 我们尊重道德、伦理、宗教和精神价值，这不仅仅局限于讨论有争议性的事件，例如对自杀和安乐死给予协助，我们还通过本书的主旨框架来讨论类似关爱临终患者、帮助悲痛者和帮助孩子和青少年等话题。

8. 通过本书，我们可以认识到生命的重要课题，例如关于生命的局限性、个人与社会的关系、生命的脆弱及恢复能力，以及生命的质量和意义等。

序言　餐桌上的马

我沿着山坡向上跋涉，要去见一位大师，一位哲学圣贤，但是我不能在这里提他的名字。那时候，我还很年轻，但是长途跋涉已经让我筋疲力尽。到达高地的时候，尽管天气很冷，我还是流了很多汗。圣人将家安在这座高地。他用一种极耐心，甚至有些愉悦的神情看着我。我呼吸着稀薄的空气，苍白无力地向他报以微笑。我走过最后一百米，之后慢慢坐到地上，倚在他屋子外面的一块大石头上。我们都沉默了几分钟，我突然紧张地站了起来，之后渐渐平复下来，又坐了回去。汗水蛰痛我的皮肤，但是微风让我感觉一阵凉爽，很快我就放松了下来。最后，我将头转向圣人，直视他褐色的清澈的眼睛，这双眼睛在他线条明晰的脸上显得格外明亮。我意识到我需要说话了。

"我的父，"我说，"我想知道死亡意味着什么？我只有了解了这个，才能继续我的研究。"他继续看着我，用他难以揣测的表情看着我。"我的父，"我继续说，"我想知道一个将死之人，当没有人跟他说话，也不会很开明地让他开口谈论自己的死亡，那是一种什么感觉？"

他沉默了大概三四分钟，我感觉很平静，因为我知道他会回答的。最后，他说："那就像是餐桌上的马。"之后，我们又对视了几分钟。长途跋涉让我开始感觉困倦，我不自觉地睡了过去。当我醒来时，他已经走了，只剩我留在原地。

我沿着来时的路下山，心情很平静，他的答案让我感觉很好，我知道这是为什么。我重新开始了我的研究，不再去想这件事情，我知道有一天我一定会理解他的话。

很多年之后，我受到一位普通朋友的邀请去吃晚餐。那是加利福尼亚的一个普通的家庭，还有其他8到10位客人，这些人我都不大认识。我坐在客厅喝着苏格兰威士忌和波旁酒，吃着餐前的开胃小吃。宾客之间的交谈开始的时候还有些冷场，后来随着我们逐渐熟悉，气氛变得活泼起来。那些酒起了不小的作用。

女主人来了，邀请我们到餐厅去吃自助餐。进入餐厅时，我惊异地发现一

死亡课

匹棕色的马正静静地坐在餐桌上,它很大,占去了餐桌很大的地方。

我倒吸了一口气,但是没有说什么。我是第一个进入餐厅的,所以我回头看了看其他宾客。他们的反应基本跟我是一样的,进来,看见那匹马,目瞪口呆,但是什么也没说。

主人最后进来,他做出尖叫的表情,却没有发出声音——他迅速地看了看马,又扫视了一下其他宾客,嘴上无声地嘟囔着。接着,他让大家去取自助餐,尽量多盛些,他的声音好像有点被噎住了,还透着尴尬。他的妻子也表现得有点慌乱,显然这匹马也让她感到意外,她指了指座签,上面标明了我们每个人的就座位置。

女主人递给我一个盘子并带着我去取自助餐,其他人都静悄悄地排在我后面,我取了些米饭和鸡肉,然后回到座位,其他人也和我一样取完餐陆陆续续地坐下了。

大家挤在一起坐着,尽量避免离马太近,尽量对它视而不见。我的盘子都挤在了餐桌的边缘,其他人也用各种办法避免和马接触。男女主人看起来和其他人一样显得局促不安。大家都不怎么讲话,偶尔有人说个一两句,想激起大家愉快的交谈,但是每个人脑子里都是那匹挥之不去的马,如果现在再谈论什么税收、政治或者干旱都显得那么不合时宜。

终于吃完了饭,女主人端来了咖啡。我可以记得盘子里所有的食物,但是却记不起怎么吃的。我们喝着咖啡,每个人都静静地,努力不去看那匹马,然而却又无处可看,脑子里想的仍是那匹马。我和主人不太熟,并不想提马的事情让他尴尬,很显然那匹马已经让他和我们一样感觉很不舒服。该怎么告诉他有一匹马在他的餐厅?我不知道。我本可以说类似于"你餐厅里有一匹马,你作何感想?"之类的话,但是我不想让自己像一个心理学家。我想也许我不去想它,它自然就会消失。当然,我知道这是不可能的,它也没有消失。

后来,我知道主人其实很希望晚餐成功。他们以为如果提那匹马会让我们感到不舒服,以至于会影响我们做客的好心情。当然,我们无论如何都无法对这次做客的经历感到很享受。他们害怕我们的同情心,也不需要理解,他们需要的又恰恰是我们无法给予的。他们想让这次聚会很成功,他们尽量让那个晚上变得愉快,但很明显他们和客人们一样满脑袋里都是那匹马。

晚餐过后不久,我就告辞回家。那个晚上真是太可怕了。我再也不想见到那对夫妇了,但我很想见到那天晚上的其他宾客,了解他们的感受。我对那天

序言 餐桌上的马

晚上的事情感觉很紧张、很疑惑。那个晚上真是太荒诞了。从此，我刻意地避开那对夫妇，甚至离那个社区都远远的。

最近，我再一次拜访了那位圣人。他还活着，但是已经老得快不行了，他只愿意和少数几个人说话。我再一次长途跋涉，来到他的住所，最终坐到了他的对面。

我再一次问他："我的父，我想知道一个将死之人，当无人愿意与他说话，也不允许他谈论自己的死亡，那将是什么感受？"

老人很安静，我们沉默了将近一个小时。但他没有让我离开，所以我一直待在那里。尽管我很满足，但我还是担心他不愿意与我分享他的智慧，但最终他还是开口了，说得很慢。

"我的孩子，那就像是餐桌上的马。那是一匹将会到每个人的家里，坐在每个人的餐桌上的马，无论贫穷还是富贵，愚蠢还是智慧。这匹马就坐在那里，但是它的存在会让你想沉默地离开。如果你离开了，你将永远害怕它的存在。当它坐到了你家餐桌上，你想谈论它，恐怕到时你又无能为力了。

"如果你谈论它，你会发现其实其他人也是可以谈论的。如果你是善意的，那么大多数人都愿意谈论它。那匹马会坐在餐桌上，但是你不会因此而感到抓狂。你会很享受你的晚餐，也会享受主人的陪伴。或者，如果那张餐桌就是你的，你也会享受宾客的陪伴。没有魔法会使那匹马消失，但是你可以谈论它，这样它便没有那么大的威力来影响你了。"

老人说着站了起来，示意我跟他走，他缓缓走进他的小屋，"现在我们可以吃东西了。"他静静地说。我走进小屋，还没有适应屋内的黑暗。圣人走到角落的壁橱取出一些面包和奶酪，放到一张席子上。他示意我坐下和他一起吃。我看到在席子中央有一匹小马。他说："马是不会打扰我们的。"我很享受这次餐点。我们一直谈到深夜，那匹小马就一直静静地坐在那里。

理查德·卡利什

目 录

引言　关于死亡、临终和丧亲之痛

第一章　死亡教育 ·· 3

第一部分　死亡

第二章　人们对死亡态度的变化 ·································· 13
第三章　人们对死亡事件的处理方式 ······························ 23
第四章　文化差异与死亡 ·· 34

第二部分　临终

第五章　应对临终阶段 ·· 45
第六章　应对临终：个人如何给予帮助 ···························· 58
第七章　应对临终：社会如何给予帮助 ···························· 75

第三部分　丧亲之痛

第八章　应对丧亲之痛 ·· 83
第九章　应对悲痛：个人如何给予帮助 ··························· 108
第十章　应对悲痛：葬礼的意义及社会的帮助 ··················· 126

第四部分　用发展的眼光看待死亡问题

第十一章　儿童 ··· 139
第十二章　青少年 ··· 163
第十三章　中青年人 ··· 181
第十四章　老年人 ··· 196

第五部分　法律、理念和伦理

第十五章　法律问题 ································ 213
第十六章　关于自杀 ································ 229
第十七章　协助自杀与安乐死 ······················ 248
第十八章　死亡在生命中的意义和地位 ············ 254

第六部分　一种特殊疾病的例子

第十九章　用实例展现本书的主题 ·················· 267

|引言|
关于死亡、临终和丧亲之痛

死亡课

生与死，本是同一个事物的两面。仔细看图 0—1，我们就可以破译其中的奥秘。将图形顺时针转动 90 度，是英文"生"（life）的意思；再从原来的位置逆时针转动 90 度，即英文"死"（death）的意思。很明显，如果你看不出其中一个，也就参不透另外一个。这让我们明白一个道理，学习理解死亡、临终和丧亲之痛对于了解生命，学习如何生存至关重要；反之亦同理。我们每个人都曾试图理解生命与生存的哲学，如果从另外一个角度去看，可能会帮助我们更清晰地理解生命的意义。在这本书中，我们将严谨而深入地探讨这个问题。

在序言中，理查德·卡利什的寓言《餐桌上的马》告诉我们应该敢于谈论关于死亡的话题，并与他人分享你的想法，这样才能有效克服恐惧。那么，我们从哪里开始呢？

让我们先粗略地了解一下死亡教育吧。在第一章，我们先探讨一下究竟是什么使人们开始研究与死亡有关的课题，人们又是如何进行死亡教育的，以及它的四个基本方面和六个主要目的。接下来，我们就会一步步地深入主题。尽管有些读者可能会跳过这个章节而直接进入书的主题，但本章是后面的章节的知识铺垫，可以帮助读者更好地理解后面的内容。

图 0—1

第一章　死亡教育

关于死亡、临终和丧亲之痛的教育

艾伦·琼斯是一个教育专业的大学生，她正在研究关于死亡、临终和丧亲之痛方面的课题。她在看一些儿童读物，朋友们都觉得很可笑。于是，她便问了朋友们一个问题，所有的人都不再发笑了："你们如何跟一个7岁的孩子解释什么是死亡？"

艾伦在一所特殊教育学校任教，她曾经学过一门关于死亡的选修课。她是想知道，如果她的班上有一个刚刚失去亲人的孩子，她该如何去安抚他。她的班上有一些学生身体状况不是很好，甚至有一些学生在意外事故中受过重伤。这些孩子非常脆弱，她生怕在校园中会有某种潜在的负面因素会伤害到他们幼小的心灵。

当艾伦在大学里看到有专门写给孩子们的关于死亡话题的书籍，她非常高兴。其中，她尤其喜欢最简单的儿童故事：比如布朗在1958年创作的《死去的小鸟》，在书中描述了一群孩子在玩耍的时候发现了一只死去的小鸟，他们抚摸着它冰冷僵硬的身体，然后为它举行了一个小小的葬礼。艾伦也找到了一些描写在童年时代经历祖父母、父母、兄弟姐妹，或朋友去世，或者宠物死去的哀伤的书籍。

艾伦也试图从《小红帽》这样的故事中学习如何教孩子们正确认识死亡。她惊奇地发现，这个家喻户晓的故事竟然有三个结局完全不同的版本。故事最初的结局是大灰狼先吃了小红帽的奶奶，然后吃掉了小红帽。人们也可能记得第二个版本，大灰狼吃了小红帽之后，是守林人用斧子剖开狼的肚子救出了小红帽。还有第三个版本，小红帽被拿枪的猎人救了下来，免入狼口。

这个故事原本是讲如果小孩子不听大人的话结果会怎样，艾伦却惊异地发现这样一个简单的故事会告诉孩子们三个不同的关于死亡的知识。第一个版本中，小红帽被狼吃掉了，意即她死了；第二个版本，小红帽被狼吞了下去，最终又被救了回来，由于狼被剖开了肚子，这要了狼的命；第

死亡课

三个版本，小红帽在危急时刻被救的同时，狼被打死了。艾伦认识到不论故事结局是怎样的，故事的真实意图是要孩子们通过故事明白道理。

艾伦的研究项目帮助她理解了教授提出的"死亡教育"。老师可以通过很多方式与家长、心理辅导师等人共同努力，帮助孩子应对悲痛。

担忧让人们开始尝试研究与死亡有关的话题

在19世纪60年代到70年代初，人们一般认为死亡是个禁忌的话题，更不用说把它带到学术领域和教育领域来公开探讨了。这样，其实是把生命中很重要的一个部分人为地抹杀掉了。好似人们为了不受负面情绪的干扰，而故意将死亡的话题与他们的理想生活隔离开来。

所以，最终人们有这样的反应，也不足为奇。心理学家赫尔曼、精神病专家伊丽莎白和桑德斯率先进行探讨，倡导行为科学家、医生和人类学家来共同关注死亡的相关课题。一些人开始研究与死亡有关的行为，开发新的项目来关怀临终的人和痛失亲人的人们，同时也研究人们对待死亡的态度。死亡意识运动或者叫死亡学就是在这个时候开始的。我们认为这一学科实际上是从死亡的角度来关注生命，如死亡学家卡斯滕鲍姆所说的一样，"生命的研究，必有死亡于其中"。

随着运动的发展，相关话题的书出版了，学校开设了死亡与临终的课程，也有你我这样的人来关注这个课题。我们认为有以下几个原因促使死亡教育发展起来，总结起来就是人们需要它。

社会中有一些职业，比如护士、社会工作者或者心理辅导员需要专业知识，人们需要他们以各种方式，比如教育、政府、医疗或临终关怀机构来帮助他们渡过难关。

有些人关注死亡教育是出于迫切的个人需要：有些人正努力应对着劫后余生，有些人正在死亡的边缘挣扎，有些人关注死亡教育是因为曾经经历过失去至爱的痛楚或者亲朋好友正在与恶疾抗争，甚至你班上的某个同学的生命正面临威胁。这些人渴望从死亡教育中获得帮助自己和他人的办法。如果你正经历着这些，那么你的感情可能非常脆弱。正因为如此，我们要格外呵护读者的情绪，格外爱护这些渴望得到帮助的人们。

当然，需要说明的是，教育与辅导是不同的。教育的环境本身决定了它并不适合个别治疗，也不能同时满足所有个体的个别需求。

如果你正经历着类似的境况，辅之以个人心理辅导或者治疗才是更可取的。如果你正经历着人生中最痛苦的一段时间，很可能根本没有心情听讲，你可以等心情平复一段时间，延迟到比较合适的时间再来上课。

也许你只是对这个领域的某个主题感到好奇。人们关注这个领域可能是因为媒体的引导，如媒体对大规模死亡、青少年谋杀、安乐死等事件的报道。这种出于兴趣的关注可能与个人经历关联不大，但也有人为将来可能发生的人生经历做好准备。比如有些学生说："我的生活里还没有重要的人离世。但是我的爷爷奶奶已经上了年纪了。"这些学生意识到了生命的脆弱，他们不想等到事件发生后再去设法应对，而是提前采取主动，尽可能准备好坚强的心态去面对亲朋好友可能的离去。他们明白没有人可以长生不老。

 ## 究竟什么是死亡教育？

如何进行死亡教育？

死亡教育可以是正式的，也可以是非正式的。正式的教育方式通常是在学校、研究生院、专业讲习班以及志愿者培训课程上。这些正式的课程又分很多种。例如在小学的课堂上（或者一些成年人为帮助孩子渡过悲伤而开设的公开讨论课上）有一种非常有想象力的课程叫"狮子的经验教训"：即利用从迪士尼电影《狮子王》里截取的10张幻灯片，教孩子理解悲痛。

早期在中学里的死亡教育课程属于典型的直击重点式的讨论"死亡、临终和丧亲之痛"。近年来，课程则侧重于如何应对哀痛的情绪、自杀和预防自杀、暴力及预防暴力，以及为学校教师和辅导员开设的危机辅导课程。

非正式的死亡教育更具有代表性，也更加普及，尽管有时我们甚至不知道那就是死亡教育。大多数人的第一堂关于死亡教育的课程是在父母的怀抱里学到的。从此，人们便一生都在不断通过媒体（尤其是电视节目）、旅行和身边的人或事来潜移默化地学习着生与死的意义。还有一个在现代不可忽略的媒介——互联网。举个例子来说，你在网上搜索"虚拟解剖"，你会看到两种不

死亡课

同类型的网站。一类网站是关于利用医学放射影像技术进行尸检的信息，这种技术的优点是：利用微创技术，在不破坏尸体的基础上，判断死亡的原因。另一类网站则是提供案例，让网友们判断死亡的原因，然后给出真正的原因。这两种网站都可以为医学院的学生和对死亡课题感兴趣的个人从医学角度答疑解惑。

有时候，我们会利用身边发生的某些事件就地取材进行教育。生命中一些意外的发生总能让人有所领悟，变得成熟。比如，在本章开始，艾伦·琼斯研究与死亡教育有关的儿童读物，她发现类似的书籍中描述了一些情景，这些场景有很多是孩子们在现实生活中就可能遇得到的。比如2001年9月11日发生的灾难，在2007年4月16号弗吉尼亚理工大学发生的大屠杀；车祸，死去的宠物，亲人的葬礼等等。这些事件让人们猛然认识到了生命有其残酷的一面，对孩子和大人们都是重要的教育机会。

死亡教育的四个方面

我们认为死亡教育有四个主要的方面。这四个方面分别与人们的知识、感受、行为和价值观念有关系，分别是死亡教育的认知、情感、行为和价值观四个方面——四个方面相对独立又相互联系。

死亡教育首先是一种**认知**型的教育，因为它提供了与死亡经历有关的事实信息，进而帮助我们了解真相。比如说，它告诉我们美国的丧葬制度及文化差异（见第三、四章）以及自杀（第十六章）的事实。死亡教育还有一个重大的意义，就是找到新的方法来组织和解释有关的数据。例如在20世纪80年代早期，医生们诊断出一种很罕见的皮肤癌，多发生在年轻的成年男子身上，这个发现帮助人们认识了一种新的致命疾病——艾滋病（AIDS）和免疫缺陷病毒（HIV）（详见第十九章）。

在**情感**方面，死亡教育主要是关于人们对于死亡的感受、情绪和态度（详见第二章）。在这方面，死亡教育旨在帮助那些未曾经历过丧亲之痛的人们正确地认识到那种悲伤是深刻的、强烈的、持续的和复杂的。比如，很多经历过丧亲之痛的人告诉我们，当他们十分痛苦的时候，那些未曾有类似经历的人却对他们说"我知道你的感受。"其实，这听起来很冷漠，因为他们没有经历过，怎么可能理解？这种话也许是出于善意，但似乎对丧亲的痛苦过于轻描淡写了。在我们的社会中，很多人仍然错误地认为也许几天或者几个星期之后，人们就会忘记逝去的亲人。事实上，失去生命中某个重要的人，就要重新开始学习活在没有那个人的生活中，这是一个持续的痛苦的学习过程，而不仅仅是短时间内就能一次性解决的问题。分享和探讨这种悲伤是死亡教育在情感方面重要的一课。

死亡教育在**行为**层面上，旨在探讨人们在特定情境下为什么会有某种行为，这种行为是有益的还是有害的，以及他们究竟该怎么做。在我们的社会中，大家都不太愿意接触葬礼或者临终之人，因为他们不知道在那种场合该怎么说，怎么做。他们尽量远离临终之人或者丧亲的人，把他们独自留在痛苦的境遇中，不去支持、陪伴和安慰他们。实际上，他们非常需要我们的帮助。这种行为教育告诉我们，我们的善意与关怀不在于我们说了什么，而是能够真正的倾听需要帮助的那些人。死亡教育会告诉我们如何与需要帮助的人进行交流。

在**价值观**层面上，死亡教育可以帮助人们识别、表达和确立人们生命中的基本价值观念。生与死是不可分割的。生与死，团聚与分离，幸福与悲伤——在人生经历中都是相辅相成的。人们可以从死亡这个重要的视角看清生命的意义。

进入21世纪，死亡的价值观涉及了更多的内容：恐怖主义、核威胁、流行病与防治问题、灾荒地区人们的营养不良、人口分布不均、死刑、堕胎、协助自杀、安乐死和现代医学带来的正负两面性和极为复杂的技术。孩子们提出的种种关于死亡的问题更是直击价值观的要害。所以，我们不应该再刻意让孩子们回避相关的教育；不该在孩子们的心中把人生虚构成永无止境的光明旅程，而避谈阴霾和泪水。即使现在我们能做到，那么将来呢？当他们不可避免地遭遇了这些痛苦，而又没有充分的心理准备，情况会怎么样呢？不如趁早用适合他们的方式来讲述一些关于生死的事实，让他们逐渐形成成熟的价值观，这才能让他们积极地面对现实，才能更好地生活。

# 死亡教育的六个目标

优质的教育一定会根据教育对象设立总体目标和每一步要实现的具体目标。比如说，大学教育目标是锻炼学生的批判性思维以帮助他们对各自专业的意义、实用性和价值有客观的判断。死亡教育同样具备这个广义的目标，同时还有切合自身的具体目标。

死亡课

从我们讲第一堂课开始，我们就在思考我们的教育目标。我们曾经收到一封来信，寄信人是科尔纳夫人，她没有上过我们的课，与我们未曾相识，但我们非常感谢她的建议。其实，我们也很困惑：该如何评价她的话？我们是否真的要考虑教人们如何死亡，就像科尔纳夫人一直认为的那样？这封信让我们仔细思考讲这门课究竟想要完成一个什么任务？经过一次次的论证，我们逐渐认识到死亡教育的六个基本目标。

给死亡教育课教师的一封信

尊敬的科尔博士：

感谢您开设的死亡教育课程。

我从未上过您的课，您可能会想，究竟是什么原因让我写这封信。

我的母亲是一位虔诚的基督教徒。她身患重病已经 54 天了，几进几出重症监护病房，危在旦夕。我和医生尽可能多地陪伴在她的身旁安慰她。

一天，她用那美丽温柔的褐色眼眸注视着我，然后问："为什么没有人教我如何去死？我们自小就在母亲膝下学习如何生存，却从未学过面对死亡该怎么办？"

希望您的课程能够帮助人们度过人生最后阶段，因为我们每个人都不可避免地要面对它。

愿上帝保佑您！

科尔纳夫人
1975 年 10 月 16 日

死亡教育的第一个目的就是要改善人们的生活。如希腊著名哲学家苏格拉底所说："人类面临的最重要的问题不是如何生存，而是如何好好生活。"死亡教育就是要帮助人们更好地理解生命的强大和脆弱，以及生命是有限的。

第二个目的是指导人们与社会进行有效的交流，让他们知道社会上有一系列的关于临终关怀、葬礼事务以及纪念仪式等服务可以帮助他们渡过难关。

第三个目的是帮助人们了解他们作为公民的社会作用，通过这个途径让他们了解事前指示医疗决定（在病人自己不能表达意愿时，立下的事前指示就成了医护决定的书面指示）、协助自杀、安乐死、器官捐献等重要的社会问题。

第四个目的是为医护工作人员和相关咨询人员提供专业知识。

第五个目的是提高人们在面临难关时的沟通能力。对很多人来说，在面临生死难关时，有效的沟通至关重要。

第六个目的是帮助人们了解，在人生旅程中，这些常常讳莫如深的话题其实有助于他们的成长。

 ## 通过死亡教育，我们可以学到哪些关于"生"的道理

当你读这本书的时候，可以试着问问自己会从这里学到什么？学到生活的哪些道理？而对于写成本书的我们来说，这项研究让我们渐渐明白生与死是不可避免地交织在一起的。这也就是本书的主旨：谈论死亡的话题其实就是在教会我们如何生活。

比如说，了解死亡就提醒了我们生命是有限的，这种意识会影响我们的生活。尽管我们有能力控制许多事情，但也有很多事情是我们控制不了的。还有一些事情，我们可以加以控制，但又不能完全掌控。

随着学习，我们发现其实每个人都有其特殊的情况：没有谁能代替谁去体验死亡，或者体会那份切肤之痛。每个人的经历都是独一无二的。但是我们不能忘记人是不能离开社会的，任何经历都不能让他们彻底脱离与其他人的关系。所以，人的生与死不仅仅事关个人，也是社会共同的事情。

尽管我们十分避讳，不愿去想人是会死的，但正是生和死才组成了我们脆弱的生命，让我们尝到痛苦的滋味，最终成就完整的生命。死亡教育让我们相信生命的脆弱不等于无助。大多数人有很强的应对能力并能奇迹般地重新振作起来，甚至有一些人在面对死亡的极限挑战时表现得令人赞叹。所以说，人，一直行走在脆弱与振作的交替之中。

从另外一个层面上看，我们关于死亡相关课题的研究是在不断揭示生活质量的重要性，同时在寻找生命的意义。有一个人在生命结束的前夕成立了一个组织叫"把握今天"。他含蓄地建议我们都应该马上行动起来，最大限度地提高生活质量，享受短暂却美好的生活，得以真正把握住每一天。当死亡开始向生命宣战的时候，人们会努力寻找激励，或者宗教，或者哲学，在其中确立坚持下去的意义。所以说，生活的质量和生命的意义，无论是对普通人，还是那些正在与死亡抗争的人们来说都太重要了。

我们探讨这些具体的主题是因为你在读这本书的时候，将时不时地看到与

死亡课

这些主题相关的内容。随着不断地学习和了解，你可以透过我们的研究的表面，将问题的本质看得更加透彻。基于此考虑，这四个主题（人类对事物的控制能力及其局限性；个人与社会的关系；生命的脆弱与振作；生活的质量与生命的意义）贯穿本书。你可以就本书的某个主题进行深入研究，及时反思，并提出研究课题。

第一部分
死亡

死亡课

戈登·奥尔波特曾经说过，在某些方面我们每个人都很相似，而某些方面，我们每个人都只是像其他一部分人，还有一些方面我们每个人各不相似。研究死亡、临终和丧亲之痛帮助我们理清这几个问题：整体、个体、独特的个体。第一部分讲述的是个体：当代美国死亡问题研究。

人类一直生活在特定的社会与文化的框架之中。任何个体或者某个群体的特质都不能代表整个社会。在美国有些特殊群体对待生与死有着自己独特的看法。在接下来的章节中，我们将要讨论的内容既有美国社会在这个问题上的基本认识框架，也有存在于这个大框架中具有代表性的文化种族差异的例子。

人们同时也必然生活在某个特定的历史背景中。比如，当代美国人对待死亡的经验模式与他们的先辈们就有所不同。当然，生活在其他国家的人们也与美国人民的情况有所不同，不论是现在还是过去。

现在让我们看看组成这种经验模式的三个主要因素：
- 与死亡有关的经历
- 对待死亡的看法
- 对待死亡的做法

如果把人们的在这方面的经历作为一个整体的话，那么这三个因素是组成这个整体三个具体方面。在人们每天的日常生活中，他们的际遇、生活态度和行为相互交织、紧密关联。我们之所以要分开叙述，只是为了方便对三个因素进行独立分析。

第二章 人们对死亡态度的变化

阿米什人对于死亡的认识

约翰·斯托茨弗斯的名字是宾夕法尼亚东部传统的阿米什社区里最常用的名字。他在那里生活了一辈子。他的家族可以追溯到18世纪阿尔萨斯移民,继而追溯到起源于16世纪的瑞士再洗礼教派运动。再洗礼教徒因为反对给婴儿洗礼(理由是婴儿来到这个世界尚未有善恶之分,便没有必要给婴儿洗礼以去除他们的罪恶)而在当时的欧洲饱受迫害。今天,在欧洲已经找不到阿米什人了,他们都生活在美国的24个州和加拿大的安大略省,大约有18万人。

生活在这样一个紧密团结的社会里,宗教信仰、自己的大家族和农场里的工作是约翰·斯托茨弗斯的生活重心。传统的阿米什人穿着非常独特的服饰。男人穿着朴素的黑色衣服,戴着大檐帽子,留着长胡子;女人穿着很长的衣服,戴着帽子。社区居民的交通工具是马车。他们拥护和平,反对使用高压电和拖拉机等现代工具。他们的基本行为准则包括:"不要与这个世界保持一致","不要与不同信仰者不平等结合"……

斯托茨弗斯家族每天日出而作,日落而息。当约翰还是孩子的时候,他就开始做家务,不同的年龄阶段会有不同的工作。约翰只上到八年级,阿米什人认为这已经足够谋生了。他们担心接受太多正规教育会影响他们的信仰和价值观。约翰18岁时接受了洗礼,不久,便与同社区的女孩结了婚。

他们第五个孩子出生不久,他的妻子去世了。亲戚们开始帮助他照顾孩子和农场,直到他妻子的表妹和他结了婚,并承担起照顾孩子的责任。之后的生活平静而稳定。他们的孩子也娶妻生子,老约翰和他的第二任妻子成了社区德高望重的人物。

约翰渐渐老了,按照阿米什的传统,他在自己的大房子旁边建造了一座小房子(阿米什人叫做"爷爷的房子"),约翰就在那里度过退休后的生活。退休后的约翰可以静下心来阅读他心爱的圣经,闲暇时制作木头玩具,与妻子孩子们在一起。渐渐的,约翰年老卧床了,他本人和社区的邻居都意识到

死亡课

他的时日不多了。邻居们不论年龄大小，都来与约翰道别，为他祈祷。约翰从不避讳谈论自己即将死去，鼓励前来拜访的人们对待死亡要有所准备，平静地对待。最后，82岁的约翰在一个夜晚平静地离开了人世。那天晚上，他的女儿静静地坐在床边的摇椅上，他的两个孙子就睡在他房间的小床上。

朋友们都来帮助安排后事。社区的其他人带着食物来安慰约翰的家人。有几个人轮流守夜看护遗体直到备好墓地。葬礼朴素而简单，是社区居民都熟悉的仪式。整个过程，没有人觉得意外和措手不及。基于经验、传统和共同的信仰，对待死亡的态度让整个社区团结在一起，互相支持渡过人生的难关。

阿米什人对意外悲剧的反应

2006年10月2日，查尔斯·卡尔·罗伯茨，闯入了位于宾夕法尼亚州东南部的尼克尔·麦恩斯阿米什学校的教室，放走了女教师和男学生，然后向10个女学生开枪，造成5死5伤，然后开枪自杀。

阿米什人对待这次恐怖事件的反应令所有美国人为之震惊。他们回避媒体，请求媒体不要深度关注此事及拍照。他们通过州警署发表了一份声明，部分内容是："我们难以理解所发生的一切，但是我们相信这是上帝的安排。"更令世人震惊的是，在面对如此惨剧，阿米什人民没有表现出仇恨的怒火，却用强大的支持来安抚受害者家属。

阿米什人们在应对类似危机的时刻，有以下四个准则：

1. 相信这个世界上存在邪恶，他们相信这是上天的安排，尽管经历是痛苦的，尽管他们有种种的不理解，他们始终相信那些死去的孩子正在天堂享受着快乐。

2. 严格遵守上帝的旨意行事，爱其所爱，也爱敌人。阿米什人愿意承受痛苦，也努力帮助其他受苦的人们。

3. 不过分看重个人的得失，更不会冲动地通过媒体宣泄情绪。

4. 团结一致，互相帮助，社区人民共同为死去的人举行丧葬仪式，如同一家人，并为所有参加葬礼的人准备餐点。他们推倒了原来发生枪击事件的校舍，之后又在社区里建造了一座新的校舍。

通过整个事件，阿米什人民以其异常坚定的信仰为世人展现出一个与众不同的个例：对曾经伤害过他们的人的宽容和为和平所作出的极为痛苦的努力。

坚定的信仰和亲如家人的社区总能给予慷慨的援助，因此，当他们遇到困难的时候，他们并不依赖于任何社区以外的援助。

 人们的经历与他们的态度相互作用

根据《牛津英语大词典》,"态度"来源于艺术,原本意指画作或者雕像的姿态与气质,后来引申为与某种精神状态有关的外在表现形态。至此,"态度"作为情感与认知的外在体现,便成为某种特定的行为表现。

换句话说,态度就是人们向外界表现自我的方式。如果一个人在靠近对方的时候,情绪是很紧张的,表情扭曲并举起了拳头,那么这个姿态(即态度的表现)本身就影响事态的进展;相反,如果这个人神情愉悦,放开怀抱,非常惬意地依偎着某人,旁观者从外在的姿态就能辨别出两种完全不同的状态。再举一个我们每天都能遇到的例子,当你与他人相遇时,通常会握手,或者热情地拥抱对方,亲吻对方的脸颊。这些都是友善的表现。如果你用热情和友善的情绪来感染身边的人们,那么这种态度也会影响着你每天的际遇。所以,一个人的为人处世方式直接影响着他们的境遇,同时,境遇也影响着人们的处世方式。

这说明人类作为环境的一分子,不仅仅在被动接受外界的信息,同时也在某种程度上影响着周围的环境,从而改变着个人的经历。结合自身的感受和信仰,人们对这些经历形成固定的认识——即认知。我们每个人都对世界有着自己的认知。与阿米什人一样,来自英国的清教徒也有他们独特的认知形态,我们会在本章末尾详细说明清教徒的认知形态是怎样的。关于态度,我们想说的是,人们的信仰和感受影响着思维方式和行为方式,通过与外界的相互作用,最终形成了固定的认识,这就是认知。

人们对于死亡的认知,亦同样适用于上述理论。人们对于死亡的认知既是生活经历的产物,同时也决定着生活经历。既可能使我们乐观地看待死亡,又可能给我们留下痛苦的经历,甚至产生严重的副作用,使我们对外界充满敌意。人们曾经有过的经历,直接影响了他们对死亡的认知。

与阿米什文化不同,现在,大多数人都是在医院死去,基本上不会有很多亲友在场,这就将生者与死亡的距离拉远了。人们直接面对死亡的情况不是很多了,这往往使生者忽略了死亡的存在。因为害怕看了难受,所以人们总是刻意回避,尽量远离医院这样的地方,这种态度就使人更加远离死亡这件现实存

在的事情。

总而言之，我们相信人的经历影响着他们对事情的态度，同样，态度也影响着人的经历。将这两者综合起来看，就能更深刻地理解它们具体是如何相互作用的。艾丽兹认为，当今社会，当有人死去时，人们很难弄清楚整个过程中究竟发生了什么，除了简单的葬礼或者追悼仪式以外，整个社会不会因此而停下步伐。"死亡"实际上被隐藏在生活的最深处，久而久之人们很自然将其视为禁忌。

同时，现代医学使死亡不再是完全的自然结果。当越来越多的人开始依赖专业机构照顾生命垂危的患者，死亡再一次被隔离在人们的正常生活以外。人们甚至运用先进手段人为干预死亡的发生，以延长生命。死亡，再也不是顺其自然的结果了。

人们对于死亡的态度

死亡焦虑情绪

近年来，很多死亡领域的研究都与死亡焦虑有关。更有趣的是，很多相似的研究结果似乎都证实了同样的结论。比如，很多研究均表明女性对死亡的焦虑要甚于男性。不知道是女性真的比男性更恐惧死亡，还是因为男性通常不愿意坦白自己的恐惧。还有研究表明，年长的人看待死亡会比年轻人豁达，有坚定宗教信仰的人会更平淡地看待死亡。

人们还从人口统计学和心理学的角度来研究死亡焦虑，比如职业、健康状况、曾经的死亡经历、性格因素等等，研究结果却是复杂的。这些因素的影响使死亡焦虑不再是直线增加或者直接减少这么简单，有时个人成就或者人生的遗憾等因素也会影响人们对死亡的看法。

科学家一直在研究到底是什么在影响着死亡焦虑这种情绪，以及不同社会人群有何不同表现，但是他们的研究遇到一些难题。比如（1）死亡焦虑是否真的存在？（2）人们是否愿意彻底袒露他们对死亡的恐惧？（3）是否有充足的研究手段来完成课题？贝克认为焦虑的根源是意识到生命的有限性。弗洛伊德认为人类不会真正地害怕自己的死亡，因为这根本无法想象。潜意识里他们不相信自己会死，认定自己永生。

继早期的死亡焦虑评测表之后，研究死亡焦虑的手段一直在不断进步，后来人们创造了一套包括15道正误判断题的评估手段，还有其他近期开发的技术，在内梅耶尔《死亡焦虑手册》中均有记述。科学家们从未停止在本领域开发更为精密和有效的技术的努力。

人们对死亡的担忧和反应

我们要用发展的眼光去思考人们如何看待死亡的问题。人们对待死亡不是只有"焦虑"、"恐惧"和"敬而远之"之类的回避情绪的，我们也该看到人们对死亡更多的是接受的态度。这反而有助于我们看清人们之所以害怕死亡的本质原因。举个例子，"死亡"这个词通常是指死亡的过程，而不是死亡的状态。所以，当我们说"约翰死的时候很痛苦"，说明我们把注意力放在约翰临终的过程上，而不是他已死亡这个简单的事实上。也有人会说"玛丽得知约翰的死，感到很痛苦"，这种说话方式说明人们有时也会把注意力放在人去世之后的事情上。这些不同的说法反映了人们与死亡有关的认知可以归结为以下几种：（1）对自我濒临死亡的过程的认知；（2）对自我死亡的认知；（3）对自我死后状态的认知；（4）对他人临终、死亡及丧亲之痛的认知。

对自我濒临死亡（或临终）的认知：包括信仰、情感、价值观、姿态、情绪和行为等因素影响着人们临终时的情况。这些认知反映出当代人对持久而痛苦的死亡过程的恐惧和焦虑，尤其害怕在陌生的环境中，被一群不认识的人照顾，这些人可能不会太顾及病人的需求。有这种担忧的人宁愿在毫无知觉的情况下，比如说睡梦中死去。有人甚至努力克制自己不去想象自己的死亡，还有一些人则积极做好事前准备以保证在他们临终的时候不会太痛苦。

还有些人尤其害怕意外的死亡。因为这些人最在意临终前有足够的时间对所关心的人表达诸如"谢谢你"；"我爱你"；"我曾伤害过你，对此我非常抱歉"；"我原谅你对我的伤害"之类的话语，哪怕是一句简单的"再见"或"上帝与你同在"。还有一些人希望有足够的时间和心理准备去见上帝，或者通过冥想和某种特殊的体态来准备生命的最后时刻。很多人关心自己死后遗体如何继续发挥作用，有些人很看重给其他人做出好榜样，有些宗教信仰者相信自己所受的苦是为了他人更好的生活，他们甚至期望死得充满勇气和希望。

对自我死亡的认知：这是关于死亡本身的认知，尤指自我的死亡。在这里

死亡课

我们主要讨论"我的死亡"是如何影响我当前的生活的。比如说,那些历尽种种生活磨难的人有可能会期待用死来结束一切眼前的苦难,而无暇再去顾及死后的事情。这些人可能会拒绝复杂、痛苦且昂贵的治疗,因为他们认为那是徒劳的。相反,还有些人非常珍视生命,珍惜身边所爱的人,他们有强烈的求生欲望,因为他们知道死亡就意味着失去挚爱。这两种情况都是关注死亡本身的例子以及死亡对本人有哪些直接的影响(这不包括身后事以及本人的死亡对他人的影响)。

对自我死后状态的认知:意指"我死后究竟会去哪里?是什么样的?会发生什么事情?"在这里我们主要讨论死亡的后果对自己意味着什么。对于一些人来说,未知之事让人焦虑;另外一些人,害怕死后会有惩罚和报应;也有一些人为人正直虔诚,所以寄望着自己一生的辛勤可以在天堂或来世得到回报。还有很多人把死亡看成是通往另一个世界的通道,寄望在那里与亲人团聚,过上美好的生活。

刚才谈到的三种情况无论是临终、死亡还是死后状况都是围绕自身所发生的,第四种情况则关注**他人的临终、死亡和丧亲之痛**。例如,我可能会关注他人的死亡对我有何启示,有何影响。我可能担心是否足够坚强地去目睹我所爱的人患病或者临终,日后是否有足够的心理准备去经历他所经历的一切;对于曾给我很多关爱的人,我愿意把他留在身边,亲自悉心照顾,而不会送他去医院或者养老院度过人生最后的时光;同样,对于即将到来的永别更是忧虑重重;如果这个人是我非常依赖的人,我会十分悲痛,不知道以后的日子该怎么过。但如果临终的是个我并不喜欢的人,或者正在忍受的巨大痛苦的人,我也可能期待着他的解脱——那可能就是他的死亡。

同时,我也可能担忧我的死亡会对周围的人造成什么影响。例如,我会担心自己临终时重病缠身对家人造成负担;也有可能担心自己的死对家人造成的痛苦或担心自己未完成的事业是否会受到影响。正是因为这些担忧,有些人尽一切努力延长生命,与家人多待一段时间。有些人加倍努力地完成他们所珍爱的事业,至少也要尽可能多地去做。

死亡认知的含义

我们讨论的死亡认知主要有两方面含义:(1)人们关于死亡的认知差别巨大;(2)人们对于死亡的认知可以改变。关于死亡认知,我们听到最多的就是恐惧和焦虑。当然，这些是相似的因素，这也许是因为死亡是人们日常生活突变的极端体现。所以，如果问我们究竟是什么让我们那么害怕死亡，恐惧和焦虑应该是最多出现的答案，这一点也不让人意外。但是，死亡认知并非一直围绕着恐惧和焦虑的。总的来说，如同人们对生命的认识千差万别，关于死亡，人们同样可以容纳一个更多元化的认知，以及丰富多样的感受和情绪跨度。

　　人们可以通过反思自己的和他人的认识，来选择他们认为有道理的死亡认知；随着时间流逝，年龄增长，人们也有新的有关死亡的经历和更多的反思，这也改变了他们最初对死亡的认识。这就是为什么有很多墓志铭鼓励人们要敢于寻找自己认为正确的生死观。例如，1830年康涅狄格州一个刻墓碑的人在自己的墓碑上这样写道：

　　　　你来到这里，请记住我
　　　　因为现在的你，是曾经的我
　　　　现在的我，是未来的你
　　　　请为死亡做好准备吧
　　　　然后，跟我来。

　　最近，有两个时事评论员这样评价人类的现状："承认有限性不但可以让人类增长知识，也可以激励人类向新的成就和新的创造不断前进。""你可以夺走一个人的任何东西，除了人类最后的自由：在既定的环境中选择自己的信仰，选择自己的方式。"人类的认知决定其生存和行为，而认知是可以改变的，即使这些改变并非轻而易举。

 ## 五种主要的死亡认知形态

　　历史学家、社会学家和人类学家们的研究也在帮助我们更好地理解人们的死亡认知的丰富和复杂。菲利普·艾瑞斯是法国的文化历史学家，他曾有一项颇有学术价值的研究，是关于从13世纪到20世纪的西方人的死亡认知的。他发现了五种主要的认识形态，然后将其与某个特定的历史时期相关联。他就这个问题在历史方面的阐述或许很有说服力，但与我们的研究不太相关，我们在本节中只是简要地描述艾瑞斯的五个认识形态的核心因素，让我们认识到单在广义的社会和文化层面上，人类关于死亡的认知就是如此的丰富和复杂。

死亡课

艾瑞斯总结的人类对死亡的五种认知形态是：（1）死亡是顺其自然的；（2）死亡是让人不安的；（3）死亡是熟悉又陌生的；（4）死亡是生者不能逾越的另外一个世界的界线；（5）死亡是讳莫如深的（也有些人称最后一种为禁忌死亡）。简要解释如下：

1. 死亡是顺其自然的：死亡是熟悉而简单的，也就是说它是不可避免的，所以也就没有必要回避它。抱有这种死亡观的人，在临终的时候，是非常平静地等待着死亡的，通常他们身边都陪伴着亲人，亲人们也同样平静地等待着生命的终结。在这种情况下，死亡是公共事件，主要集中在社区，一般来讲，如果有社区里的重要成员去世，整个社区都会因此而深受影响（类似本章开头约翰·斯托茨弗斯的例子）。也有人将死亡看成是一种睡眠，认为死亡就是永恒的睡眠，通往极乐世界。

2. 死亡是让人不安的：死亡让死者在临终之时十分恐惧，因为他相信他死后将受到审判，可能会享福，也可能会受到惩罚（例如我们将在下节细述的新英格兰清教徒）。艾瑞斯认为，死亡就是最后的审判时刻，这个时候人们生前的行为会决定死后的情况（也决定了整个人生的意义）。有几种宗教都有这样的信仰。比如说，犹太人在死亡的时刻要念诵祈祷文。穆斯林认为在死亡的时刻诵读圣名就可以被救赎。一些佛教徒相信在死亡的时刻要念诵阿弥陀佛，这样可以保证死后进入净土。在西方，在这种认识的引导下，人们逐渐发展出正式的安魂仪式。

3. 死亡是熟悉又陌生的：人们对待死亡的态度是高度矛盾的。一方面，死亡被认为是一个自然事件的完整的终结，另一方面，人们又竭尽全力拒之于千里之外。死亡是自然的，也是危险的；是引人好奇的，也是让人忌讳的；是让人充满美丽期待的，同时也是让人充满恐惧的。

4. 死亡是生者不能逾越的另外一个世界的界限：死亡就是道分界线，使生者与死者阴阳相隔。对于生者，死亡就是难以接受的永别，感受和行为会失能。对于死者，死亡就是与另一个世界的亲人团聚。

5. 死亡是讳莫如深的：有些人认为死亡是肮脏的，在公众场合的死亡更是让人讨厌的。临终的人都要适当地与社区隔离开。人们忌讳与临终的人和他的家属有联系。死亡前后的情况和亲人们的悲痛都不得不隐藏起来，哀悼行为被认为是不健康甚至病态的。

这五种主要的认识形态是整个社会对死亡的认知形态的几段缩影。但事实上，艾瑞斯承认无论在文化层面上和还是历史层面上，这几种形态都有部分重叠，甚至在一个人身上能体现出几种不同的认知形态。很明显，这些认知形态也不仅仅局限于西方世界。每种认知形态里都有几个因素在所有文化中都存在。

 ## 17 世纪新英格兰的清教徒

认知形态对塑造人们死亡经验起至关重要作用的典型例子就是 17 世纪新英格兰的清教徒。我们选择这个例子是因为它代表了美国的一个历史群体，并且与当代美国人的死亡认知在很多方面相去甚远。这个例子也再一次提醒我们艾瑞斯总结的认知形态并没有严格的时间顺序，并不是一种形态替代另一种这样简单，不同的群体有不同的侧重点。

清教徒发源于英格兰教会的改革派。这些清教徒来到美国是为了寻找一片自由的土地来维系自己的信仰。新英格兰清教徒在很多地方都蓬勃发展，17 世纪中后期在马萨诸塞州尤其如此。清教徒注重布道，让人们通过个人经历实现信仰的皈依。

清教徒认为任何存在和发生的事情都是上帝的旨意。同时，他们认为亚当和夏娃之后的人类历史是一个逐步堕落的过程。所以，没有人真正值得救赎，人类的所作所为也不能得到上帝的支持。但无论如何，清教徒相信上帝有着无限的怜悯和爱，他还是选择了少部分人，让他们得到救赎。

对于每个清教徒来说，人生最大的问题就是他是否是上帝所选择的那部分人中的一员。没有人知道答案。相信某个人会被救赎就等于承认这个人其实是被撒旦所诱惑。清教徒从不相信每个人都可以理所当然地复活，得以永生。

对死亡的恐惧以及对自己是否会被救赎的不确定一直让清教徒非常谨慎，如履薄冰，这种情况在阿米什人中就不存在。每个清教徒都不得不时刻保持清醒，试图在无数人类堕落的因素中寻找一些自己可能被救赎的蛛丝马迹。清教义以永无止境的、折磨人的不确定性著称，清教徒们都被牢牢地掌握在这种强有力的且永不松懈的对死亡的恐惧中。同时，清教徒又坚持传统的基督教言论，即死亡是对束缚在地球上的灵魂的释放和解脱。清教徒必须始终如一地承认自己的堕落，同时祈祷能获救赎。

死亡课

清教徒生活在潜在的恐惧和对来世极乐的向往中。没有被选中的人们注定要受到永世的折磨，而那些能够被救赎的人其实在临终的时候都不十分确定自己是否能被救赎。如斯坦纳德所说，新英格兰清教徒尽管秉承传统的乐观主义，实际上却时刻被死亡的恐惧所笼罩。

清教徒中不仅成年人有这种死亡认知，孩子们也是如此。清教徒实际上十分爱自己的孩子，但在早期，儿童的成活率很低，父母即使生了很多孩子，心里也知道只有少数几个能够真正活下来为他们养老送终。也许是出于这些原因，他们与孩子之间刻意保持一定距离，而不过分亲密，并运用父母的权威将清教徒的训诫灌输给孩子，让孩子们尽早成熟起来。

清教徒的孩子们知道他们时刻都有死去的可能，并会受到审判，也知道审判的时候他们的父母是不会帮助他们的，他们从不存有死后与父母团聚的期望。如果他们有罪还会牵累父母。孩子们的书，包括幼儿学习字母的初级读本都在劝诫孩子们死亡随处可在和死亡的后果。这与今天，甚至19世纪以后人们所认为的人死后会和父母在另一个世界相聚的说法多么不同啊。

葬礼就更能体现新英格兰清教徒对待死亡的态度了。葬礼没有仪式，人们要控制悲痛情绪。他们认为尸体是没有任何意义的躯壳，只需草草掩埋。

但在17世纪后期，清教徒社会中出现的很多变化开始威胁清教教义。先是早期的几位重要领导人的去世，随后是英国内战，然后宗教宽容的官方教义以清教教义的不正当性而孤立清教徒。加上越来越多的移民和社会商业化使美国越来越多样化，这时，清教徒在数量上和影响上都在逐步减少。

备受攻击的清教徒为了缓解矛盾，开始对葬礼仪式进行改革，使仪式更加周到一些。人们以手套为请柬邀请亲朋参加葬礼，葬礼当天教堂鸣钟，使用棺木埋葬死者。葬礼之后，为参加葬礼的人们准备餐点。如果是重要人物去世，人们还要在葬礼上祷告，墓碑上还刻有死者的事迹，赞美死者高尚的品行。但清教徒所独有的一些世界观和生死观依旧牢牢根植在他们心中。

第三章 人们对死亡事件的处理方式

"9.11"事件

2001年9月11日，是个非常晴朗的秋日，但也是充满了恐怖气氛的一天。那一天，在美国的东海岸发生了大规模的恐怖事件。

那是个星期二的早晨，很多人赶去110层高的纽约世贸中心上班，还有人赶去弗吉尼亚州阿灵顿的五角大楼上班。几乎是同时，机组人员和乘客在波士顿、华盛顿特区郊外和纽瓦克的机场分别登上了飞往加利福尼亚州的航班。

飞机起飞不久，恐怖分子就劫持了四架满载燃油横跨美国大陆的客机。他们取代了驾驶员，将飞机开往他们事先计划好的目的地。早晨8点45分，第一架飞机直接撞向了世贸中心北塔大约90层楼高处。18分钟后，第二架客机以同样的方式撞向了世贸中心的南塔。在9点半左右，第三架客机撞向了五角大楼的西南角。在第四架客机上，一些乘客团结起来奋起与恐怖分子对抗，阻止他们撞毁白宫，或撞毁位于马里兰州的美国总统休假地营的计划。结果，第四架飞机在上午10点多于宾夕法尼亚州西部匹兹堡东南处坠毁。

在10点钟左右，世贸中心南塔由于被客机撞击导致的结构损坏和因客机燃料引起的大火而坍塌。大约29分钟之后，北塔也坍塌了。之后，世贸中心建筑群的其他四个建筑，以及附近的万豪酒店也未能幸免，全部坍塌了。

四架客机上的机组人员和乘客（包括19名恐怖分子）共248人遇难。五角大楼126人，世贸中心现场大约2 800人遇难，其中包括职员、商店和餐馆的人员、游客以及340名为挽救他人生命而英勇牺牲的消防队员和警察。很多生命被大火吞噬，遗体被埋在废墟之下，只能一点点地被挖掘出来，一些遗体只能通过DNA检验来确定身份。许许多多的家庭都永远无法挽回他们所爱之人的生命了。

存在于每个社会的死亡体系

死亡心理学家卡斯滕鲍姆将"死亡体系"定义为"协调和表达人类与死亡之间的关系的社会物理体系"。意思是每个社会都有一套系统,在人与死亡之间发挥作用,也是人们理解死亡的途径。这套系统的存在反映了社会基础建设的重要性,也是人类与死亡进行沟通的社会化进程。任何一个社会死亡制度都有其自身的优势和独具特色的功能。

有些死亡体系普遍存在于**不同形态的社会**。它们在某些方面通常是正式的、含义清晰的并且被广泛接受的,尽管在其他方面被隐藏得很深,不常被人们提及。布劳纳曾经指出,很多原始的小部落为频繁发生的死亡事件举行各种活动,而现代的文明社会里,关于死亡的社会性活动却只是局部的,并没有巨大影响力——只有当大规模的自然灾害发生的时候,人们才会重视起来。

实际上,"死亡体系"所发挥的作用,在当今社会,通常是致力于阻止死亡事件的发生,并尽量对人们掩饰死亡残酷的一面。换句话说,今天我们所说的"死亡体系"实际上就是"社会死亡防控体系"。但问题是我们很可能"出于保护的目的创造了这样一个体系,这个体系却使整个社会的人群看不到所需要看到的真相。"

我们的"死亡防控体系"关注死亡,并对死亡事件作出反应。社会死亡体系中包含人物、地点、时间、特殊道具、标志、警告或预言、死亡防控、临终关怀、尸体处理、社会关怀、宗教团体的帮助和社会认可的杀害。

每个社会都有一定的"死亡防控体系"来应对大规模的天灾人祸。所以,了解社会"死亡防控体系"及其运作方式对我们研究死亡的课题十分有帮助。下面让我们以"9.11"事件为例,看看美国社会的死亡防控体系是如何运作的,以及还有哪些不足之处。

第三章 人们对死亡事件的处理方式

 美国的社会"死亡防控体系"和
"9.11"恐怖袭击事件

2001年9月11日,美国遭到了恐怖主义袭击,美国经济和军事实力的象征——世贸中心和五角大楼被袭。让世界人民饱受痛苦的恐怖袭击,这次在美国也同样导致了无辜人们死伤的悲剧,这些人来自世界80多个国家(包括澳大利亚、孟加拉、德国、英国、印度、以色列、墨西哥、巴基斯坦和韩国等),他们有着不同的文化、宗教和种族背景。这次恐怖袭击使美国对恐怖主义提升到新的层面上高度关注,超越以往任何一次恐怖事件。

很多美国人都难以相信恐怖分子怎么可能这么轻易地就给予美国如此重创。实际上,之前有一些有经验的时事观察员早已预计到恐怖分子会在美国国土上有所行动。但不幸的是,美国死亡防控体系的某些环节没有给出准确的预警以阻止事件的发生。比如说,这些接受过飞行训练的可疑人员进入了美国的土地,这本是重要的信息。另外,政府也本该重视一些恐怖组织早先发出的要运用民航客机作为武器的信号。很多原因造成了国家预警体系、情报体系等没能对这些情报做出及时有效的反应以保护国土安全。美国恐怖主义袭击事件全国调查委员会工作报告中指出了许多情报和协作方面的失误,前参议员鲍勃·格兰姆作为"9.11"恐怖袭击事件前后美国议院关于美国情报界共享战略的合作主席,在工作总结中也详细地指出了这些问题。

对于"9.11"事件本身,美国社会各界及其社会死亡防控体系却做出了及时的反应。其中一架客机上的乘客团结一致与劫机者斗争并粉碎了恐怖分子的企图。其他人也试图通过手机对外界发出正在发生危险的警示。还有一些人在生命最后时刻给所爱的人留下遗言。38岁的布莱恩·斯威尼,是美联航175班机上的一名乘客,该航班后来撞上了世贸中心南塔,机上人员全部遇难。布莱恩给他的妻子留下了这样一段遗言:"嗨,朱莉,我是布莱恩。我现在在飞机上,飞机被劫持了,情况看起来很不妙。我只想告诉你我爱你,我真的很希望能再见到你。如果我不能,那么请你一定好好地活着,享受生命。我爱你,我们终归会再相见。"

社会死亡防控体系中的"正规军"作用此时发挥得尤为明显。消防队员、警察和其他工作人员及时赶往现场,冲进燃烧的大楼中,奋力抢救被困人员,

25

死亡课

当大楼坍塌的时候，很多人牺牲了自己的生命。美国联邦航空管理局立刻指挥降落所有美国境内的飞机，以防止更多的灾难发生，同时也让恐怖分子的其他同伙无法离开美国国境。联邦调查局开始详细调查电话录音，寻找恐怖分子的庆功电话，搜索目击者和这次恐怖阴谋的相关人员，追溯支持恐怖行动的款项来源。医院和救援工作者照顾伤者，丧葬工作人员赶赴现场以恰当的方式对死者遗体进行处理、辨认。但处理死者遗体是极为困难的过程，最终只有一部分遗体得以成功复原和辨识。

"9.11"事件之后，整个社会团结一致，顶着长时间的巨大压力，表现出强大的力量。纽约市市长鲁迪·朱利亚尼和其他政界和宗教领袖共同努力。人民和社会各界共同面对这突如其来的灾难和巨大的挑战。许多美国人民围绕着"我们团结一致勇敢站起来"的主题口号和歌曲《上帝保佑美国》等聚集起来举行纪念活动。心理顾问则尽其所能帮助成年人向孩子们解释这场灾难。布什总统对全国和全世界人民表示，这场恐怖袭击不是仅仅针对美国的，而是针对整个文明世界的。国会通过了内阁级的国土安全部的成立。

"9.11"事件对美国乃至世界的安全制造了很多困难。这些困难和挑战虽然没有压垮美国的死亡防控体系，但却对其有深远的影响。最重要的是，这个事件调动起了整个社会——小至社区和各个州，大至国家和整个国际社会共同行动，反对恐怖主义。2004年恐怖袭击全国调查委员会发布了一个报告，里面系统阐述了导致"9.11"事件的美国社会系统漏洞，并针对其提出建设性意见以加强情报与国土安全。经过多方探讨，国会通过立法，由总统签署设立内阁级国家安全部长的职位以协助执行全国委员会的各项提议。

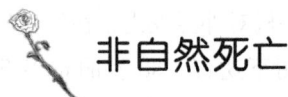 非自然死亡

20世纪，美国目睹了本国及世界范围的极速上升的死亡人数，部分原因是人口的激增。人口增长本身就必然导致死亡人数的增长。人口增长同时也导致暴力事件的增加。在很多情况下，暴力事件导致了更多的非自然死亡。

事　故

各种事故和非故意伤害致死，在整个美国人死亡原因中列居第五，在1～

44 岁人群的死因中列居榜首。2004 年共有 112 012 个美国人死于事故，约占当年死亡人数的 4.7%。

如果每个因事故死亡的人平均影响 10 个亲友，2004 年，美国有超过 100 万人因为事故致使人们失去亲人而悲痛万分。还有 900 万人因事故致残。其中机动车事故致 44 933 人死亡，占各种事故致死总和的 40% 多。（与同年在伊拉克战死的 848 人相比，人们似乎更加关注在战争中战死的人数；但是每年由于汽车肇事导致的死亡人数大大超过这 848 人，却对人们安全观念的影响甚小。）

1979—1992 年期间，事故导致的死亡率降低了超过 25%，但是自 1992 年以后死亡率又重新开始增长。事故导致死亡率降低可能是公共教育敦促人们在驾车时有更多的安全意识的结果——比如专心驾驶、系安全带、不酒后驾车。因为这些安全规范，事故致死在各种死因中从第四位落到第五位。近几年，事故致死率又有所抬头，与人口增长和快节奏的生活有关。

机动车事故在当今社会致死率相当高。其中 15~24 岁年龄段是机动车肇事致死率最高的人群，而且男性远高于女性。

这种死亡率与我们的想象相差悬殊，让我们对当代社会死亡率模式有了一些基本的了解。例如，在交通事故中，死亡最多的是年轻人，而不是老年人。在很多突发事件中，我们常常遇到这种场景：警察上门或者打来电话，通知某某已死的消息。随之而来的就是死者家人拒绝相信的表情："他刚刚开车去看电影！怎么可能就死了呢？"如果死者遗体损毁严重，家属可能永远都见不到。有些重伤者被送到医院抢救或者确定死亡，有时医院会询问家属是否愿意捐献死者器官——这些对家属们都是突如其来的巨大打击。家属们可能很长一段时间都不相信这是真的，这种意外死亡的殡葬事务处理起来就很困难。

谋　　杀

2004 年在美国有 17 347 人被谋杀致死，平均每 10 万人中有 5.9 人死于谋杀。好消息是，谋杀致死已从 1990 年第一大死因落至 2004 年的第 15 位；坏消息是，自从 80 年代后期，因谋杀死亡的人数还是在逐年上升。21 世纪以来，美国因谋杀致死的人数异常之高。

谋杀致死在美国人口中也是严重分布不均。根据人口统计学研究，谋杀致死多分布于年轻男子群体。至少在过去十年，谋杀致死率最高的是在 15~24 岁的人群中。目前 15~24 岁年龄段人群死因中谋杀致死排第二。谋杀致死的可能性随着年龄的增长而降低。

从性别差异来看，美国年轻男子死于谋杀的比例更高，死亡人数与女性的比例是3.6∶1。

有两个特点尤为明显，一是50%的谋杀发生在家庭成员之间或与熟人之间，二是美国社会的谋杀与滥用枪支密切相关。

青少年和年轻人群体中，死亡越来越常见。而且谋杀致死是完全不可预知的。枪支走火，汽车劫持案误杀无辜的人，这些频繁发生的突发性人祸，让谋杀在今天的美国如此强烈地植入到人们的死亡意识中。

美国的死亡防控体系有时会过分地夸大谋杀的影响。例如，媒体总是过分关注暴力和谋杀的个别案例。相信大多数美国人都知道1999年科罗拉多州哥伦拜恩中学恶性枪击事件和2007年弗吉尼亚理工大学校园枪击案。然而，了解这些恶性事件固然重要，更重要的是我们要从中学到什么，并尽可能减少再发生的可能性。

我们需要记住一点，那就是校园谋杀是非常个别的案例。正如福克斯和莱温两位所说："尽管校园暴力非常令人恐慌，但是学校依旧是很安全的地方。"美国教育部和司法部在2003年的年度报告中指出："从1992年到2002年，5～19岁的孩子们在学校以外被杀害的可能性是在校内的70倍。"2004年的报告也重申了类似的观点。对于校园暴力，我们可能渲染太过了，以至于扭曲了事情的本来面目。一位评论员说："新闻媒体所报道的暴力犯罪比例，远比实际发生的暴力犯罪高很多。"

然而，当今美国的谋杀事件依旧很频繁，这是很让人担忧的。人们应该想办法阻止和减少暴力谋杀的发生，为此，我们首先应该放弃对谋杀事件的错误认识和有误导性的做法，而去实事求是地客观看待它。

暴力谋杀事件会对人们的身心造成巨大的伤害。几乎所有的谋杀都会导致意外死亡，在极短的时间内就能将一场暴力事件变成死亡事件。这会对死者家属造成极大的困扰：他们面临的是一场突如其来的打击。即使找到凶手也无济于事。尤其当知道凶手就是家人或者朋友，或者得知自己的亲人是蓄意谋杀的无辜受害者，这更加重了死者家属的悲痛。有时，对凶手的审判过程，遇难者家属是不允许参与的，这也无疑让遇难者家属倍感愤怒而失去控制。

20世纪非自然死亡案例中还包含恐怖事件、战争、种族灭绝、屠杀、核武器等等。卡斯滕鲍姆将这类死亡事件归为"大规模死亡"，其过程之复杂，

第三章 人们对死亡事件的处理方式

牵扯领域之多,让我们不能再用简单的因果框架来限定了。

 死亡和语言

一个社会和它的死亡体系是如何影响死亡的,最明显的影响因素就是语言表达。"用来表达死亡的词语"和"与死亡有关的语言"看起来很相似,含义却不同,但都反映出一个社会信息,即怎样运用恰当的死亡情绪和行为。

用来表达死亡的词汇

在美国社会中,很多人宁愿不辞辛劳地使用冗长的表述,以尽量避免用一个简单的"死"字。一遇到"死"这样直接的字眼时,就会使用委婉语来替代一下,这样听起来不会令人不愉快,也避免冒犯他人。所以,人们很少说"死了",而说"去世"。原则上来讲,委婉语是尽量让话听起来舒服些,但是实际上其潜在含义是人们可以寻找这样的语言来让"死"这个表达更含蓄优雅一些,可以让大多数人可以接受。

虽然委婉语本身并没有太大的实际含义,但人们不愿直面生死问题时,这些语言就显得很必要了。

关于死亡的委婉用词对于很多语言学者来说是很熟悉的,这些用词经常出现在各种语言环境中。在死亡学兴起之前,语言学家们早已熟悉这种修辞格了。例如"咽气"、"入土"、"逝世"、"回归上帝的怀抱"或者"安息"、"寿终正寝",还有某某已"断气"、"气数已尽"、"走上末路"、"走完最后一段路程"、"给生命画上圆满的句号",以及"生命的华章圆满落幕"等等都是表达某人"离我们远去"了的含义。

一些医护人员有时会说他们"失去了"一位病人,或者某人的生命"终止"了,而不愿意直接说出那个字,他们职业就是救死扶伤,死亡是他们最不愿意看到的结果,所以他们更倾向于用这种略带书面的委婉词语,就如同反间谍组织常用"用极端手段结束他"来代替"杀了他"一样。

"殡仪事务承办"、"殡仪业者"、"葬礼指导"或"葬礼服务"等都是职业范畴中的委婉用词。

有时,那些日常生活中常见的,既不花哨,也不直截了当的词语,在传达

死亡课

意思的时候反而更加有效。我们经常会用很普通的词汇来表达如何处理体弱多病的动物。我们不会直接说杀了它，而是说"让它们睡过去"。也有人会说，动物被"人道毁灭"了，其实意思都差不多。

委婉用语也不仅仅用在死亡。在很多其他的禁忌话题中，也常被应用到。例如谈到生殖器官或者排泄功能等话题。17世纪的新英格兰清教徒和19世纪美国浪漫主义运动的追随者，对性的话题是十分谨慎，但却可以在一些场合谈及死亡；21世纪，这种情况似乎颠倒了过来，性不再是被禁忌的话题，然而，人们对死亡的话题却十分谨慎。

直率坦白有时让人尊敬，有时却不合时宜；刻意的回避也是同样的道理。对性的话题和死亡的话题过度渲染和讳莫如深都是不适当的态度，毕竟性和死亡都是生命中的真实内容。

人们委婉表达死亡的动机其实和人们委婉表达怀孕生产过程很相似。因为传统赋予这些事情很多迷信的色彩，所以公然谈论这些话题会惹人厌恶。出于这些考虑，死亡的痛苦与美好的方面就渐渐被人们剥离掉，甚至干脆将死亡的真实名称都取代掉。越来越多的衍生词汇只代表了人们对死亡无知的规避。

人们在语言上对死亡的刻意回避已经不单纯是为了避免不愉快的产生，过多的死亡替代词汇开始产生了很多问题：语言来自于丰富的生活，当人们与死亡的距离越来越远时，语言的根基便会渐渐枯萎；同时，也真的让人们越来越看不清死亡这一生命重要环节的真相了。

与"死"有关的词汇

人们经常刻意回避谈论死亡。但很有趣的是，人们在很多日常会话中，却常会出现带"死"字的语言，实际上与死又没有任何关系。

美国人常用"dead"（死的）来形容事物，例如"dead batteries"（旧电池），"dead letters"（无法投递的信件），"a deadpan expression"（面无表情），"a dead giveaway"（无意间泄露出的机密），"deadlines"（截止日期），"being dead drunk"（烂醉如泥），"dead on their feet"（筋疲力尽），"dead certain"（绝对肯定），"a deadbeat"（游手好闲的懒汉），"dead broke"（身无分文），"deadly dull"（乏味之极），"deadlocked"（僵持不下），"dead to the world in sleep"（睡得不省人事）等等，中国人也常会说"累死我了！""吓死我了！""想死我了！""担心死了！"，当人们尴尬的时候，还会说"让我死掉吧！"

等等。

在这些语言环境中,"死"通常是用在夸张的修辞格上。"死"字可以使语言立刻强烈起来而极具戏剧性,以表示"非常"、"至极"等含义。但实际"死"的含义却被弱化了。

有趣的是,现代人当真正谈论死亡这样严肃沉重话题时,都尽量避免使用死亡词汇,尽量使本来沉重的话题柔和一些,宁愿拐弯抹角的暗指,也绝不直说。但如果不是真的谈论死亡的话题,人们却常把"死"字挂嘴上。在相对安全的轻松的氛围中,与死有关的词汇就开始频繁出现了。

 死亡与媒体

媒体以其新闻报道和娱乐节目的形式在美国社会占据重要的地位。大多数美国人很少接触过真实的死亡事件。但他们都间接体验过成百上千次的暴力和死亡,这就是媒体的威力。有个人曾经估算过,"当孩子们小学毕业的时候,他们间接体验过至少8 000次谋杀和10万次各种形式的暴力事件。"这些间接体验来自于报纸新闻、电视节目、杂志、广播等等,其中电视和其他电子媒体是最主要的来源。

媒体中的死亡经历

"9.11"事件,媒体尽其所能地报道。然而,这可不是特例,只要一出现死亡事件,媒体都会第一时间赶赴现场报道。此外,像伊拉克战争和类似2004年东南亚大海啸等自然灾害也是媒体报道的热门。这些流血死亡事件都是媒体争相报道的热门题材。

媒体习以为常地报道暴力和战争事件,无疑让公众对这些事件越来越麻木。间接体验毕竟不同于亲身体验。无论这些间接体验出现得多么频繁,人们一直都是以局外人的身份来看待它们,并在真实生活中始终与死亡保持距离。

反过来说,当政府和媒体在某些事件上试图掩盖真相也同样有问题。政府规定,在伊拉克和阿富汗战争中死亡士兵的遗体返回的影像资料不允许公之于众。

公众之所以对媒体所报道的死亡事件始终有距离感的原因是媒体对素材的

高度选择性。任何有"新闻价值"的事件,都被媒体定义为非同寻常的。新闻媒体所报道的多是特殊人物的死讯和一些非常个别的死亡事件,并用选择性的语言来描绘它们以造成轰动的效果。老百姓现实生活中的最真实的死亡事件却被认为是没有任何新闻价值的。

这就造成了一种后果,当人们看到了这样的消息,便习惯性地自我安慰:我不是什么公众人物,我也不想死得很轰动。所以,报纸和电视上报道谁谁死了,跟我没什么关系,总看这样的新闻,真影响心情,还是少看为妙。

此外,大量报道个别死亡事件,会对公众造成误导,认为这种事情经常发生。例如,对校园枪击案的大量报道让很多人相信美国学校经常发生枪击案。而实际上,那些只是非常个别的案例,学校依然是很安全的地方。

虚构的死亡和暴力:娱乐业

当今社会,死亡和暴力充斥着电视、电影、游戏,甚至歌词等娱乐项目中,其中加入了大量的虚构和幻想的成分。坏人和小人物总是很快死掉了,英雄的主角总是能在磨难中奇迹般地复活。

当人们看谋杀题材电影时,总想看到最终凶手是如何被抓到的。当看杀戮题材电影时,总想看到正义最终被伸张,然而,很少有人关注杀戮的后果。**死亡的残酷和真实以及人类悲痛的情感常常被忽略掉了。**

美国儿科研究学会曾做过相关调研,"美国媒体是世界上最暴力的媒体,美国社会现在正在为层出不穷的现实暴力付出代价。"

有些人曾反驳虚拟暴力与现实暴力有必然的因果关系,但是儿科研究学会指出,业界多数人士均认为两者之间的关系已经牢固地确立了。因此,儿科研究学会的结论是"尽管媒体暴力不是美国社会暴力的主因,但却是最容易避免的促成因素。"

儿童动画片也会虚拟一些死亡的情况。这些动画片人物经常以生动有趣的动作来吸引孩子们。例如,在著名动画片BB鸟系列中,大野狼残忍地捕捉BB鸟,小鸟一次又一次地落入圈套,一次又一次地经历死而复生。换句话说,BB鸟一再被杀害,却永远不会死。孩子们还没等为小鸟悲伤,小鸟的复活就能立刻让孩子们开心起来。这个卡通片虽然不是关于死亡的,但里面却传达了很多有关死亡的信息。不断加强孩子们对死亡的印象,即死亡只是一个临时的状态。

当然，媒体对新闻和故事的选择性是不可避免的，虚幻的故事本身也无可非议。童话、歌谣和游戏中从来就不缺少虚幻和死亡，孩子们基本都可以理解。但是有两个核心问题值得注意：（1）究竟该以什么方式表现暴力和死亡，以及它们在现实生活中有什么后果。（2）观众对虚拟和现实要有足够的分辨能力。

媒体本应以引导大众关注生命为目的，而对死亡素材的高度选择，却造成对事实的扭曲和虚拟，致使我们与死亡的真实性严重脱节，这才是我们面临的主要问题。

电子时代的死亡与暴力

暴力游戏和互联网上的暴力图片在现代社会再平常不过了。在充满假象的世界里，人们大肆使用暴力，制造死亡，然而在现实生活中却对死亡一无所知。当人们渐渐沉醉在"所有的事情皆是一场游戏，死亡只是虚构的"梦中，孩子们开枪杀害了老师和同学。我们如梦初醒，他们真是鬼迷心窍，将电视和游戏里的场景变成了真实的谋杀。此刻，对于他们来说，扣动扳机与点一下鼠标之间的差别变得如此真实。当他们意识到那些死尸不再是虚构的形象时，为时已晚。

第四章　文化差异与死亡

幸福的葬礼

《幸福的葬礼》是一本生动有趣的儿童连环画,讲述了两个美国华侨小姐妹准备参加爷爷葬礼的故事。她们的妈妈告诉了梅梅和劳拉爷爷的死讯,她说"爷爷将有一个非常幸福的葬礼"。小姐妹非常疑惑:"这应该是一次悲伤的聚会,葬礼怎么会让人幸福呢?"

姐妹二人对葬礼上所要发生的事情很糊涂。她们非常爱爷爷,希望能够参加社区为爷爷举行的葬礼,但是她们从来没有经历过葬礼,也没指望爷爷的葬礼会是愉快而幸福的。

殡仪馆里摆满了鲜花,爷爷的灵位前面燃着香。人们为爷爷"上路"准备了很多礼物,例如灵界的地图、食物、半把梳子(奶奶留有另外一半,以备奶奶去世之后可以与爷爷相聚),还有纸房子、冥币和很多其他的东西。人们相信将这些东西烧了,就会在灵界变成真的东西供爷爷使用。

在当地的中国教堂为爷爷举行的追悼会上,爷爷的遗像摆放在大丛的玫瑰花中间。人们谈论着爷爷生前的高尚品格和做过的善事。有些大人们哭了。劳拉看到奶奶瘦弱了许多,也衰老了许多,不禁感觉鼻子酸酸的。仪式过后,有人发给每个参加追悼会的人一块糖以"平复悲伤"。然后,爷爷的骨灰盒被放到了车上,车上挂好遗像,边放着哀乐,边沿着唐人街缓缓前进。

牧师说爷爷要去天堂了,劳拉努力想象着爷爷像风筝一样飞起来的景象。经过了这些事情之后,劳拉的脑海中开始交替出现温暖的回忆与悲伤的感受,脸上带着微笑的泪水。她渐渐明白,尽管她和梅梅都不愿意看见爷爷死去,但是爷爷的葬礼确实能让人感到幸福和欣慰,因为爷爷死得很安详,他的品德也留给后人很多美好的回忆。

 拉美裔美国人

拉美裔美国人死亡率非常低。原因可能包括：拉美裔美国人中，年轻人比重较大；移民的身体素质也比较好；还有一些人在生病或濒死时，会选择回到自己的祖国。拉美裔婴儿死亡率和产妇死亡率均低于美国白人。2004 年，拉美裔人口中因心脏病和癌症死亡数占总死亡数的 42.7%，低于美国白人的 51.3%。

但是，谋杀却是拉美裔美国人的第 7 大死因，在非拉美裔人口中，谋杀致死列居第 16 位。总体来说，在美国拉美裔青年男子中，谋杀致死是比较重要的死因。当然，谋杀发生率也随着拉美社区的社会经济情况不同而有所不同。

拉美裔美国人对待死亡的认知和态度

拉美裔美国人的家庭观念很重，通常都维系着非常牢固的家庭纽带。年轻人要照顾上了年纪的长辈，否则将被视为没有尽到责任。

宗教对拉美裔美国人的生死观也起着重要的作用，在洛杉矶的墨西哥人百分之九十信奉罗马天主教。

很多拉美裔美国人认为死亡是生命的延续。也就是说，死亡是生命的一部分，是生命循环的重要组成。不能将两者看做是对立的。这种观念在很大程度上影响着拉美裔美国人对生前预嘱的看法，也使他们更能接受安养服务的做法。

拉美裔美国人对死亡的处理方式

由家人承担照顾临终的人：尽管照顾重病患者是非常困难的事情，但是大多数拉美裔美国人并不寻求专业机构的帮助。这与拉美传统有很大关系，拉美人不会让外人承担自己家庭内部的事务。家庭成员要负担起照顾病人的责任，否则会被认为是没有履行家庭责任。他们从不用疗养院照顾重病的家庭成员。

表达悲痛的方式：拉美裔美国人表达悲痛的方式在男女之间差别比较大。

女性通常会大声痛哭，悲痛欲绝，但是拉美男性对情绪很有节制，因为他们要为家庭作出坚强的表现，通常不会公开地表达悲痛的情绪。

《玛米塔的壁画》是一本儿童读物，讲的是年轻女孩玛米塔与邻居和家人一起为刚去世的奶奶准备纪念仪式的故事。玛米塔是当地一家杂货店的主人，深受邻居们的喜爱。她为了这次纪念仪式，特地在杂货店的墙上创作了一幅壁画。拉美人传统的纪念仪式是向社区开放的。此外，值得注意的是这场仪式中，人们也在庆祝玛米塔的美好生活，气氛十分活跃。玛米塔可以在纪念会上尽情表达她对奶奶的爱。

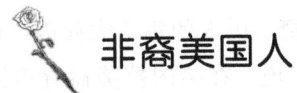

非裔美国人

非洲裔美国人是美国第二大少数民族，有3 750万人，差不多占美国总人口的13%。非洲裔美国人源于非洲大陆，与那段贩卖奴隶的历史紧密相连。奴隶制度本身就是与死亡相关的实践，将黑奴运到美洲大陆，在极端艰苦的环境中生活和劳动，从一个自由人变成他人的财产和附属品。这段历史直接影响了当代美国黑人的生死观。就像卡利什和雷诺兹所说："美国黑人的历史就是一部与死神遭遇并抗争的历史。"

但是，关于美国黑人对死亡的态度，人们从未有过深入系统的研究。在近40年里，只有卡利什和雷诺兹在1981年发表的一篇报道是关于这个领域的，该报告研究了1976年居住在洛杉矶的美国黑人的相关情况。他们发现，这些研究对象在遇到困难的时候，更倾向于向当地教会和邻居寻求帮助。言外之意，家庭关系对这些研究对象显得不那么重要了。不过，这也可能是因为卡利什和雷诺兹的研究人群中有很多人是刚移民到美国，身边没有家人的原因。

近年来的一些研究结果却证明美国黑人在处理这些事情的时候，家庭的作用是很大的。在进行对比研究美国黑人和白人照顾患有阿尔茨海默症的家人时，研究人员发现有53%的美国黑人老年人死在家里，而白人只有38%。美国黑人老年人也少有在老人院里度过余生的。其他研究也表明，美国黑人不太接受将亲人送入老人院的做法，而多是依靠来自家庭的帮助。

美国黑人对美国医疗机构似乎不信任。认为自己的医疗待遇比白人要差，如果生前立了遗嘱，就得不到医院全力的治疗。

美国黑人十分重视葬礼,他们将葬礼看做生者对逝者生前成就的肯定。对男子来说,一个好的葬礼能显示出他的男子气概。

还有一本儿童读物《蒂亚的向日葵和彩虹——跟爸爸再见》,讲的是10岁的美国黑人小女孩蒂亚的爸爸突然去世,她的家人和朋友对蒂亚的帮助。蒂亚讲述了她的悲痛和恐惧,她害怕妈妈也会死去,也会离她们而去。但是人们带着食物来到蒂亚家,表达对她父亲的爱和对家人的支持。蒂亚被允许参与准备爸爸的葬礼,这让蒂亚非常欣慰。尤其是当她知道她可以带着爸爸最喜爱的向日葵去参加葬礼,她非常高兴。在去葬礼路上,一条美丽的彩虹挂在天边。

在一些美国黑人妇女中,有一种特殊的哀悼方式——讲故事。罗杰斯曾经研究过在美国西北部的几个黑人寡妇。她们宣泄哀痛的方式就是讲故事。这可能跟非洲传统的口述文明有关。在讲述故事的过程中,妇女们用不同的语调和口音扮演着不同的角色。这样生动的表演对宣泄悲痛十分有帮助。

# 亚太裔美国人

在美国,亚太裔是第三大少数民族,人口1 280万,占总人口的4.4%。在亚太裔中,华裔美国人是第一大群体,大约占亚太裔总数的24%,接下来是:菲律宾裔占18%,印度裔占16.4%,越南裔占11%,韩国裔占10.5%。

亚太裔总体死亡率比美国任何一个族群都低。美国亚裔与美国白人死因的前三名是癌症、心脏病和脑血管疾病,但癌症是美国亚裔的第一大死因,而心脏病则是美国白人的第一大死因。

在亚太裔中,华裔婴儿的夭折率最低,菲律宾裔最高。但美国亚太裔总体婴儿夭折率是每千人中3.8人,比美国白人、拉美裔、黑人和美国原住民都低了很多。

美国亚太裔对死亡的态度

交流问题:卡利什和雷诺兹在研究中发现在洛杉矶的日本社区,人们很注意对死亡这样敏感话题的交流。即使当社区有人快要死去,非常痛苦,他们也竭力克制不去跟医疗人员谈论他们的真实感受。很多其他美国亚裔也有类似的态度,他们相信谈论不祥的事情,那事情就会真的发生。

死亡课

　　这就能够解释为什么在美国华裔当中，死亡的话题是禁忌。曾经有几项关于美国日本裔和柬埔寨裔，还有华裔加拿大人的研究都显示出，这些家庭中如果有人快要去世了，家庭其他成员通常不会告诉他实话。

　　安乐死：布劳恩等人曾在2001年对居住在夏威夷的几个亚裔美国人群体进行研究，主要是研究他们对安乐死的态度。他们发现这些群体中的人们对安乐死的态度与宗教信仰和与当地文化融入的情况有关。第一代菲律宾人大多信奉罗马天主教，禁止自杀和安乐死。但是现在一些从事医疗工作的菲律宾人则认为如果治疗已经毫无意义，那么终止治疗，使用止痛药物，即使有时那样会使人窒息而死，也是可以接受的。

　　在五个研究对象群体中，菲律宾裔和夏威夷原住民对医生协助自杀最抵触。由此，布劳恩等人在报告中提到，夏威夷原住民对医疗部门不太相信，担心自己并不能从中受到妥善的治疗。而大部分华裔和日本裔都可以接受医生实施安乐死。

　　对葬礼的态度：克罗多在2000年对旧金山的华裔的葬礼做过研究。她发现，即使在社区内部人们也存在着不同的传统习俗。这些差异主要发生在新移民与已经融入当地文化的老移民之间。但是，大多数美国亚裔都相信葬礼非常之重要，它维系着生者与死者关系。克罗多认为："对于华人来说，葬礼是重要的通往来生的仪式……尊崇祖先是中华民族文化传统、社会结构和宗教信仰的基础。死者可以在另外一个世界保佑生者，葬礼则是完成这个过程的必经之路。"

亚太裔美国人对死亡的处理方式

　　美国华裔的葬礼经常是东西合璧的。克罗多指出，美国华裔的葬礼由五个要素组成。第一，灵堂的追悼会，亲人们按照长幼顺序排队接待前来吊唁的人们。灵堂中央放着棺材，四周供奉着食品和纸扎的房子，还有纸人和冥币，这些东西会在墓地烧掉。第二，追悼会第二天，牧师会主持葬礼，亲人进行最后道别。第三，送葬队伍离开灵堂，西式乐队开始演奏。当队伍穿过唐人街时，人们撒冥币，这是为了让一些有可能打扰尸体的灵魂拿钱快快离开。第四，在墓地，当棺材下葬之后，人们将鲜花、纸房子、纸人和冥币扔进坟墓并焚烧。第五，葬礼聚会之后就是一个"白宴"，宴会主要是给予丧亲的亲友鼓励和支持的。

扫墓：由于很多美国亚裔都相信生者与死者仍旧有联系，那么后辈们生活的如何、或多或少与他们逝去的祖先的护佑有关。所以，人们会经常去扫墓，供奉逝者。

美国印第安人和阿拉斯加土著

关于美国印第安人和阿拉斯加土著的死亡情况的信息比较少，也不具有普遍性。在美国和加拿大有几百个美国印第安部落，人数从几十人到几十万人不等，每个部落的人们对待死亡的认知和行为都有所不同。

从数字上看，2004年美国印第安人和阿拉斯加土著人共死亡13 124人，占美国当年死亡人数的0.5%，死亡率为0.65%。

历史上，美国印第安人经常死于传染病、糖尿病、慢性肝病和肝硬化，还有事故和自杀死亡。随着这些致死因素逐渐弱化，美国印第安人平均寿命延长，心脏病和癌症逐渐显著起来。

一项专门调查美国印第安人情况的报告提供了一个重要信息：在美国西北部的克劳市印第安人由于酗酒导致的酒精性肝硬化死亡率是当地白人的8~9倍。

在很多印第安人群中，交通事故是十分显著的死因。例如，马哈尼发现在纽约州的美国印第安人由于交通事故造成的死亡率是美国整体死亡率的近两倍。死者大部分是男性。这些事故也多与酗酒有关。

印第安人对待死亡态度

印第安人认为生与死是循环的过程，死亡是生命的一部分。很多印第安人的故事和儿童读物都能反映他们的这个观点。

> **人为什么会死？——那瓦霍人（印第安人的一支）的传说**
> 那瓦霍人的传说是这样描述他们来到这个世界的情景的：当他们来到陆地上，他们想知道自己的命运怎样。于是，有个人往水中扔了一个石器说："如果它沉下去，我们就会死的；如果它漂浮着，我们就会永生。"结果，石

死亡课

> 器漂浮着,所有人都很开心。但是一个叫小狼的人说:"让我来看看你们的命运吧。"他重新将石器扔进了水里,结果,沉了。所有人都非常生气地骂他,但是他回答说:"如果我们都永生,人数会不断增加,大地很快就会容纳不了我们,那时候,就没有地方种庄稼了。我认为,如果我们每人在这个世界上只有一次生命,然后离开,就可以为我们的子孙腾出地方。"人们明白了他的意思,都沉默了。

一些那瓦霍人相信生者为死者所做的事情对死者去往另外一个世界至关重要,所以他们非常看重葬礼仪式。

四本关于美国印第安人的儿童读物

《巨大的变化》和《山脊之上》两本书都讲述了死亡是从地球的生命形式转变成精神世界中的另一种生命的故事。在《巨大的变化》里,印第安老奶奶告诉自己9岁的孙女死亡并不是一切都结束了,而只是一种巨大的变化。她说:"我们需要死亡,因为只有这样才能获得新的生命。"死亡是生命的循环,人死后,身体便与大地母亲在一起,而灵魂却永存。与《巨大的变化》类似,《山脊之上》讲述的是一个印第安老人死后的经历。在死后,她便开始爬上一座陡峭的山脊,然后看到了山脊之上的精神世界。

《安妮和奶奶》用幽默的方式让孩子们理解死亡是生命的一部分。在书中,那瓦霍小女孩安妮10岁了,她的奶奶告诉她:"当你妈妈织好这块毯子的时候,我就要回到大地的怀抱了。"安妮听了很担心,她决定先一步行动阻止奶奶死去。于是安妮在学校里使劲调皮,让老师找妈妈谈话,这样妈妈就能停下手里的活。她还把羊圈里的羊群都放了出来,这样大人们就不得不停下手里的活去赶羊。安妮甚至偷偷地将毯子拆掉。当人们明白安妮这样做的目的之后,安妮的奶奶对她说,这是自然的规律,自然本身就包含了生和死。最终,安妮意识到她不可能让时间停滞。她开始编织自己的那块生命之毯。

《奶奶的饼干罐》讲的是印第安老奶奶有一个头骨形状的罐子。她的小孙女有点害怕这个罐子。但是,当奶奶打开盖子,取出了一块饼干给她的时候,她便不再害怕了,明白了原来这是一个饼干罐。从那以后每天晚上,奶奶都从罐子里取出一块饼干给小女孩，然后再给她讲一个印第安人的故事。在小女孩的脑海里，充满了印第安人的辉煌和自豪。但是，有一天奶奶去世了。爷爷把这个头骨罐子给了小女孩。他告诉她，这个罐子是满满的，里面不是饼干，而是奶奶的爱。有一天，她也会有孩子，到时候，她要往罐子里装满饼干……小女孩明白了，当她将奶奶的故事讲给自己的孩子的时候，奶奶的生命和灵魂就会与她在一起。

第二部分
临终

死亡课

从广义上讲，每个生命体都是在一步步走向生命的终点。话虽这样说，我们当中总有一些人比其他人要先行一步。在以下的第五到七章中，我们将着重讨论这种人生特殊时期——临终阶段。

有些人认为临终的人实际上就已经处于死亡状态，或者说与死去的人没有什么区别了。这种想法其实大错特错，甚至很伤害人。临终的人尽管快要死去，但仍然还活着。所以，我们要强调两点：(1) 临终是生命的一个特殊阶段。(2) 尽管死亡是临终的必然结局，但二者并不等同。

第五章 应对临终阶段

一个家庭的实例

  63岁的约瑟芬·瑞恩在一次沐浴时感觉她的右胸有一个小肿块。在此之前，约瑟芬一直觉得自己特别幸运。她和麦特在菲律宾相识，之后他们便结了婚，回到了美国。他们一共有五个儿子和一个女儿，现在生活都非常稳定。其中四个孩子已经结婚，老两口已经有了6个孙子孙女。约瑟芬带大孩子之后，重新回到工作岗位。她在一所小学三年级任教，麦特是一所高中的校长。五年前，当麦特马上要退休的时候，被诊断为前列腺癌，但由于发现早，及时做手术，非常幸运地治愈了。麦特当时很希望在退休后能多和儿孙在一起。他还想通过各地的老年旅社，实现到不同的地方旅行的梦想。

  当他被诊断出前列腺癌的时候，犹如晴天霹雳，他不知道自己该怎么办。在这场磨难中，约瑟芬非常坚强。她向学校请了假，开始帮助麦特配合治疗，与孩子们保持联络。那时候，她就是麦特坚强的后盾。麦特的手术进行得非常顺利，没有任何术后并发症。

  约瑟芬一直很害怕患上乳腺癌，因为几年前，她的母亲和姨妈都死于乳腺癌。半年前，她还做了每年一次的例行检查。当时她的体检报告显示非常健康，她如释重负。但是，现在看来，真的是轮到她了。她最担心的并不是自己，而是麦特和孩子们。孩子之中，克里斯蒂在遇到困难时总是十分坚强，但是雷克和帕特里克总会去向摩恩寻求帮助。除了汤姆和他的妻子之外，其他的孩子都住得很远。约瑟芬有太多要操心的事情了。

  约瑟芬的体检结果让全家人都非常担心。他们迅速作出决定，同意接受部分乳房切除和放疗化疗。但是，呕吐、脱发和其他的不良反应让人难以忍受。麦特这段时间就像个迷失的孩子，无助而彷徨。

  治疗结束后，约瑟芬和麦特度过了一段幸福的时光。他们虔诚地祈祷噩梦已经过去。但几个月之后，病情复发。医生也不确定癌细胞是否转移了。但不管怎样，确定的是癌细胞在短暂地潜伏了一段时间后迅速扩散。

死亡课

新的一轮检查、诊断和治疗又开始了。但是，癌细胞仍旧在扩散。

最终，约瑟芬已经卧病在床，牧师一直在安抚她的家庭，但是对约瑟芬、麦特和所有的亲人们来说，这真的是非常痛苦的时期。

首先，我们必须明确，患了绝症的人和临终的人都是人，是有生命的人。我们之所以强调这个，是因为它是以下即将讨论的所有内容的基础。尽管他们是一个特殊的群体，但他们比以往任何时候都清楚生命的宝贵。如同我们所有活着的人，他们有欲望和需求，有恐惧和痛苦，也有喜悦和希望。

临终阶段是生命的一部分，是从生到死的必经阶段。

临终的人一定是身体机能出现了问题，但这不是全部，临终还是一种人生体验。人类不只是简单的生物体，而是复杂又独特的个体，有着身体、心理、社会、精神等各个方面的内容。如果真是简单的生物体，那我们完全没有必要关注人在其他方面的需求了。

临终的人不仅饱受身体上的痛苦，更承受着巨大的心理压力、来自社会的歧视和精神折磨。单纯考虑任何一方面而忽略其他方面都是片面的。为了避免类似的问题发生，在本章中，我们将尽量系统全面地探讨与临终的人们相关的事宜。

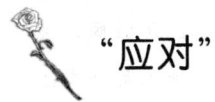 ## "应对"

美国幽默作家乔希·比林斯曾说："生活就好比一副扑克牌，关键不在于你能不能抓到一手好牌，而是不管牌好牌坏，你都要好好打这副牌。"尤其是当人生遇到重大挫折的时候，我们该如何打这副牌，也就是我们该如何来应对，麦特和约瑟芬就在痛苦的挣扎中学习着。要想更好地懂得如何应对这段特殊的时光，我们首先要弄明白究竟什么是"应对"。

"应对"的含义

"应对"（coping）指的是"为了适应某种特殊的外界或者内在需求，而不断地努力改变自身的认知和行为。但这种努力，通常超过个人能力，而使人筋疲力尽"。

通过以下几个方面，我们可以更好地理解"应对"的概念，既理解了如何

"应对生存的困难",也明白了该如何"克服死亡的恐惧":

1. "应对"的行为特点是变化,所以"应对"本身是动态的,而不是静态的。

2. "努力"是"应对"的核心问题。人们千变万化的想法和做法,都提醒了我们可以有很多方式来"应对",而不仅局限于内在的情绪状态的改善。

3. 尝试着去控制这种困苦的局面,尽可能地生存下去,并适应它。

4. "应对"是为了满足某种需求。我们之所以称之为"应对",是因为当我们觉察到这种需求的时候,它已经迫在眉睫,使我们不得不立刻做出反应。

5. 为了应对迫在眉睫的状况,通常需要我们付出超出常人的努力。所以这种"应对"与我们日常生活中的普通的"适应"是有天壤之别的。

6. 最后,要注意不要将"应对"的过程与结果混淆。

总之,应对包括用任何形式的努力来克服迫在眉睫的困难,但是成功和失败都时有发生。我们并不是要找到克服所有困难的一把金钥匙。凡是努力尝试的人们都或多或少体会到了成功的滋味,他们尝试掌控了一定局面。但常常也只能是接受、忍受,尽量减少甚至回避这种压力重重的境况。

穆斯和沙佛于1986年将"应对"的手段归纳成了三个主要类别:(1)评估式的"应对",即如何理解和评估困境。(2)解决问题式的"应对",即针对问题所在,人们所采取的做法。(3)情绪关注式的"应对",面对困境人们所呈现的反应,我们该如何安抚。我们更倾向于将最后一种称为"反应式应对",这样就不会将其局限在情绪方面。穆斯和沙佛认为"技巧"一词在这里是指克服困难的正面行为,可以用来表述一个人的接受能力和适应能力。

应对行为

当人们遇到任何紧迫的、有压力的情况,首先做出的反应就是要"应对"它。这种情况涉及我们生命中的几乎每个方面:死亡、痛失亲友、失业、离婚等等,当然也包括一些喜事,例如,中了大奖、不断接受生活的挑战、结婚、生子,任何类似的情况都可以被认为是让人十分有压力的紧迫的事情。不同的人,对此有不同的看法。人们对这些情况的反应,多与他们从小到大所受的教育和经历有关。

关于人们如何应对"失去",戴维森于1975年写道:"适应变化是我们与生俱来的能力,但是我们都必须要学习如何应对和克服人生的一个个'失去'"。每个人一生中都见过他人如何应对"离别"、"失去"和"结束"——"失去"是不可避免的，就像孩子发现父母并非无所不能，或者成年人发现他们已老去的父母生活无法自理。当我们遇到问题的时候，我们常常用尽平生所学，或利用他人的经验来处理这些困难。

可还有一些人根本没有选择，现实没有给他们太多的选项。有时候，有人对困难和压力束手无策，所能做的也只有控制自我。无论怎样，对待生命的挫折，我们每个人都应该尽量帮助正在遭遇困境的人们来克服和适应新的境遇。

人们归纳了三类应对方式，九大技巧。

评估式应对：（1）逻辑分析和思想准备：一次只解决危机的一个方面，将一个大问题分解成几个小的、可能被解决的小块，依靠以往的经验，在大脑中构思几个可行性方案，并预计可能的后果。（2）在意识上对困难进行分解重组：在思想上接受基本现实，同时对困境进行分解重组，尽量将其转为对自己有利的情况。（3）认知上对危机的回避和拒绝：尽量弱化和回避危机的严重性。

解决问题式应对：（1）寻求帮助和相关信息：充分了解危机，看看有没有其他的解决办法以及可能出现的后果。（2）采取行动：采取具体行动来直接解决问题。（3）发现对自己有利的因素：尝试用其他事情将"失去"或者危机取代，转移注意力，获得满足感。

情结关注式应对：（1）情绪控制：在困境中控制情绪并寻找希望。（2）情绪宣泄：公开地宣泄出自己的情绪，用开玩笑的方式缓释压力。（3）接受现实：向现实低头，明白事实无法改变，向命运低头，反而觉得释然。

《谁动了我的奶酪》是一本畅销一时的好书。讲的主要就是人们如何应对和克服困难和危机。一些人在前进的路上遇到障碍，却加足马力向前冲，结果在障碍物上摔得粉身碎骨。有的人遇到路障就尝试绕道而行。还有一些人遇到障碍的时候，既不冲，也不绕，而是停在障碍物前，再也不走了。还有一些人遇到路障就改变方向，认为路障是不能被清除的，所以改走其他的路了。

要想理解"应对"的含义，就要弄明白，那些困境中的人是怎么看待他们所处的环境的，他们又会怎么做呢？据我们观察，麦特和约瑟芬夫妻两人应对对方的病情表现出完全不同的方式。随着两人之间的关系以及环境的变化，两人交替着"应对"对方的癌症，不同时期，他们的应对方式是不一样的。问题的关键是，要看那个人在当时最关心的是什么。

在不同的情况下，各种克服困难的方式并非价值等同。有些方式在绝大多数情况下都有效。有些在某种情况下有效，在其他情况下就没有作用。现在，如果我们越多地学习应对"失去"的技巧，将来，就越有能力处理不利状况。

应对临终阶段的恐惧和痛苦：究竟是谁在应对？

临终的恐惧和痛苦当然不仅是一个人的。当我们谈到它时，马上就会想起那个患病的人，因为他是困境中的主角。我们也总是先从这个最重要的人物谈起，但是这可不是全部，因为与他并肩的还有他的亲友们，还有医生和其他所有相关的人。

面对即将到来的终点，进行生命最后的搏击。一谈到这个，就不由得让我们想到生命的短暂，每个人都在向终点走去。当有人对病床上的人说："不要离开我"，那也许是对即将发生的永别痛苦到了极点。当医生说："我希望史密斯先生能熬过今晚"，那也许是他为自己的无能为力所表达出的极度挫败感。

应对生命的最后阶段通常是具有多面性的，它不是一个人的事情，所以也就不仅仅只存在一种看法、一种动机，或一种应对措施。要想真正了解这个过程，我们需要了解每个被牵涉其中的人，认真聆听他们每个人的真实想法。只有带着无比的同情心去聆听他们，我们才能明白他们所作出的努力对当时的瞬息万变的情况意味着什么。他们外在的表现和内在的情感都是聆听的要点。

 ## 应对临终过程：得知病情真相

格拉泽和施特劳斯描述了在应对临终状况时地两个重要的可变因素。一是临终的过程，二是当事人了解实情的程度。

人们在临终阶段，所经历的时间长短和死去的方式都是不一样的。一些人病情表现时好时坏，无法预测。另一些人是平稳地一点点走向衰亡。有些人经历的时间很短，有些人则要经历几年，例如阿尔茨海默症患者。

病人得知真实病情的情况通常与他的社会交往有关。格拉泽和施特劳斯认为一旦一个人被发现身患绝症，即将不久于人世，那么，当事人、周围的人以

及医疗人员通常会有四种基本的情况：

1. 当事人对事实并不知情。医疗人员与他的家人可能知道实情，但是他们还没有告诉病人，病人没有产生任何怀疑。很多人认为不告知实情的做法是可取的。事实上，这种事情通常瞒不了太久。通过微妙的、复杂的有时甚至是下意识的交流，病人有可能慢慢知道实情。比如说，病人自己能感觉到身体异样，再加上其他人在行为和表情上的不同，会渐渐让病人知道事情不太对头。

2. 病人开始怀疑自己没有得知实情。比如说，化验和治疗方案让病人怀疑这似乎不是在治自己所得的那种病，而是更严重的什么病。如果发生这种情况，会出现信任危机，未来亲人与病人的沟通会复杂化。

3. 第三种情况是病人与其他所有人都知道病的实情，但是他们之间没有沟通此事。换句话说，就像所有人都在演戏，都在坚持那件事情不是真的。甚至也许就是为了掩盖事情真相暴露之时的尴尬。这种情况非常微妙，如果有一个人演砸了，那么整件事情就会败露。这种互相掩饰需要所有当事人高度警觉，非常努力地掩饰，这对每个人都是不小的挑战。

4. 最后一种包括病人在内的所有人都知道实情，并且对此类话题并不回避。但在一些情况下，某个人在某时可能不愿意去谈论，正如人们所说的，"没有人会一天24小时都在忙着准备死去。"但是，既然没有谎言，既然可以谈论这个现实，就说明他们能够做到接受现实。

这是四种得知真实病情的情况，他们不是按照时间顺序发生的。我们想说的是对病情知道的多少可能会影响到病人的社会交往以及应对临终阶段的方式。每种情况都有两面性。在某一时刻，比如说，对于即将失去挚爱的亲人，痛苦和焦虑可能会让人们根本无法忍受去谈论这件事；相反，如果适时地回避事实，可以帮助人们渡过最初的难关，反而有可能更有利于之后他们共同应对困难。

总的说来，如果当事人和亲友们都知道实情，这有利于他们彼此信任，实现有效的沟通。人们可以表达关切与爱心，这样可以安抚病人内心的伤痛。病人可以在家人的帮助下完成心愿。但是这样做的代价是，必须有足够的心理承受力去面对现实。这其实非常艰难，非常痛苦。尽管这样，很多人还是觉得这比隐瞒好得多。总之，从眼前和长远考虑，不同的方式各有利弊。

下面，我们将提出两个理论，从专业的角度来解释如何应对临终阶段。

 ## 应对即将到来的死亡:"阶段性"认识

克服临终阶段的最著名的理论是瑞士籍心理专家伊丽莎白·库伯勒·罗斯提出的阶段性措施。在她的著作《关于死亡与临终》中,库伯勒·罗斯披露了一系列采访结果,采访是围绕着临终的人的社会心理反应开展的。她继而发展出一套社会心理反应的五个阶段的理论模式。库伯勒·罗斯认为这五个阶段其实就是一套持续时间不同、相互取代或者并存的"防御系统"。另外,她认为"有一个东西是始终贯穿五个过程的——那就是,希望"。

表 5—1　　　　　　　库伯勒·罗斯:应对死亡的五个阶段

阶段		典型的表达方式
否认阶段		"肯定不是我!"
愤怒阶段		"为什么会是我?"
妥协阶段		"是我,但是……"
抑郁阶段	有所反应	开始回忆过去和现在所经历的一些"失去"
	做好心理准备	对即将来临的生命的"失去"有所准备
接受阶段		可以说成是"情感麻木的阶段"

换句话说,库伯勒·罗斯认为临终的人正在经历非常大的困境。因为他们还是活着的人,就像其他人应对生活中的困难一样,他们想方设法来解决问题。在临终的人之中,有人会退缩,有人会非常愤怒,还有人遍寻生命中所有的经历,努力给自己找到借口,来使死亡变得可以接受。还是那个观点,不同的人在不同的时间、不同的境遇中会有不同的处理方式。

库伯勒·罗斯的阶段性理论一经推出,立刻吸引了很多读者的注意。她将临终的问题提到社会层面上来,让大众和专家们都开始关注这样一个群体。她的理论还可以应用在描述所有人应对困境时的社会心理反应的基本模式。这个理论也让人们开始关注与临终的人生活在一起时的人性方面的问题,关注病人强烈的情绪和他们未了的心愿。库伯勒·罗斯说她的书"让我们重新来关注病患,让他们得到正常人所受到的尊重,不要忽略他们,要向他们学习。"

但是,在该理论最初提出的时候,有很多人并不以为然。其他研究人员甚至不支持它。从 1969 年提出这个理论到现在一直没有证据证实该项理论的有

死亡课

效性和可靠性，库伯勒·罗斯本人直至2004年去世也没有提供进一步的证据。很多临床医学工作者认为这个理论不全面，且流于形式。

在库伯勒·罗斯去世后，人们开始反思她所留给人们的宝贵遗产。其中，最重要的就是她呼吁全社会的人们用新的视角重新看待临终的人，那就是"他们仍然活着。"他们每个人都有未了的心愿想去完成，他们还没有死去，应该得到人们的尊重。请人们不要忽略他们，而要乐于与他们交谈，从中知道我们哪些地方做得好，哪些地方做得不够好。她认为，如果不是真心地倾听这些人，帮助他们完成心愿，我们就永远也不能真正地帮助他们。我们还能从临终的人那里学到知识，了解人生最后阶段的焦虑、恐惧和希望。从他人的经历中更加了解自己，不仅仅了解生命是有限而脆弱的，更懂得其实我们每个人都有着非常强的应对能力，人类彼此相互依存，爱心是支撑人性的基础。

如果我们认为库伯勒·罗斯对五个阶段的描述过于广泛，其实每个阶段还可以被细分。例如在"否认阶段"就会涉及以下一系列的具体反应：（1）我没有病。（2）我是病了，但并不严重。（3）我是病得很重，但是不会死。（4）病不可能治好了，但是不会那么快就死去。（5）我很快就要死去了。同理，"接受现实"阶段，不同的人表现也是不同的，有人仍会充满热情，坦然接受，也有人勉强接受等等。另外，韦斯曼认为"拒绝承认"实际上对病人积极配合治疗是有正面作用的。此外，他还认为有些人一直处在"左右摇摆"的心态中，一时接受现实，一时又拒绝现实。所以，问题的关键不是病人接受或者拒绝，而是在什么时候，什么情况下，与什么人在一起的时候，病人会谈到死亡的可能。

而且，在整个人生最后阶段的经历中，几乎没有人去注意自己究竟处于五个阶段中的哪个阶段，也不会去注意这些阶段是否密切衔接。库伯勒·罗斯本人也承认，有些人会同时经历两个阶段，还有人会跨越某个阶段。还有些人会错误地使用库伯勒·罗斯的理论，告诉病人说："现在你已经到了愤怒的阶段。下一步，你该妥协了，然后进入抑郁阶段……"这样做，是愚蠢地强迫病人进入预先设定的轨道，而忽略了他们独立的人格。

以上观点都说明，用"阶段"或者直线发展过程来描述临终的过程是很不全面的。站在"以人为本"的出发点上来看，简单地将某人划归"否认阶段"或者"接受阶段"，都是将复杂的人性过于简单和理论化了。

如果我们将"阶段"进一步看做"人们对于死亡的各种反应"会更好一

些。很多纷繁复杂的情绪和反应影响着人们的表现，时而愤怒，时而抵触……这些情感总是来回反复，或者彼此相继，或者几个同时来袭，有时候还会在间隔了很长时间之后，再次来临。

 ## 应对即将到来的死亡："任务型"理论

为什么要提出任务型理论？

任务型理论旨在避免人们用被动的态度去应对死亡。正如韦斯曼所说，应对不仅仅是一种机械式的防御反应。防御的姿态本身就是一种拒绝的姿态，它会让人们将精力都用到了逃避问题上去，而不是努力地应对。可能开始的时候很有效，但是应对也可以是一种主动解决问题的做法。

我们可以将应对即将到来的死亡当做任务，就像我们在生命中完成的很多其他工作一样。人们总是可以选择不去完成某个任务，或者留得以后再做，或者做了一半就放到一边。在面对一系列的任务之时，我们可以选择性地完成任务，也可以一个都不做。关键是，我们要知道，任务是与能动性密切相关的。

任务可不仅仅是需求。任务就是任务，摆在面前的任务比你想的多得多，但却绝不能根据需要来减少它们。这里所说的任务就是我们在应对的过程中需要具体做什么。关注"需求"这个词，就会让我们将注意力转移到"其他人能给我什么帮助？"他人的帮助的确很有必要，但最重要的还是自己的努力。

任务型理论就是要告诉人们，在对抗疾病和死亡的时候，我们自己就是主宰者，而不是可怜的被动抵抗者。我们可以根据经验，用不同的方式，自己来决定采取什么样的行动。如果病人处于昏迷状态，则鼓励病人身边的人根据情况调整方向，但绝不放弃。任务型理论可取之处在于，它没有忽略人性的复杂性和可变性。

应对死亡的任务型理论

科尔在1992年提出了应对死亡的任务型理论的四个基本方面。这四个方

面是从生命的四个层面出发的：身体层面、心理层面、社会层面和精神层面。针对每个层面都提出了几种基本的任务。

表 5—2　　　　　　　　　应对死亡的任务的四个方面

任务的四个基本方面	应对死亡的任务的基本种类
身体层面	满足身体上的需要，尽量减少身体不适
心理层面	最大限度地提高心理安全感、心理自主性和丰富性
社会层面	保持并加强人际关系，多参加一些社团活动
精神层面	发掘生命的意义，将其升华，加强生命的关联性，寻找希望

身体方面的任务：满足身体上的需要，尽量减少身体不适。即努力克服疼痛、呕吐、便秘等等不良反应，注意补充水分和营养。身体的需要是最根本的。马斯洛就曾说过，身体上的需求是必不可少的，是一切其他需求的基础。此外，只有身体上的痛苦解决了，才能让生命中的其他内容得以发挥。例如，一个人如果正经历着身体的剧痛或剧烈的呕吐反应，他就不可能有精力去关注心理和精神上的需要。

但值得注意的是，人有时的确可以忍受巨大的生理痛苦而实现某种成就。例如，英雄们为了心中的理想，忍受身体上的巨大折磨，不屈不挠；还有人宁愿牺牲自己的生命也要保护所爱的人。还有很多身边的例子，例如有些患者即将不久于人世，他们宁愿在家里忍受痛苦，期望多与家人在一起，也不愿意去医院接受治疗，降低痛苦的程度。

心理方面的任务：最大限度地提高心理安全感、心理自主性和丰富性。正在与病魔作斗争的人们都渴望有心理安全感，即使当时的情况已经非常危险了。举个例子，如果他们必须依赖于医疗人员给予帮助，他们首先要确定医生好不好，值不值得信赖。

大多数正在与死亡做抗争的人们也同样希望能够对自己的命运有完全的主宰力。自主，就是有能力掌控自己的生活。但实际上，没有人能够完全掌控整个生命，每个人的能力都是有限的。尽管如此，对于大多数的人来说，能够在某种程度上掌握自己的生活还是非常重要的。有些人希望在人生的重要决策上自己做主，也有一些人希望委托可信赖的人为自己做主，还有些人将自己的身体托付给了专业的医疗人员。对此旁人不能多加干涉，否则就违反了人性自主的原则。

对于很多人来说，实现心理安全感，有赖于建立丰富的心理生活。很多临终的人依然规律地剃须、理发，用喜欢的沐浴液，穿着舒适而充满魅力。他们觉得吃喜爱的食物，或者保持着喝红酒的习惯都有助于心理健康。这些都事关个人的尊严和生活质量问题。

社会层面的任务：社会层面的任务涉及社会生活中两个相互关联的方面：与他人的人际关系以及与社会或者社团的关系。

第一组社会层面的任务是维系并加强人际关系，通常是与病人最珍视的那些人的关系。重病患者通常倾向于缩小自己的兴趣范围。他们不再关心国际政治，不再关心他们的工作，不再关心他们喜欢的体育项目，也不再关心自己的朋友圈子。相反，他们却有可能更加关注少数非常重要的人或者事。

我们不必规定自己一定要完成某个人际任务。只有我们自己可以决定什么是我们最珍惜的，而且随着时间的推移，这些决定也有可能产生变化。我们强调的是自主。

在与死亡抗争的过程中，在人际层面上至少有两方面事情是必然要考虑的：一方面是出于自身利益的考虑，另一方面则是出于他人利益的考虑。比如说，一个病人考虑自己的同时，也在考虑家人和正在照顾自己的人。他有可能拒绝接受治疗，因为这样对他人来说是巨大的负担；病人有时候不得不强迫家人接受他的这一决定，这也意味着家人必须接受患病亲人马上就要死去的现实。同样，家人也有两方面的事情要考虑：一方面是出于自身的考虑，另一方面是考虑到他们作为病患亲人的责任。对于家人来说，他们可能希望尽快从负担中解脱出来；但同时，病人也需要亲人随时在身边陪伴来获得足够的安全感。在两难当中，只有当事人能够决定哪个是相对重要的。如果家人和病人能够开诚布公地讨论这个问题，那事情就会容易许多。

另一组社会层面的任务是与社会及社会团体的关系。在对抗死亡的过程中，病人仍然要负担起社会责任，比如及时支付医疗费用、缴纳所得税等等。同时，也可以根据需要获得社会的帮助，例如医院的专业治疗、交通、社会慈善机构的服务等等。

精神层面的任务：精神层面的任务比其他三个方面都难解释。因为"精神"本身的含义有很多的争议。

尽管精神领域十分广泛且复杂，但是要关注临终的人的精神层面的问题，一个有效的方法就是在这个领域找到一些共同的主题。对抗死亡的精神层面的问题通常牵涉到以下几点：

死亡课

意义：与死亡作斗争的人们在生命的最后阶段往往努力想找到自己生命的意义，也想弄清楚死亡、痛苦和做人的意义。在这种情况下，他们通常会提出这样几个问题：我的生命是否有意义？如果我必须死的话，那么之前我活着的价值又是什么呢？我为什么在死前要遭受这么多痛苦？做人的意义是什么？

关联状态：疾病，尤其是恶性疾病，打破了一些人生的关联性。举个例子，人们会觉得与自己的身体分开了，感叹为什么自己的身体不再听自己的了。人们还会觉得与其他人隔绝开了，感叹为什么他们不能明白我的痛苦。这时，重新建立关联，维持与加强这种关联变得非常重要。虽然，心理因素和社会因素也影响着关联性，但是一个人的精神是一切的根本。

超越升华：正在经受考验的人们经常往超脱的层次上看。"超越"这里是指超越现实、超越极限的东西——那就是希望。比如说，人们致力于从"超越生命时空的某处"找到一个空间，成为空间的一分子，通过创造，通过自己的衣钵传承者继续为社会作贡献。

对于希望的关注常随着时间而改变，具体的行为也依个人所处的环境、背景、文化而不同。有人可能只关注个人愿望，例如，我死后能不能见到上帝？也有人关注更多人，例如，我的后代是否会为某个事业继续作出贡献。

对任务型理论的反观：对抗死亡的四个方面的任务只是从总体上进行分类。每个人参与的情况不尽相同，也没有必要非要完成哪个任务。相反，任务型理论旨在培养人们对抗死亡的能动性。也就是说每个人都有意愿，他人也应该给予病人足够的权利去决定自己该完成哪些事情。这个理论，对那些正在帮助临终之人的人们来说，也是很好的指导。

不同阶段中的不同任务

多卡注意到，有效地对抗死亡，一定要注意区别不同时期的不同困难，例如，在临终的过程中，已经发生了哪些事，正在发生哪些事，以及即将要发生哪些事。根据恶性疾病发生的五个阶段，多卡将对抗死亡的任务依阶段不同做了区分。

诊断前阶段涉及的问题包括：当发现有某种恶性疾病的征兆时，我是否该忽略这些症状（希望病情会好转或自愈），还是该去查个究竟？该怎么查？是否应该问问家人，或者找医生？这些都是最初对潜在危险的认识，当事人努力控制焦虑和疑惑，开始为健康采取行动。

诊断出恶性疾病之后，随即就是一个**集中治疗的阶段**。在这个阶段中，病人努力了解病情，尽量保持良好的身体状态和生活习惯，以蓄积足够的力量对抗疾病。配合治疗，缓解恐惧的情绪，将诊断的现实与自己过去和未来的意识结合起来。

做打持久战的准备。控制好治疗过程中所产生的副作用，严格执行医生制定的疗养规则，减少危险的发生。尽可能地缓解压力，多向社会寻求帮助，不要自我孤立，使生活尽量正常化。处理好经济状况。保持自我观念，随着病情的发展，调整自己与他人的关系，从中学习"痛苦"、"持久"、"怀疑"和"衰弱"的意义。

只要死亡没有来临，在**康复阶段**我们就不能放弃抗争的精神。多卡曾说"康复并不意味着一定要回到从前的状态。人生中的每个危机都会改变我们，让我们不再是从前的自己。"康复过程包括处理病后后遗症和对病情复发的担心，我们要重新塑造自己的生活方式，重新调整自己与照顾者的关系。

在**最后的阶段**，人们要面对新的挑战，例如对抗治疗产生的副作用，与照顾者的相处，决定停止治疗，开始采取止痛治疗，准备后事，向亲友们道别等等。

多卡的研究非常谨慎周全地考虑到了人类对抗恶性疾病的很多方面（身体、心理、社会和精神）。此外还提出了三个影响应对死亡的行为重要因素：(1) 各种社会和心理的可变因素会影响人们对抗死亡的过程。(2) 病人所处的困境也是在不断发展变化的。(3) 疾病本身的特质及其发展的轨迹和影响，以及对应的治疗也会影响应对的过程。

第六章 应对临终：个人如何给予帮助

帮助与死亡抗争的家庭的个案

就像当年麦特患前列腺癌的时候，约瑟芬努力帮助他渡过难关一样；当约瑟芬身患绝症的时候麦特也一直不离左右。但是麦特承认，他当时真的不知道该怎么做。他努力从一些小事上做起，例如打扫房间、洗衣服、做饭等等，但是他并不擅长做家务，而且他那时承受着巨大的心理压力。约瑟芬知道麦特为自己所做的一切，她尽量帮助他做家务，但是精力和体能已经大不如前。看着麦特在家里漫无目的地乱走，约瑟芬很担心自己死后，麦特会受不了。

他们的孩子也在尽最大的努力帮助父母。大儿子汤姆和儿媳承担了绝大部分的责任。他们帮忙做家务，带麦特购物，做点其他的事情。当麦特走出屋子看见自己的孙子，他的情绪好了不少，但是一回到家里，他又变得非常焦虑。实际上，在最初，约瑟芬并不太愿意接受孩子们的帮助。她已经习惯了做一个精明能干的母亲。她不愿意转换角色，接受他人对她的付出。孩子们也总是很无奈地说，他们知道此时妈妈最需要帮助，可她总是把他们赶走。

渐渐地，约瑟芬也能敞开心扉接受帮助了，但是很多朋友和邻居还是不知道该如何帮助他们。有人给了一些并没有多少用处的建议，说些空洞的安慰话；还有人干脆躲起来，因为他们也很困惑。约瑟芬夫妇很幸运，因为他们有老朋友莎朗和比尔夫妇。他们都退休了，莎朗原来是一名护士，比尔是麦特所在高中的校长助理。莎朗很好地照顾着约瑟芬。她知道，帮助患者洗澡会让他们感觉好起来，还可以缓解疼痛和其他因卧床而产生的问题。在约瑟芬卧床不起之前，莎朗还教会了麦特和汤姆如何帮助约瑟芬起来活动肌肉，如何将约瑟芬挪到轮椅上。之后，她还教他们如何为约瑟芬在床上换姿势。莎朗还给约瑟芬的小孙子们设计了一些简单工作，让他们成为"小护理员"。

比尔经常与麦特在一起，还帮忙做一些家务，例如除草之类的，因为自从约瑟芬生病之后，麦特就再也没有精力照顾草地了。当比尔和麦特在一起的时候，他们交谈的也并不多，关于约瑟芬的事情更是很少提到，但是麦特特别感激比尔的陪伴。比尔让麦特知道只要他想谈话,随时都可以找到比尔。自从约瑟芬生病了之后,麦特感觉非常孤独,不知所措。比尔的帮助让他欣慰了不少。有时候比尔会告诉莎朗和其他人麦特的想法,并提出可行性建议。

约瑟芬的去世让麦特和全家人非常悲伤,莎朗和比尔也是。但是,在葬礼上,当麦特告诉莎朗和比尔,约瑟芬最后的愿望就是希望在去世前尽量待在家里,他们感到很欣慰。麦特知道如果没有莎朗和比尔,约瑟芬不可能度过那么美好的一段家庭时光,麦特想让他们知道他是多么感谢他们所做的每一件事情。"是你们让一段可怕的时光变得不那么可怕,我永远感激你们!"

照顾临终的人:
普通人和专业人士该如何做

照顾临终的人可不仅仅是专业人员的事情。当然,临终的人有比较特殊的需求,专业的人员会更好地满足他们。例如,临终的人可能需要医生开具麻醉性镇痛药物。但是,护理的绝大部分内容与专业没有太大关系;虽然在对抗死亡的巨大压力下,可能需要特别关注某些方面,但更多的是我们所有人都需要的一些基本需求。例如,临终的人也需要进食,需要锻炼身体,锻炼心智。一天 24 小时,他们所需要的照顾也没有什么特殊的。我们任何人都能做得到。握着他们的手,和他们分享快乐和忧伤,听他们提出的问题,然后回答。这些不也是我们日常生活的场景吗?只要愿意,任何人都能帮助他们。简言之:"护理病人的秘诀就是关心他。"

弗兰克是这样写的,医生为患不同疾病的患者开药,治疗疾病,但是,这些药物并不是治疗病人的。药物对身体的治疗有效,但是却使人们忽略了对病人的关怀。我们不需要区分疾病来开不同的"关怀"处方;关怀就是在告诉病人,他的生命正在受到珍视。我们要知道每个人都是独一无二的。如果没有每个患者的独特而真实的体验,"疼痛"和"失去"就没有实际含义。我们要陪伴患者,看到他们每个人所经历的痛苦,并深切理解每个人体验的与众不同,那就是关怀!

临终的人往往担心自己会被抛弃,对自己的生命和身体失去掌控权,并活在极度的痛苦和忧伤当中。桑德斯是伦敦圣克里斯托弗临终关怀医院的创始

死亡课

人,她也是现代临终关怀运动的发起人。她认为临终的人对护理他们的人通常有三个要求:(1)救救我!帮我减轻痛苦;(2)听我倾诉;(3)不要离开我。

认识到我们可以通过很多方式来帮助临终的人们十分重要。有时候,我们只需要做很简单的事情,不需要多么戏剧化和惊天动地的行为。即使当我们真的做不了什么的时候,至少还有一件事所有人都可以做到——给予同情的陪伴和倾听。莎朗和比尔就是从帮助麦特和约瑟芬的过程中学到了这一点。

要想很好地帮助病人,我们必须尽量消除他们的恐惧和焦虑,理解他们的愿望。我们也许曾在有限的时间、精力、信息和资源条件下,或多或少满足了病人的需求。然而如果我们真的想好好照顾病人,就绝对不能因为缺乏沟通理解或者缺乏关注而忽略正与病魔抗争的人。在本章中,关于如何帮助临终的人,我们将提供一些有用的信息。

 ## 关怀的四个基本方面

对临终的人的关怀有四个基本的方面:身体层面、心理层面、社会层面和精神层面。在这里,我们将逐一探讨它们对临终的人们的影响。这四个方面也与其他人有关,例如家庭成员、朋友、医生和专业的护理人员等。

> **海星的命运**
>
> 一个人在清晨时分走在海滩上。他看见远处还有一个人,正朝着自己的方向移动。他能看出来那是一个当地人,正在不停地弯腰捡起什么东西,然后扔向大海。他一次次地捡起,一次次地扔。当那人走近了,他发现那人捡的是被海浪冲到岸边的海星,那人正在把海星一个个扔回海里。
>
> 他感到很迷惑,于是走近问那人在做什么。那人说:"我在把海星扔回海里,你看潮汐让它们搁浅在岸上,如果不及时扔回去的话,它们就会缺氧而死。"
>
> "但是,这个海岸上有成千上万的海星,世界上又有多少这样的海岸,太多了!难道你看不出来吗,这根本就改变不了什么!"
>
> 那个当地人微笑着,又捡了一个海星,一边扔一边回答说:"但我确实改变了这个海星的命运!"

身体层面的帮助

很多临终的人最迫切的需要就是减轻身体的疼痛。我们必须正确地了解疼痛：急性疼痛和慢性疼痛。

人都有过急性疼痛，这是很正常的。当人生病的时候，医生经常会仔细询问疼痛的特征。比如说，急性疼痛可能与肾结石有关，医生可以根据情况进行诊断和治疗。所以，急性疼痛并非总是坏事。有时候还可能对身体有益。当然，临终的人也可能经历急性疼痛，这些疼痛有些与恶性疾病有关，有些则没有关系。

但慢性疼痛通常都是有害的。时急时缓，时断时续，慢性疼痛总是让病人无论做什么的时候都备受折磨。当疼痛加剧的时候，病人就基本上什么都干不了。在恶性疾病中，慢性疼痛通常与致命的疾病直接关联。合理护理临终的任务就包括帮助病人缓解这类疼痛。我们不可能彻底地解除疼痛，但是哪怕是降低一点疼痛程度也是很好的。在绝大多数病症中，慢性疼痛都可以缓解。在人临终的时候还要承受巨大的疼痛，那简直是灾难。已经有大量的资料和研究告诉我们关于疼痛的本质，以及镇痛药的功能及使用方法。适当的用药可以缓解慢性疼痛，让病人不致在意识中除了剧烈的疼痛已感觉不到其他的什么了。

在治疗过程中所面临的挑战是如何正确用药，在满足病人镇痛需求的同时，也不违反用药规定。临终关怀中的疼痛治疗通常都是使用口服镇痛药物，而避免用注射来镇痛。但是在某些情况下，注射和栓剂则是合理有效的，例如当病人出现呕吐症状，不能吞咽的时候，注射就是快速解决问题的办法。近年来，止痛片、长期输液专用器械、贴剂、一些特殊配置的药膏和病人自控镇痛等办法为医生解决了这一难题。

药物治疗并不是镇痛的唯一办法。很多研究表明，大多数的疼痛与心理有关。所以麦卡弗里和毕比写道："病人说疼痛是什么样的，疼痛就是什么样的，病人说它存在，它才存在。"也就是说，只有病人能感觉到的，才是疼痛。疼痛管理就是要改变这种感知的本质和对这种感觉的承受度，阻断有害刺激的通道，就能缓解疼痛。生物反馈技术、引导想象、冥想、治疗性触摸和自我催眠技术都可以帮助病人缓解疼痛。有效的心理辅助治疗也可以帮助病人放松，使肌肉和关节处于活动状态，让病人因为长期不动而引起的疼痛得以缓解。这类治疗与药物治疗不是对立的，而是相互辅助的。

长期研究表明很多临终的人和癌症晚期患者们可以承受大剂量的强效麻醉

药物而不会出现晕厥或神志不清的状况。这就说明用药的目的并不是使人昏迷，而是让人感觉不到疼痛而已。在大多数的病例中，医生可以通过正确用药，根据情况确定剂量来实现这个目的。在一些极个别的病例中，还可以利用药物实现"终极镇静"。但是这种情况非常罕见，需要非常谨慎的评估，通过重要的伦理论证，才可以实施这种最后的治疗。

对症下药是非常重要的。疼痛有很多原因，组织受到破坏或者压力都可能引起疼痛。疼痛的病因以及传递的途径需要对症的药物。对药物的选择、用药方式、用药时间间隔、副作用以及与其他药物禁忌，都需要详细的说明。例如，杜冷丁药效快，药力大，对于急性疼痛非常有效，但是对慢性疼痛帮助不大。如果病人两三个小时就会再次疼痛发作，这个时间远远短于每次用杜冷丁的时间间隔，那么这种镇痛方法就不合适了。吗啡和其他一些强效麻醉药才适用于临终的人，因为这些药物的药效持续时间长，足以维持到下次疼痛发作的时间。

很多被实验验证的研究表明，为临终的人使用大剂量的强效麻醉剂是不会引发毒瘾的。在病人身上没有发现吸毒之后典型的心理"高潮"，也没有发现毒瘾的典型症状——不断膨胀的毒瘾。这可能与科学的计量和人体的吸收有关。这些药物可以通过口服或者缓释药物给予患者帮助。如果必要的话，也可以通过静脉注射或者栓剂。

临终的人往往在身体上非常依赖强效麻醉药，也可能非常依赖其他药物，例如类固醇。这里的"依赖"是指不能突然撤药，或者在没有有害的副作用的情况下，病人仍需要这种药物。这种身体上的依赖并非潜在的情绪失调，也很容易戒除，已经被证实并不会导致其他问题。身体需要药物解决疼痛，如果用药不当，身体也会发出信号。剂量过小，疼痛很快又会来袭；如果剂量过大，人体会产生困倦的感觉。

如果病人知道疼痛可以被缓解，心理有了安全感，反而用药的剂量会减少，因为他们不再害怕疼痛了。有效的镇痛治疗可以给患者以安全感，并舒缓焦虑的情绪。解决了这种由疼痛所引起的心理问题就更容易缓解身体不适。这种情绪上的放松实际上能够让病人对疼痛的忍耐力增强，而逐渐减少用药的剂量。

身患恶疾的人除了有疼痛的症状之外，还有其他同样让人难以忍受的症状。这些症状包括便秘、腹泻、恶心、呕吐、体力不支、食欲不振、气短，还有脱发、黑眼圈、肤色改变，这些对平日非常注重个人形象的人们来说是很大的痛苦。人由于久坐或者久卧也会引起皮肤溃疡、肌肉酸痛，这些都是加剧不适、增加感染的潜在威胁。减少这些因素，也是有效的护理方法。

脱水也是临终的人经常发生的问题。这时可能会用到静脉注射，但是这也增加了患者的痛苦。另外，患者身体已经很虚弱了，很多器官无法有效地工作，在这种情况下，过度补水也是很危险的。通常，喝一小口果汁或其他饮料、一小块冰都可以维系生命。对病人有效的护理意味着要解决所有身体不适。这些护理包括医生的治疗，护士和其他专业人士的照顾，但是家人在这种情况下起到的作用却是非常重要的，尤其是当他们对病人有所帮助，并满足他们身体上的需要的时候，显得尤为重要。

心理层面的帮助

护理人员在处理病人心理方面的问题时，比满足他们身体需求遇到的困难更大。与身体正在经历巨大疼痛的人在一起是相当难受的，面对这种负面的情绪，护理人员也很不容易。尽管如此，有些病人还是有可能表达出这种感受。这些人可能正非常生气、伤心、恐惧或焦虑。遇到这种情绪的时候，旁人总会问，究竟该说些什么，做些什么呢？

没有放之四海而皆准的说话方式和做事方式，但是不代表没什么可说可做的。相反，我们可以做的和说的事情很多。最有效的方法就是陪伴和倾听，保证自己的话语是发自内心的、正面的、有帮助的、体贴的。寻找能够解决一切恐惧、愤怒或者悲伤的方法是徒劳的。这些情绪其实都是理所当然的。

有一次，一个学生告诉我们，如果有人能够预见到死亡的来临，那么她一定会非常难过。她说如果她有这种能力的话，她就会用尽一切办法阻止死亡发生。这当然是不现实的。如果有人得知某个不幸的消息，就会很自然地产生悲伤的情绪。意识到某人要离开这个世界了，就意味着我们要失去他了。面对失去，悲伤是人类自然的反应。

愤怒是另外一种情绪。愤怒常被认为是一种负面的情绪，但如果有人受到伤害，愤怒也是一种可以理解的情绪。人们可以正确地表达愤怒，也有可能失当地表达。他们愤怒是因为他们正经历着痛失亲人。如果是一个病危的人，由于身体等因素的局限性，他们表达愤怒的方式就更少了。很自然地，这种强烈的情绪很容易就被发泄到了其他人身上，遭殃的就是身边的人或物，而病人常常无暇顾及这是否适当。

死亡课

  这种愤怒要表达出来才好，因为这种情绪不发泄出来，是不会自动消失的。情感是真实的，人们不可能让它说消失就消失。人性也不应该总压抑情绪而饱受折磨。如果护理人员成为病人发泄愤怒的目标，请记得这并不是针对你的，这种事情在重病患者中时有发生。

  在这种情况下，护理者要学着适应这种"不适应"。我们的任务不是发现一句神奇的口诀，一说给病人听，他们就不会再有这种情绪了。给他们许可，让他们发泄，身体上的或者语言上的都可以，真正聆听他们，才是最有效的办法。

  另外，据很多临终的人们说，他们总能听到有人对他们说"我知道你的感受。"其实，这句话对他们一点帮助都没有。首先，这显然不是真话。多数人没有过这种经历，他们怎么能知道这种感受呢？听到这样的话，总让病人感觉你是在敷衍。

  我们究竟该怎么帮助那些存有负面情绪的人们呢？如果这个问题是想问"如何让他们不再有这种情绪呢"的话，那么这个问题更多地表达的是我们对这种情绪的反感，并希望事情能早点结束，而不是真正帮助那些病人。我们该注意两件事情：（1）局外人不可能让当事人真正感觉好起来。（2）本段开始的那个问题的出发点就不对。临终的人们将自始至终活在这些情绪当中，他们只要活着就必然要经历很多感受。如果我们能够认同这些情绪，承认这些情绪在那种情况下产生是很正常的，并乐于与病人分享这些情绪，才是最好的帮助。

  我们没有放之四海而皆准的公式供人们套用。最有效的帮助就是用心倾听他们，认真对待他们的感受，而不是敷衍。如果护理人员能够关闭自己的内心独白，不再寻找所谓"正确的"回答，而只是充满同情的倾听，就足够了。因为这种无声的表达其实就是在向病床上的那个人大声而清晰地说："你对我很重要，你和你所有的感受都是那么的真实，它们同样对我很重要！"我们也要听听病人需要什么，而不是我们想当然地认为他们需要什么。同情心让我们可以理解和感同身受。同情与怜悯是完全不同的，表现怜悯的人通常是居高临下的，有距离感的。加菲尔德在几年前写道："对身患绝症的患者所做的心理治疗，最大的障碍就是那些高高在上的专业人士将自己与'他们'分得太清楚。"

  还有一种很有效的帮助就是触摸病人。有些人会对这种身体接触感到不适应。哈尔曾在他的"空间关系学"的研究中说过，这种人在自己周围维持一个相当大的个人空间，他们不欢迎其他人闯入这个私人空间。但是疾病可能会打破隔阂。比如说，按摩就对身心有益。朋友或者亲人触摸病人的手腕或者胳臂、握手或者拥抱对病人都是非常好的。但并不是每个人都喜欢这样，人和人的观念不同，所以人们一定要尊重患者的习惯和意愿。但是对很多病人来说，温柔的触摸对心灵是绝对有好处的。

无论我们是不是专业的护理人员，我们都可以帮助病人完成一些心理辅助治疗。如果有些方面涉及更深的知识，那么请一个专业的心理咨询师是有帮助的。同样，如果临终的人伴随着有临床抑郁，精神错乱，或者某种特殊形式的精神疾病，我们呼吁那些具有专业知识的人们来施予帮助。毕竟，要想让病人在生命最后阶段在各方面都能得到照顾，单靠某一项专业知识或者某种护理模式都是不成功的。

对抗死亡的行为本身不会让患者产生要自杀的心理问题。所以，斯特德福德认为，照顾病患时，"心理治疗并不是必要的；相反，尊重病人，乐于听从他们的决定，而不是引导他们，才是必要的。具备一定的死亡心理学知识，和对死亡有一定心理承受能力也同样必要"。最终，当我们能够接受生命的有限性，能够接受人生重大的失去时，我们就可以很好地帮助临终的人们了。能否全面地照顾患者和家人的重要衡量标准就是这种照顾能否满足人们的需求。

怎样成为一个好的倾听者

1. 如果我是一个好的倾听者，我不会打断对方的谈话，也不会假装倾听而实际是在私下准备自己的发言。我认真聆听话语，也认真聆听话语以外的弦外之音。我不会着急，因为我没有为这次谈话设定终点。我们不需要到达终点，因为我们很享受此刻的谈话。倾诉者不是被控制的对象，却是与我有着共同生活经历的人，尽管我知道我们之间存有差异。如果我是个好的倾听者，我会更加看重我们的共同点，求同存异才能更好地聆听。但是这不代表我永远不说话，我会提出问题，而不会对别人横加指责。

2. 作为人，最困难的一项任务就是倾听备受磨难的人们的声音。病人的声音常被忽略，因为他们的声音总是虚弱而颤抖，语义含混不清，在编辑们让他们说一些适合健康人阅读的话语时更是如此。那些声音所代表着的正是我们大多数人宁愿忘却的生命之脆弱的体现。倾听是多么的困难，但是这是基本的道德行为。聆听他人，就是聆听自己。在对方讲述的故事中，当我们真正感同身受，那一时刻就将我们内心的需求联系在了一起。

死亡课

社会层面的帮助

　　病人在社会关系方面的需求往往与身体和心理的需求一样迫切。首先社会关系主要体现在病人与自己珍视的人之间的特殊关系。人们总是愿意与自己亲近的人分享快乐与悲伤。在这种关系中，人们会感到很安全。在这种关系的庇护下，人们才能好好规划生活，战胜困难，才认为所做的一切有意义，在分享中表达他们的爱意。当生活遇到挫折的时候，仅仅与他们所爱的人待在一起，就能解决很大的问题。

　　正在与死亡抗争的人们，可以在挚爱的人们那里得到最好的帮助和鼓励。当病人的体力与精力逐渐下降，他们不可能维护与曾经珍视的所有人的交往，他们的人际圈子会发生变化，病人可能很想知道该如何与其中最珍视的几个人继续维系交往和沟通。病人很关心这些人，同时也渴望他们的关心。仔细观察病人最在乎哪些人，与他们关系是否紧密，如何帮助病人维系与这些人的关系非常重要。

　　社会关系的处理还包括自己在家庭中，工作中，以及更广泛的社会中的位置和角色。比如说，经济方面的担心加重。在我们的社会中，总能看到有很多人，作为家庭收入的支柱，非常担心高昂的医疗费用给家庭造成沉重的负担，也非常担心自己去世之后，家人该如何生活。当然还有其他的担心，例如，我工作中的那个项目能否完成？我死后，我的生意怎么办？我太太成为单亲母亲，能否应付得来？谁来照顾我的老人们？

　　人们总会在临终之前想很多这样的问题。如何更好地安慰他们呢？首先，倾听他们的顾虑，然后帮他们把这些顾虑告诉其他人。也就是说，当我们充分了解了病人的困境之后，我们可以尝试帮助他们找到一些社会资源，来帮助他们解决具体的问题。支持有时候意味着代替他人完成心愿，有时也意味着鼓励他们自己行动起来。我们需要注意，全权代表对方来承担一切困难，可能会让对方缺乏能动性，有时候，仅仅是提供一些可行性的建议就足以帮助到对方了。承担一定的社会角色才能让人感觉到自己是有自主权的。社会工作者、家庭医生、心理咨询师和律师都可以在这方面帮到我们。

精神层面的帮助

　　临终的人经常会遇到很多精神层面的问题。很多问题是关于寻找某种意义，或者努力维持身心合一，维持与他人的关系并找到希望的。值得注意的是，病人精神层面的需求贯穿着病人的身体、心理以及社会层面的需求。

护理者往往不能解答病人有关精神层面的问题，因为他们的经历不同，对超脱的理解也不同。当病人问及类似的问题时，你可以与他分享自己的看法，但是病人问类似的问题，可能根本就不想得到回答。相反，他们经常会由此开始讲自己的故事，唱自己喜欢唱的歌。

我们第一次与病人交谈，当他们问及精神和信仰问题，我们总是小心翼翼地认真回答。有时候，对方只是看着我们，倾听我们的诉说；有时候，对方会就我们的回答继续讨论。当我们不说的时候，对方则顺着思路继续谈论下去。最后，我们终于明白，对方提出这种问题，往往是想阐明自己的想法。谈论只是梳理他们自己的想法的一种手段，他们也希望我们能允许他们说出心里的想法。所以，当有人问我们类似问题的时候，我们最好是认真聆听，跟随着说话人的思路，与他们同行就可以了。

病人们可以通过很多方式找到生命的意义，达成身心合一，思想上也就越来越平静超脱了。有些东西会有帮助，例如诗集、影集、雕塑或偶像。有些地方也会对病人有益，例如，森林小屋或自己的家。还有一些特殊的时刻，例如生日、纪念日、节日。还有一些人，例如亲人，尤其是自己的孩子们。我们可以通过询问和聆听，得知什么对病人最有帮助，然后可以安排病人去想去的地方，见想见的人。通过这种方式，可以帮助病人在思想上得到支持。精神的追求是无止境的，哪怕是生命的最后时刻也是如此。寻找生命的意义，身心合一，充满希望可以丰富整个人生。照顾者就是要帮助和支持病人为生命画上圆满的句号。

一个非常重要的途径就是开发病人的创造力。比如说，疗养院要举办一个活动，参加者可以在音乐、文学、戏剧、视觉艺术、金属工艺等各个领域尽情发挥自己的创造力。护理人员也可以与病人一起完成。这对他们的身心都非常有好处。

最后，我们要说的与之前提到的四个层面都有关系：我们帮助病人解决问题，但是有时候问题会不断重现。例如病人总会反复地问："谁来照看我的孩子，让他获得好的教育？""我真的在26岁就要死吗？"之类的问题，而且日后会不断地问起。护理者要时刻做好准备倾听他们。不必设定任何目标，因为只

死亡课

要活着，人就会不断地有问题、需求、欲望和担忧。我们不可以设定目标，一一解决。死亡对谁都是不速之客，没有人可以了无牵挂地离开，最好的解释就是，只要人活着一分钟，就总会有事情要担心。

帮助病人的指导性工作

我们在书中之所以如此强调任务型理论，原因之一是想给护理人员提供一定的指导。我们可以通过关注临终的人们具体需要做什么，从而提出对护理者工作的指导方针。护理人员无论是专业的还是非专业的，都可以帮助病人来完成一些事情。但是，有些人可能不需要这样的帮助，或者有人认为在生命最后阶段，自杀是自己的使命，所以就这样做了，实际上于情于理这都是不能被接受的，尤其对于那些试图给予帮助的人们。

仔细观察病人也是在看待自己生命的最后阶段，可以让我们决定使用不同的方法来帮助他们。比如说，病人可能会想见一个早就疏远了的亲人，那么我们就可以通过写信或者电话与对方取得联系，最好是我们代为取得首次的联络。

我们还可以帮助正在家中照顾病人的护理者，暂时接替他们的护理工作，让他们暂时休息一下，或者让他们抽出点时间换换心情，有些社交，或者补充一下睡眠也好。我们甚至可以坐下来陪病人待一会儿，这样家人可以有时间出去买些东西，看场电影，放松一下。还有一些人很聪明，他们可以带病人的孩子们出去玩一天，这样病人就可以与亲密的人单独待在一起了。

罗森曾经对一些临终的人的家庭和家庭成员做过调查。结果显示，有很多方式可以帮助这些家庭。比如说，护理人员可以通过掌握这个家庭的老少三辈成员的背景和关系，看看能不能从这些家庭成员中找到有益病人的人际动力。还可以通过一些影像资料来帮助他们。但是需要注意，每个家庭的习惯不同，操作时需要注意方式是否妥当。

这仅仅是几个例子而已。只要有方式适合病人的实际情况，而且对他的帮助很大的话，就可以作为护理人员的工作指导。我们可以在于病人交谈的时候，与病人商讨一下，看看哪些方式适合病人，哪些做法对病人有帮助，甚至可以让病人来决定。通过这种方式，可以让病人的自主权受到很大的保护，心理就会产生安全感。

我们总结了照顾病患的五个基本原则和一些实际的建议。

1. 时刻记住你是你，别人是别人，人和人之间的差异是很大的。

当被问及一些敏感的问题时候，要特别注意自己的回答。你认为有意义的事情，别人不一定认为是对的。每个人的经历不同，认识也就不一样。如果非要回答，一定不要像老师教学生一样，给出不容置疑的回答；而是要谦逊地分享一些根据你自己的经历而总结有意义的观点。

2. 认识到失去挚爱的人的确是沉痛的打击，有人恨不得能代替病人完成所有的心愿，但有些事情则必须由病人自己面对，别人是帮不上忙的。

常陪伴病人，尤其是一些特殊时刻，要注意他们的思想动态。认真聆听他们的故事，包括他们的辉煌、失败、寻找生命的意义的过程；给予他们足够的空间，让他们在讲述的过程中渐渐体会过往的经历，并找到生命的意义。对病人的讲述要感同身受，设身处地地去理解病人当时的感受。注意体会病人讲述的潜台词，从中发现他的意图。例如，他是想自己待着呢，还是希望有人陪伴等等。与病人待在一起的时候，也可以允许适当时间的沉默，不要为了怕冷场而没话找话，或者对病人说教。

3. 尊重病人的价值观和看法。

不要对病人的价值观和看法妄加评断。记住，没有同样的经历，就无法真正理解他人的想法。没有谁的观点是绝对的真理。

4. 相信病人的决策能力，并尊重病人的决定。

可以通过提问帮助病人理清思路，明白自己需要什么。病人通过回答问题，渐渐就有了更加理性的决定。帮助病人传达想法和需求，让更多的人了解病人需要什么。

5. 和病人一起怀旧。

给病人讲一些跟他有关的往事。让病人怀念过去的美好时光。病人记住了这些事情，对他也是一种帮助。将病人日常喜欢的东西放在他身边，例如诗集、歌曲、读物等等。这些东西可以帮助他们回忆过去，找到生命美好的意义。

病人的一些重要的决定时常会吓我们一跳。他们宁愿要一只宠物陪伴，也不愿意亲友来探访。他们还可能依旧非常注重外表，甚至还在减肥。他们可能感觉与医院的清洁工聊天比对着心理医生舒服得多。他们可能很想吃快餐汉堡和薯条，也不愿意吃精心准备的营养餐。

这些反应再次提醒我们，临终的人也是人。他们有自己的喜好。他们喜欢唱自己喜欢的歌，过自己喜欢的生活。但是这并不是在告诉我们就必须要完全被动地服从患者的意愿。我们可以给出建议，给出选择，给他们机会。有时候，敦促比强迫他们做不愿意的事情要好。有经验的护理者知道何时该坚持，何时该妥协。但是，说到底，决定权还在病人手里。

护理者还是得多听取病人的意思，否则就很容易将自己的规划强行施加给病人。当人们知道家里有人即将不久于人世，就有非常强烈的愿望想让生活中的一切都好起来。尽管多数情况是不太可能的，但那时我们也不能说任何事情都是不可能的。只要病人还活着，我们就要尽力保证他的生活质量，要多与他接触，而不是远离他。

我们所做的一切并非是很重要的事情，但是问题关键在于我们在用行动证明我们的爱心。也许我们所做的事情不被理解，因为临终的人有时心力交瘁而情绪暴躁。我们不要太在意自己受到的委屈，因为我们知道我们所做的一切是为了他人，而不是为了自己。

我们的出发点是病人的真实需求，而不是我们想当然的需求，同时我们也要根据实际情况量力而为。与病人平等真诚地交谈，在轻松的环境中时而倾听，时而微笑，不要过多地妄加评断，有时候沉默的陪伴也是很好的。不要说些空洞敷衍的陈词滥调。将自己对希望的向往传递给病人，让病人心理越来越坚强。告诉病人你坚信他的生命非常有价值，非常值得珍惜。握住病人的手，当情绪已无法用语言表达的时候，与病人一起哭泣也是感人至深的。

 **有效的沟通**

在过去，我们总被教导不要与临终的人们直接谈论他们的病情，因为人们担心这种直白有可能会使病人失去希望而想尽早结束生命。实际上，没有证据证明这种事情真的会发生。有效的沟通是指对病人的需求给予回应，用温暖的方式付诸行动。沟通的方式比沟通的内容要重要得多。

现在我们的社会鼓励对病人讲出病情的实情。因为大家开始明白沟通对理智地做出决定至关重要。如果沟通出现障碍，就会影响病人的决定，也就说不上对病人有很好的照顾了。而且，当今社会越来越注重病人的知情权和决定权。病人必须在了解真实情况以及治疗程序和后果的情况下，才能决定是否接受治疗。即使是在最可怕的情况下，我们也应该用体贴的方式告诉病人，获得许可，这是对病人的尊重。

我们在这里可以举出两个有效沟通的例子。巴克曼提出了一套方案，用以帮助人们将坏消息告知病人。无论是对于得知实情的当事人，还是告知实情的人来说，这都不是一件容易的事情。下面就是这套方案的几个步骤。它并不一定是普遍适用的，但是至少可以从大的方面上给予人们准备进行类似沟通的方法。

表 6—1　　　　　　　如何告知人们坏消息：六个步骤

第一步	谨慎的开始：选择正确的谈话场合和方式，最好当面谈，还要多关注在场的人。
第二步	要了解对方已经知道了多少：多听取一些建议，把握沟通的方式和内容。
第三步	要了解对方想知道什么：判断对方想知道多少，并向对方表示自己愿意在将来随时进行更深入的探讨。
第四步	告知实情：从对方的立场出发，用平实的话语一部分一部分地说出实情。多观察对方的接受情况，并不断地澄清信息，避免误解。把握沟通的程度，听取对方的顾虑，将自己的计划根据对方的需要做调整。
第五步	对对方的情绪作出回应。
第六步	下一步计划及执行。

卡拉南和凯利也对"临近死亡的意识"进行更深入的探索。他们认为，护理者常常不喜欢与临终的人沟通死亡的事情，他们认为这是空洞而又让人迷惑的。然而，卡拉南和凯利认为，这种沟通实际上可以反映两件事：（1）意识到死亡的临近，病人努力描述正在经历的死亡是什么。（2）病人渴望能够平静地死亡，为此他会表达出自己的愿望和需求。这就让我们特别关注沟通的技巧，也再次提醒我们聆听的重要性。

有效的沟通是创造希望，提高生活质量的重要部分。对护理者而言，如何照顾自己以及向别人寻求帮助，沟通也是非常重要的。与给予帮助的人们沟通，已经形成了一种模式。帮助他人会在以下两个基本的方面遇到挑战：（1）陪伴临终的人，护理者要适应护理过程中所有的"不舒服"，学会适应护理中常会发生的与病人在沉默中对坐。（2）学会发现和满足病人在身体、心理、社会和精神层面的需求。

 帮助护理者：压力、疲倦和自我照顾

与死亡对抗的"任务型"理论提醒了护理者他们自己也需要照顾。护理者，无论是家人，还是志愿者，或者专业人士，都是普通人，有着自己的弱点，也有需求。

护理者一定不能把自己熬得筋疲力尽。否则，他们就不能继续帮忙了。好的护理者要懂得经营自己的生活，而不能被困难打倒。

在电影《新时代疗养院》（*The Heart of the New Age Hospic*）中，一个身患绝症的妇女描述了该如何帮助他人：毫无爱意地履行职责是很可笑的，充满热情地履行职责是正确的，无私奉献爱心的人是神圣的。护理人员不能仅仅是为了完成工作而完成工作，而应该充满关爱地护理病人。好的护理者是可以在照顾好自己的同时也照顾好别人。

换句话说，好的护理者要在与病人的互动中找到一种平衡，既不能过度投入而伤害自己，也不能对病人过度忽略而伤害病人。最好的平衡，即人们常提到的"客观的关注"或者叫"客观的同情"，是指充分关心病人，走近他们的生活，但同时又能使自己不受干扰而正常工作。达到这种境界的人往往要有一定自我意识。

护理人员的压力和疲倦感已经成为很多研究的主题。一个有趣的结论是：护理人员的压力更多是来自工作环境和与同事的交往，而不是因为照顾病人。无论是什么情况，我们都必须要仔细辨别压力的来源，依情况处理。解决护理人员压力的比较好的办法就是做好人员选择、培训、督导和支持。如果再加上个人护理观念的进步，以及以人为本的关注个人需求，那么临终关怀的工作和社会上大部分工作就没有太大的差别了。

调整压力和自我照顾有一套不错的方案，我们会在表6—2中详细说明。塞尔耶在1978年也提出了一个他自称为"缓解生活压力的良方"。

第一剂药是衡量自己的压力程度有多大，看看你是一匹赛马，还是一只乌龟，然后根据情况来调整生活。第二剂药是，找到一个目标，这个目标是自己完全自愿完成的，而不是谁强加给你的。第三剂药是利他利己的

第六章 应对临终：个人如何给予帮助

方针——从帮助他人中找到自己的价值。

好的护理者知道自己的能力，也知道自己的弱点，乐于听取意见，也乐于接受帮助——哪怕是接受临终的人的帮助。的确，当临终的人从一切的负担中解脱出来之后，他们会变得特别体贴和关心周围的人。如果我们每个人都把帮助别人真正当做是自己的事情的话，那么我们每个人也都成了最大的受益者。

表6—2　　　　　　缓解压力和自我照顾的几点建议

1. 主动出击：预防重于治疗。
2. 采取主动：对处境和压力根源进行评估，以及了解自己能做什么。
3. 设定底线：在病人的需求和自己的能力之间找到动态的平衡，将自己投入给病人的时间设定限制。
4. 区域化：将工作与家庭分开。
5. 抗压能力：将压力视为挑战——即将压力视为发展的必要训练，而非威胁。要相信命运掌握在自己手里。
6. 尽人力，安天命：按部就班地做事情，即使你知道要做的事情太多了，根本完不成，也不要想太多。要有足够的耐心和创造力。
7. 加强沟通技巧和处理冲突的技巧：压力经常来源于有心帮助，却不知道该说什么和该做什么。
8. 充电：通过锻炼身体、放松、冥想使自己精力充沛。
9. 了解自己：做自己的好朋友，好好关心自己内心的痛苦。
10. 培养自尊心：要正面地看待自己，做好事能让自己感觉良好，认识到自己的工作是帮助别人，是非常有意义的，这样会让自己感觉良好。
11. 加强社会交往：鼓励、支持和反馈可以加强自己的自尊和对自己能力的信心。

有人认为，对于临终的人来说，没有什么更多的希望可言了。为临终的人工作，就是一项无望的投入。这种想法就是将希望看得太狭隘了。希望无处不在，我希望有人可以继续爱我，他希望晚上能吃顿丰盛的晚餐，她希望能再见到姐姐。我们所有人都希望能够活得越久越好。

临终的人们希望能够活到生日或某个对自己有特殊意义的节日，或者希望能看到孙子降生。很多人希望能够看到自己一直坚信的某件事情发生。也许我们所有人都希望在我们临终之时甚至死去之后，自己的亲人可以生活得更好。

尽管他们不把希望寄托在治愈上,但是他们仍然希望生命的最后阶段过得好。护理者希望他们的帮助会使病人的生活有所不同。人们都希望死得毫无痛苦。这些最后的希望即使不能一一实现,也仍然是希望。

生命中几乎没有什么情况是完全无望的。所以当有人说"这种情况已经没有希望了",那也仅仅代表着人们想象力的失败和一个局外人的想法,那些人觉得没有治愈的可能性,就是没有希望了。这种说法往往表示了说话者过于关注狭义上的希望破灭。如果我们能够了解希望的治疗潜力,那么人们就不会这么说了。这是一个严肃的话题,但是可以用轻松诙谐的方式描述一下希望,未尝不可:"毕竟,'希望'里面不含不饱和脂肪和胆固醇,不含糖和人工甜味剂,也没有香精和色素,它被食品和药物管理局列为安全的,也是著名的抗癌药物。"

事实上,"尽管希望常被认为是未尽的期待,这里意指康复,但是更多时候,希望就是指'还有什么能做的'。"希望是动态的,会随着实际情况的改变而改变。我们必须仔细聆听病人的希望,也多关心那些护理人员的希望。当然,我们也必须分清哪些是实际的愿望,哪些是不切实际的幻想。

第七章　应对临终：社会如何给予帮助

社会机构如何帮助一个家庭对抗恶性疾病和死亡

麦特和约瑟芬都是在当地的医院确诊，并做最初的治疗的。在手术之后，他们两个人也都看了一段时间的医院门诊。麦特很幸运，他不需要进一步的治疗了，只需要定期复查即可。但是约瑟芬的情况就比较复杂。当地社区的家庭保健项目派出医护人员提供定期探访。

但是随着约瑟芬的病情每况愈下，她需要更多的照顾。她不愿意总待在家里，因为她开始害怕，也不愿让家人承担照顾她的重任。

约瑟芬的母亲去世前的时光，是在当地的一家疗养院度过的，约瑟芬在这时也有此想法了。她喜欢疗养院的慢节奏，还可以在那里交到朋友。但是，随着时间的流逝，约瑟芬发现那里的人甚至比她还老，有些人已经意识不清了，根本没有办法与她们保持交流和联系。麦特不确定让约瑟芬待在那种地方是不是一个好的选择，他也会非常想念她。后来，疗养院里有个人不经意间吓到了汤姆的孩子，汤姆一家人就很少再去那里探望约瑟芬了。

约瑟芬感到很孤单，面临一大堆问题感到很无助。有人建议她去找当地临终关怀机构的代表谈谈。这样，她又转入了临终关怀安养院的住院部。安养院的工作人员为约瑟芬和家人缓解了不小的压力，也提高了她的生活质量。约瑟芬的病痛也得到了很好的控制。她的身体和精神状况都好了很多。她感觉她又重新把握住了自己的生活。

在安养院的帮助下，约瑟芬甚至可以回到家中与麦特和孩子们待上几个月，最后，约瑟芬在自己的家中安详地去世了。

 ### 充分重视病人的需求

克雷文和沃尔德说"临终的病人最需要的就是能从病痛中得以缓解，有一个安全的疗养环境，能够不断得到专家的照顾，确认自己和自己的家人没有被社会遗弃。"以上的每一句话都代表了病人的一个担心，他们很需要专业机构

死亡课

在这些方面给予帮助。

从20世纪的60年代和70年代,一些护理人员就开始探索为病人提供的服务是否真正满足了他们的需求。在英国、加拿大和美国开展的一些研究表明,答案是否定的。两个核心问题:(1)护理人员没有意识到病人所遭受的疼痛程度是很严重的。(2)护理人员认为他们的能力范围远不能够解决病人的问题。那么在实际工作中,护理人员常会对病人说:"没那么疼吧,不必过分紧张了。""其实没那么痛苦的。""你只能自己咬牙坚持。""我们不能给你开大剂量的麻醉剂,这样你会上瘾的。""除非真正需要,否则我们不能开那么厉害的药物给你。""我们也只能做这些了。"

很不幸的是,有时即使护理人员想帮忙,他们的能力权限范围也不允许他们这么做。如果有新药可以帮助病人缓解疼痛,他们也是很高兴的。然而病人的痛苦得不到理解,或者护理人员帮不上忙时,还是让人感到心酸的。

任何新的举措都要认真考虑以下几个问题:

1. 要充分考虑病人的情况;
2. 要充分了解病人的痛苦;
3. 采取合理的治疗方法,包括科学地选择止痛药物和其他药物;
4. 开展系统的、以人为本的关怀,培养复合型护理人才;
5. 社会机构的组织方式影响着护理人员的工作。

这些新的要素被囊括到了现代临终关怀的指导方针中,帮助改善安养院和姑息治疗的服务质量。一些要素还被整合到了其他临终关怀的项目当中。

姑息治疗

姑息治疗是对所患疾病已经治疗无效的患者积极的、全面的医疗照顾。对疼痛等其他症状以及心理的、社会的和精神的问题的控制是首要的。姑息治疗的目的是使患者和家属获得最佳的生活质量。姑息治疗的很多方面也可与抗癌治疗一起应用于疾病过程的早期。

 ## 安养院的工作方针

加拿大安养院协会和美国安宁疗护及缓和疗护组织为晚期病人安养制定了行业标准。借鉴美国安宁疗护及缓和疗护组织的成果,康纳是这样定义晚期病人收容和看护的：

  一个系统性的收容计划应该为晚期病人及其家人提供每周 7 天，每天 24 小时的疗护和其他辅助服务，包括社会专业人士和志愿者提供的身心方面的、社会层面的和精神层面的全方位服务。保证病人在各种环境中（家庭、医院和疗养院）都可以得到医生的照顾和治疗。

我们将晚期病人安养原则总结为以下 10 点，可以作为晚期病人疗护工作的指导方针。

1. **"晚期病人安养"是一门哲学，而不仅仅是一个社会职能。** 在英国，晚期病人安养运动始于建设自己的机构设施。这只反映了特定时期的某个国家的安养体系情况。要超越现状就得进行彻底的改革。改革的关键不在于要建设多少安养设施，而是服务质量本身的问题。护理哲学的态度、方法及对未来的构想才是最重要的。

2. **护理哲学要求我们对重病患者的关注重点从临终转移到生存。** 如果没有他人的照顾，这些人就会死去。如同爱德·布什瓦尔德在病床上这样写道，"死并不难，反正有医疗保险赔付。"难的是珍视生命，不让人们就这样随随便便死掉。当人临近死亡的时候，最难的就是帮助他活下去，这需要对生命给予足够的肯定和尊重。

3. **晚期病人安养就是要最大限度地提高他们的生活质量。** 它是一种姑息治疗和以针对症状为主的护理，目的是尽量减少病人的痛苦。当治愈的可能性几近于零时，在不完全放弃治疗的同时，临终安养也提供其他形式的护理服务。它不是与"积极治疗"相对立的。事实上，护理晚期病人也是一种积极的治疗。总之，晚期病人安养是给他们提供缓解痛苦的积极治疗，同时也提高病人生命最后阶段的生活质量。桑德斯认为，在患者重病期间，好的护理可以让他们的生活从长期的消极状态转为积极的生活。

4. **晚期安养措施为病人及病人家属均提供服务。** 也就是说病人和他的家人是"一个家庭"，我们要对这个家庭而不仅仅是个人提供帮助和服务。安养服务应该给病人和他的家庭足够的安全感，让他们有一个良好的生活和安养环境。这是一项以"家庭"为单位的服务措施。

5. **晚期安养是一个整体的护理措施。** 我们要认识到我们所护理的是完整的、全方面的人。安养护理要帮助他们在身体、心理、社会和精神各方面都能有所改善，提高生活的各个方面的质量。

死亡课

6. **晚期安养提供一种长期持续的服务**，无论是在病人生前还是病人死后对其家属的关怀服务都包括在内。要用积极乐观的生活理念影响着他们。

7. **晚期安养是集专业人士和非专业人士（家属）的陪护于一体的多方位的服务**。专业的服务很必要，但是家人朋友的陪伴同样重要。虽然医生和护士也会陪伴病人，但这只是他们的志愿行为，不能取代亲友的陪伴。无论是哪一方的工作，主动聆听病人的需求才是一切工作的根本。晚期安养是很多人协同工作的结果，所以我们要尊重每个领域的工作人员，最好抽出时间交流意见，在必要的时候允许模糊职能角色定位，而不是各扫自家门前雪。团队协作才能使整个安养服务有效地进行。

8. **晚期安养服务需要一周7天、一天24小时的服务**。我们需要吸纳更多行业的新鲜血液，形成规模。让病人和家属不受时间和地点的影响，实时得到帮助，而不一定局限于专业安养院之内。病人和家属在需要的时候，可以打电话或者以其他形式让工作人员第一时间赶到。好的晚期安养服务是没有节假日的。

9. **参与晚期安养护理的工作人员，也要相互照应**。因为他们的工作压力很大，所以医院要为他们提供各种正式或非正式的支持和帮助。

10. **安养服务的行业规定也可以应用到更多类别的患者和家属身上**。现代安养服务主要集中在癌症患者和高龄人群中。但是这不等于安养服务理念就仅局限于此了。我们需要时间和机会将安养服务带到病人家庭中。所以安养服务和其他形式的临终关怀服务需要得到提前通知，也需要得到人们的认可和信任。近年来，安养理念已被应用到了更多的恶性疾病中，例如艾滋病、心脏病、阿尔茨海默症和肾病晚期等等，也包含了对儿童和青少年的服务。

临终关怀的四种机构形式

在本章开头，我们描述了约瑟芬和她的家人的经历。我们可以通过约瑟芬所用到的一系列的机构得知，病人可以根据自身情况，选择合适的安养场所。这些机构基本上都是医疗性质的，但是对于晚期病人来说，除了医术水平的高低，安养服务才是最重要的。还有一些相关的机构，例如医院、医疗中心、长期护理机构（也就是我们常说的养老院）、家庭保健和晚期安养，这些机构提供的服务是有针对性的，但是都是为晚期病人提供服务的。

在当今美国社会，为晚期病人提供服务的有以下四种机构：

1. 医院：医院提供短期治疗，主要职能是诊断和治疗疾病。大多数医院自身的设施可以提供各种医疗服务，例如急救、手术、重症监护和门诊。大多数医院服务不是为了临终病人而设置的，但是绝大部分的医疗设施都可以为临终病人使用。2004年，有超过46％的死亡病例是发生在医院，或者是到医院被确认死亡的。1998年，被获准离开医院的人中，每100人中有2.6人是因死亡而离院的，他们大多数人是在急救室治疗无效死亡的。

2. 长期护理机构：这类机构也叫疗养院，主要职能是提供长期的护理，即对慢性疾病患者及残疾人的康复护理。这种机构不仅仅护理老人。2004年，大约22％的死亡病例发生在疗养院。

3. 家庭保健机构（市卫生部门、私人护理机构、家庭病房护士协会和医院的家庭保健部）：这类机构主要提供家庭医疗及护理服务。这种护理适用于各种客户，也包括临终的晚期病人。

4. 晚期安养机构：晚期安养提供晚期病人护理和家庭护理。这种护理通常是在患者家中，也有在医院、疗养院、安养院的临终关怀部门，或者是安养院的日间护理项目。晚期安养最初是为老年癌症患者开设的，但是现在已经不是这样了。目前，美国半数以上的安养院不提供癌症诊断服务了。现在安养院可以接纳艾滋病患者，还有类似肌萎缩性脊髓侧索硬化症等运动神经疾病患者、阿尔茨海默症患者以及其他恶性疾病，例如晚期心脏病、肺病、肾病患者等等。近年来，安养院已成为儿童青少年姑息治疗的首选单位。所以，安养院现在照顾着约三分之一的临终病人。

 ## 安养护理和姑息治疗

如同安养院一样，姑息治疗也有自己的发展历史和特殊意义。最初，"palliate"的意思是"用斗篷覆盖"。在实际应用中的意思是，用棺罩将棺材覆盖住。在医学护理上，"palliate"意思是"在不可能治愈的情况下，为病人缓解病痛的服务措施。"所以，治疗感冒也是一种姑息治疗。尽管在日常生活中，人们总会感冒，我们没有办法使它不再复发，当有人感冒、咳嗽，我们就会用

死亡课

阿司匹林、止咳药等来缓解症状，通过改善营养使情况好转。一句话，我们用药来缓解症状，直到感冒病毒沿着自己的生物轨迹发展，衰弱，最后终结，直到人体足够可以战胜它，恢复健康为止。同时，尽管不能治愈，但人们还是希望至少可以缓解病痛。姑息治疗就是旨在缓解疾病症状而不是根除疾病（治标不治本）。

我们已经了解了，安养护理就是一种姑息治疗，旨在缓解晚期恶性疾病症状。严格地说，安养护理是姑息治疗的一种。世界卫生组织关于"姑息治疗"的描述是这样的：

> 当治疗无效时，对患者采用的一种主动护理措施，此时，镇痛是首要任务。姑息治疗的宗旨就是提高病人和家属的生活质量。

最近，"姑息治疗"一词在医学界被广泛地使用。姑息治疗和药物主要被用来缓解病痛。但是，姑息治疗可不是安养护理的全部内容。举个例子来说，如果我们说安养护理仅仅就是姑息治疗的话，那么安养护理的很多其他内容，如精神护理、护士上门照顾、丧亲服务和其他的志愿行为都被排除在外了。尽管如此，美国的姑息治疗改革还是有很大进展，奎尔表示，"美国的姑息治疗运动正在持续蓬勃发展。大多数的医疗中心已经有了姑息治疗咨询服务，医院也在这个领域发展迅速。"姑息治疗究竟会如何发展，还要看国家对医生的培养、机构组织形式和报销政策等很多因素。

另一方面，姑息治疗又比安养护理含义广泛，因为姑息治疗不仅仅是临终护理。姑息治疗包括很多疾病症状的缓解，与死亡关系不大。

我们如此强调"姑息治疗"和"安养护理"之间的关系和区别，不是在玩文字游戏，而是因为这背后包含着很多复杂的内容。一方面，有些人不愿意接受安养院制定的种种规定，也不愿意接受"死刑"的判决，而进了安养院就等于被判了"死刑"。另一方面，患者渴望在医院治疗期间就提前使用姑息治疗的药物，例如镇痛麻醉剂，接受医院的积极治疗的同时，还要避免医院用过于极端的手段造成治疗的痛苦。总之，患者总是希望能给自己留有足够的选择余地。所以，人们要对"安养护理"和"姑息治疗"有充分的了解，既要了解它们的关系，也要了解它们的区别。

第三部分
丧亲之痛

死亡课

　　"死亡的一个重要特征就是具有两面性。死亡总要涉及两方：死者和经历丧亲之痛的亲友们"。在第二部分中可以看到，情况甚至更为复杂。在人临终阶段，不仅有病人和他的亲友们，还有医生、护士、志愿者等等。对于这些人来说，"一个人的死亡不仅仅是一个生命的结束，更是一个开始。"死者代表一方，而除了死者以外的其他所有人则代表着另一方。

第八章 应对丧亲之痛

一个悲痛的女人

斯特伦40刚出头时,她18岁的儿子自杀身亡。她儿子有酗酒和吸毒的恶习,难以自拔,最终用自杀来结束这一切。当然,他的死也与他的家庭、学校和他的兼职工作有关。

尽管儿子以前有过情绪不稳和自杀的行为,但是他的死还是对斯特伦造成了巨大的打击。她太痛苦了,"就像自己的腹部遭到了一拳重击一样"。这么多年来,儿子一直是她生活的重心。这一切让她深陷痛苦,仿佛生命已经脱离躯体,变得毫无意义。儿子用这种方式来拒绝她,将她所给予的生活一脚踢开,斯特伦感觉十分受伤。

她也对儿子抛弃自己和他15岁的妹妹感到非常愤怒。她一遍一遍地问自己"是不是有什么地方做得不好?是不是本该可以挽救他的生命的?"她对儿子的死非常内疚。

斯特伦很小的时候,父亲就在战争中死去了,她并不了解自己的父亲。她的母亲烟瘾很大,很年轻的时候就得了肺癌,10年前因病去世。她妈妈的死应该是在她第一次真正经历丧亲之痛。

5年后,她丈夫在一场严重的车祸中丧生,留下了两个孩子和没有工作的斯特伦,还有一笔不算多的保险费和储蓄。这再一次给了斯特伦巨大的打击。她从来没有想过会发生这样的事情。她所认识的寡妇都是上了年纪的。斯特伦开始去教堂,也参加了工作,对孩子们也加强了保护。

后来,斯特伦改嫁给了在教会活动上认识的一个鳏夫。但是斯特伦的儿子不喜欢这个继父和他的三个孩子,更不喜欢这个重新组合的家庭。

在斯特伦生命中,她所经历的每一个亲人的去世,都给了她不同的影响。她妈妈病逝的时候,斯特伦感觉自己的过去都死了。没有父母的支持,她感觉很难继续前行。她的前夫去世的时候,她感觉自己当下舒适的生活也结束了。但是儿子的自杀,就好像是自己对未来的

死亡课

希望也死了。她还能不能重新站起来,为了自己,为了女儿?斯特伦一遍一遍地问自己:"我做了什么?为什么要发生这些事情?我该怎么办?"

 ## 失去

爱一个人,就等于将自己命运的赌注押到了对方的身上。每个经历着爱的人都会对对方形成一种依赖,也同样在冒着失去对方的危险,可能遭受失去所带来的痛苦。如果是这样的话,那么悲痛就是为爱付出的代价。

当然,爱会让生活丰富多彩。依赖感是一种特殊持久的关系,让人们从中得到满足。斯特伦爱着自己的父母、丈夫和儿子。除非斩断所有这些关系,她才可能免于承受失去他们的痛苦,但是凡是人都不可能脱离这些关系。布兰特纳曾说:"只有没有爱的人才能免于遭受悲痛。我们应该从中学到些什么,然后继续承担爱的风险。"学习承受悲痛,我们应该先了解"失去"。

"失去"有很多种,例如与心爱的人分手、失业、搬家、丢失了重要的东西、在竞赛中失败、截肢或者曾经与自己很亲近的人死去了等等。

与死亡有关的"失去"对生者来说意味着什么,取决于对这些人来说失去的是什么,以及他们如何看到这些"失去"的。比如说,死亡意味着与配偶共同生活的结束,意味着与父母的分离,或者与孩子的分离。死亡也可以意味着患者从痛苦的负担中解脱。这些只是对死亡毫无情感的客观解释。但我们这里谈到的死亡,涉及更多的是痛苦的成分,因为亲人的死去影响和改变了生活。

尽管人们对于死亡有一定的潜在期待,例如来生相聚,或者死者会到另外一个世界继续与我们交流等等。但生者还是被抛弃的一方,再也不能与死去的人直接接触。

我们有时候会回想起生活中的一些令人痛惜的"失去"。但是有时候,我们是在失去了那些人或者物之后才真正明白他们的价值。不管怎样,要想弄明白"失去"的意义,我们必须回顾自己与他们曾经的关系。

第八章 应对丧亲之痛

 悲痛

我们要解释"什么是悲痛"、"悲痛与疾病、愧疚和抑郁的关系"以及"悲痛的情绪是否正常"。

什么是悲痛

悲痛是一种反应,对"失去"的一种内在和外在的反应。

悲痛与情感有关。每个悲痛的人都会有情绪上的宣泄,这是悲痛的一个很重要的组成部分。但是,我们必须认清,人们对于"失去"的反应,不仅仅是情绪上的事情。悲痛是一个更广义和复杂的概念。

人们有很多方式来表达悲痛,包括身体上、心理上和行为层面的反应:

1. 身体感觉:例如胃感到空虚、嗓子感觉肿胀、胸闷、胳膊痛、对噪音过度敏感、气短、无力、口干、失去协调性。

2. 情绪:例如有悲伤、气愤、愧疚、自责、焦虑、孤单、脆弱、无助、震惊、解脱、麻木,甚至是人格分裂的感觉。

3. 心理:例如不信任、困惑、总感觉死者还在身边、出现幻觉或者梦到死者。

4. 行为:例如睡眠和饮食规律紊乱、注意力分散、社交减少、对以前的爱好失去兴趣、哭泣、害怕回忆、寻找、叹息、躁动、到死者生前去过的地方或者珍视死者的遗物等等。

悲痛还涉及了社会和精神层面的内容:

5. 交际困难,工作出错。

6. 寻找生命的意义等等。

所以,单纯把悲痛看成是情绪上的事情,那就会忽略掉悲痛在其他方面所产生的影响。我们还要注意到,过度悲痛还可能导致疾病甚至致人死亡。

悲痛与疾病、抑郁和愧疚有什么关系?

通过将悲痛与疾病、抑郁和愧疚联系起来,我们能够更好地了解悲痛。

首先,有些研究者已经发现悲痛与疾病的某些表现很相似。比如说,悲痛

85

会让人体不能正常运作，人们需要时间来治愈这些受损的功能。但是悲痛和疾病也有很多区别。

其次，悲痛是情绪失衡，不是真正意义上的生病。而且，大多数的悲痛正是一种对"失去"的正常反应。

再次，悲痛在临床的症状上有点像抑郁。但是悲痛是正常的表现，而抑郁症则是精神障碍。

悲痛和抑郁都会表现出某种程度的消极遁世。但是，抑郁是悲痛的一种复杂的病理形式的表现，主要表现为对逝者的既爱又恨的愤怒，还会将这种愤怒的情绪转嫁到自己身上。正常的悲痛情绪不会让人失去自尊，而失去自尊常是抑郁症的临床表现。弗洛伊德认为，悲痛的人会觉得整个世界很可怜和空虚，而抑郁的人会觉得自己很可怜很空虚。很多研究悲痛和抑郁的科学家也确认了这一点，它们是两种不同的经历。所以斯特伦正在经历的是悲痛，而不是抑郁。

最后，愧疚是悲痛情绪的一部分。但是我们必须把愧疚的情绪从悲痛的情绪中分解出来，单独处理。

悲痛的人的愧疚感有时是现实的，有时是不现实的。他们认为亲人的死与自己有关，认为自己本可以做些什么，或者不做什么，亲人就不会死去。比如，斯特伦明知道儿子是染上毒瘾最终自杀，但是她还是认为她原本可以帮助他。但是最终，她意识到，她已经尽力了，儿子的死是他自己造成的。

非现实的愧疚感有可能是一种检验现实的过程，短暂的自责情绪在潜意识中是为了最终证实逝者的死与自己没有关系。

悲痛是正常的吗？

普通的、非复杂的悲痛都是健康正常的表现。如同梅所写的那样：

> 悲痛既不是精神障碍也不是疗伤的手段；它本身就是健康的一种表现，爱的表现。我们也不需要将悲痛视为通往幸福必经之路。无论那有多么痛苦，也许是生命中最痛苦的事情，悲痛都只是一种结束，一种爱的纯粹的表现。

林德斯特伦基于观察也表达了相似的观点："想到过去、现在和未来，去爱，去悲痛是人类的困苦，也是人类的尊严。悲痛会为人生观添加更多的含义，就像阴影可以使风景更加立体而生动。"

尽管人们的生活中,这种悲痛的情况不是很多,但是不经常发生不等于不正常。斯特伦经历了几次人生的重大失去,每一次都非常痛苦,但是她渐渐明白,悲痛是正常的情绪,在她痛失亲人之后,这种情绪是理所应当的。

有些人会说,如果他们死了,他们的朋友会为此举行庆祝派对的,根本就不会悲伤。这本身就忽略了悲痛的本质和人相互依赖的本性。人们对于"失去"的反应是本能的,不受意愿的控制。很少有人能真正控制这种情绪的。我爱着某个人,我与他相处愉快,我可以表达我的幸福。当我失去所爱的人,我也同样可以表达出悲痛。

我们的悲痛是为了自己而表达的,因为我们被抛弃了。当所爱的人死去了,我们通常会回忆一些瞬间,那种感觉属于我们自己,而非逝者。

这就是为什么在经历了漫长而痛苦的病痛之后,当我们认为死亡对病人是一种解脱的时候,我们仍然还很悲痛。这也是为什么即使宗教信仰让我们相信逝者到另外一个世界过上了更好的生活,我们还是悲伤。对于我们生者来说,我们经历了一场真实的残酷的离别,我们表达悲痛不是自私的表现,那只是人性的表现而已。

悲痛有时会让人失控,看起来像是疯了,但是这种表现却是健康的,不是病态的。我们要有勇气面对悲痛表现,要让情绪自然流露,这对我们自己是有好处的。

当然,悲痛的情绪人人会有,不论他们的身体状况是好是坏都无法避免。所以,要根据个人的自身条件有节制地调整悲痛的程度。悲痛十分具有个性化,不同的人有不同的表现,同一个人也会有不同的表现方式。我们没有一个统一的标准来衡量。所以,我们要怀着开放的心态看待不同人们的表现,而不能因为不理解,就认为某种表现是病态。

有时悲痛所造成的紊乱甚至疾病需要干预性治疗,对此我们会在本节末尾探讨。

 是什么在影响着人们的悲痛情绪?

影响悲痛情绪的五个重要的可变因素包括:

死亡课

1. 与逝者的亲密程度以及自身的价值观；
2. 逝者是在怎样的情况下去世的，以及当时亲人的状况怎样；
3. 生者从过往的经历中学习到的应对类似事件的技巧；
4. 成长经历对情绪的影响；
5. 生者在经历悲痛的时候所能得到的家人及社会上帮助和支持。

我们将在本章中讨论前三个的因素，在下两章中讨论社会的帮助和支持，个人的成长经历则将在第四部分详细探讨。

有时候人们意识不到对某人有多么依赖，直到失去之后才真正了解这人是多么重要。有些关系显示出过分的依赖性，而变得扭曲；有些关系中充满着矛盾，非常复杂。几乎所有的人与人之间的关系都有多面性。我所爱的人，在我的生命中充当着各种角色，有时是充满爱意的伴侣，是孩子的父亲或者母亲，是养家糊口的主力，是安慰我的人，有时却也是批评我的人，也可能是我的竞争者，是我黑暗时期的指路人，在很多方面对我的生活影响深远。当失去了他之后，以前的这些生活会直接影响着我的情绪反应。

逝者是在怎样的情况下去世的也会影响着我们的情绪反应。有些人走得很突然；有些人则是已经事先知道了，已有所准备；死亡是必然的结果，但相对于人们的期望而言，有些人走得过早，有些人则是在预料之中。

此外，周围的环境也会影响着痛失亲友的生者的情绪。例如，有一个人身体非常健康，生活很舒适，那么他对抗悲痛的力量会比身体不好或者生活有困难的人要来的轻松一些。人们常说"祸不单行"。有些人在家中正面临着巨大的经济压力时离世了。还有人在很短的时间内连续经历几次痛苦的永别。还有很多人在同一场灾难中丧生，例如"9.11"事件的遇难者中，有很多人很年轻，刚结婚，妻子还怀有身孕。灾难过后，这些女人们就要独自面对所有的问题，独自等待孩子降生。

人们由于生活经历的不同，对待困难也会有不同的应对策略。这些策略对我们都或多或少有些帮助。尽管死亡与人生中的其他失去有很大的不同，但是当一个人正在经历痛失亲人的时刻，问问他过往的经历中有没有失去过对自己很重要的人或东西，问问他当时是怎么样处理的，这会是一个比较好的办法。在失去亲人最初的一段时间里，是人们最脆弱的时段，随着时间和精力的慢慢恢复，会有一些更好的办法来缓解悲痛的情绪。斯特伦在最初的时候同样以为自己挺不过去了，她需要时间来慢慢寻找对策。

 ## 哀悼：为我们自己指引方向

关于"哀悼"

在本书中，我们将"哀悼"视为对抗悲痛情绪的一个必要的过程。我们要了解这个过程，这对帮助人们走出生活阴影，重新回到现实的世界过正常健康的生活至关重要。哀悼，有两种表现形式：一种是内在的，内省方式——指我们在内心中不断挣扎，力图摆脱痛苦；另一种是外在的，公开表达方式——可以让旁人看得到的表达形式，包括向社会求援的行为。

关于"哀悼"的一些学说和解释

科学家们在研究人们对于痛失亲人的反应时，最大的困难就是这些反应很复杂，每个人的情况也都有所不同，而且受文化的影响很大。直到几年前，多卡发现了人们对待"失去"的反应的一个标准模式。多卡是在弗洛伊德一篇文章中追溯到这种模式的。弗洛伊德认为，人们对待"失去"的反应中，悲痛是个必经的过程。也就是说在对抗"失去"的过程中，人们一定要完成一定量的"悲痛情绪工作"。最终以"接受"的方式结束，转而变为平静的哀悼。

科学家们尝试着将人类的哀悼经历组织归纳成一个更直接更简单的理论模式。模式里包含了几个假设：（1）人类面对"失去"的反应有某些共通的方式。（2）这些方式可以被理解为悲痛情绪必经的几个阶段。这些假设曾经盛行了很多年。

但是，近年来，整套模式和假设受到了质疑。有人认为，人们的悲痛反应是因人而异的，并没有什么统一的模式。悲痛反应受到文化的影响比较严重，而且这些反应不仅仅是情绪层面的。实际上也包括认知、情感、行为和精神层面的因素。这些因素互相作用，形成了复杂的个人表达方式。同时，特定的文化环境也影响着人们的反应，使认知、情感、行为和精神等层面的因素在这个大环境中共同作用，情况更为复杂。

> 死亡课

哀悼：关于"阶段"学说的解释

我们先来看看两个非常著名的理论吧，一项是"阶段性"理论，一项是"任务型"理论。

哀悼的几个阶段

鲍尔比和帕克斯认为哀悼有四个阶段：（1）震惊得目瞪口呆；（2）思念和寻找；（3）混乱和绝望；（4）重新生活。这四个阶段被认为是"重新认知现实"（即发自内心的接受现实）过程的组成部分（见表8—1）。

表8—1　　　　　　　　哀悼的四个阶段和解释

四个阶段	阶段性任务
震惊得目瞪口呆	得知实情，学会接受现实
思念和寻找	学会全力对抗痛苦
混乱和绝望	学会适应没有对方的生活
重新生活	在情绪上将逝者重新定位，继续生活

震惊得目瞪口呆，通常是人们面对"失去"的第一反应。人们会感到晕眩，好像遭到了重击，以至于短期内不能感知其他事情。还有人说这像是被一个无形的盾牌罩了起来，像一种精神麻痹。很多人都不能正常饮食，头脑不清，无法做出正确的判断和决定。这是人体对痛苦和灾难的本能的自我保护。尽管这种反应瞬间而逝，但是会在日后不时发生。

思念和寻找代表着人们试图将失去的人还原回来。当震惊过后，痛苦来袭，人们意识到了失去亲人意味着什么，所以，不愿意承认现实。他们会思念对方，渴望对方回到身边，依旧按照原先的生活来过，为他准备晚餐，等他下班。当发现了某个长得像他的人，当闻到一阵他的香水味道，或者听到了曾经一起哼唱的歌曲，人们便开始寻找。而实际上，我们都知道，这种渴望和寻找都不会成真的。

混乱和绝望是当人们无法让时光倒流，感到无能为力时的一种表现。如果让过去真的过去，那么现在的我又是谁？我还是妻子吗？我还是孩子父母吗？如果是我的孩子走了，那我是不是该从孩子的总数上减去一个？这是一个自我认识的过程,也是每天生活中的实际问题。从现在开始,谁来做饭?谁来照顾孩子?谁来赚钱养家?谁来安慰我和孩子?我是不是应该把房子卖了,搬到城里和其他家人住在一起呢?这些问题很难回答,丧亲的人也根本就无法集中精神来想这么多的困难,只是无所适从。以前一些被认为是理所应当的,不在意的事情,现在都成了问题。带着这些问题生活一天,哪怕是一小时,或者一分钟都是煎熬。他们总是在痛苦的挣扎中前行。

重新生活,将生活的一个个细节重新拾起,重新组织起来。生活与以前再也不一样了,人们不得不开始没有对方的新的生活。大多数的人都可以重新振作起来过新生活,这是一个很了不起的成就。

还有人在他们的理论中提出五个或者七个阶段。而兰登提出了更广义的三个阶段:逃避、面对和适应。其实究竟该分几个阶段并不重要,重要的是它们能不能帮我们真正理解哀痛。

悲痛的阶段性理论其实可以被看成是悲痛的组成因素。有些人认为这种阶段性理论,是一种死板的直线型模式,一个阶段接着一个阶段地发生,这种想法会误导我们认为悲痛的人都是被动的,像脏兮兮的车被拖进洗车房,依次接受一道道的清洗程序,直到"干净"为止。

抵抗悲痛的任务

沃登在2002年提出我们应该从"任务"这个角度来看待悲痛的情绪,而不是从阶段的角度来看待。他认为抵抗悲痛的情绪有四个基本任务要完成:(1) 接受现实;(2) 走出阴影;(3) 适应没有对方的生活;(4) 在精神上将对方重新定位。任务型理论的优势在于,它将悲痛视作一个积极主动的过程。我们在逐一分析这四个任务之后,能够更好地理解悲痛的可变性和复杂性。

悲痛的五个阶段

那天晚上,我失去了你

有人指着"悲痛的五个阶段"对我说

"按照上面说的去做吧。"

看来挺简单的,就像截肢后学习爬楼梯一样

所以,我开始爬了

第一步是拒绝

死亡课

吃早餐的时候
我准备了两套餐具,
把烤面包递给你
你就坐在那儿
我又把餐巾递给你,
你却躲到了它后面

愤怒对我来说要熟悉得多
我烤糊了面包,
抓起一张报纸就自顾自地读起了头条
但是这些却总在提醒你的离去
所以我进入了下一个阶段——协调商议阶段

我能跟你协商什么呢?狂风暴雨后的静谧?还是我正在打字的手指?
我还没来得及决定呢,抑郁已经向我袭来
抑郁的箱子被绳子绑得紧紧的
箱子里面
是我晨昏颠倒的睡眠
我从楼梯上跌了下来
却感觉不到一点疼痛

这段时间,希望总是时隐时现
希望是我的航标灯
希望也是我叔叔的名字
结果他却因希望而死

一年了,尽管我不断地摔倒在你的墓碑前
我还是在坚持爬那道楼梯
树木的生长线已经消失
留下了早已被我遗忘的一片片绿

但是现在,我知道自己正在爬向什么:接受现实
一个大写的特别的标题
接受现实

第八章　应对丧亲之痛

我挣扎着起来挥手呼唤
向下看看，我的生活激起了涟漪
那是我曾经多么向往的风景啊

向下看看，一条鱼跳出了水面：
那是你颈上的跳动的脉搏
接受现实
我最终做到了

但是，好像出了点问题
原来，悲痛是道循环的楼梯
现在我又回到了原点
因为
我失去了你

第一个任务是接受现实。这个举动通常不会是人们在接到噩耗后的第一反应，但是在潜意识中却一直贯穿着整个过程。当接到噩耗之时，人们的第一反应通常是"这不是真的。""这样的事情不可能发生在我身上。"这是可以理解的。尽管如此，但是想要帮助他们就必须让他们接受这个现实。

拒绝接受现实，就会使人走向幻觉。比如说，英国的维多利亚女王在丈夫去世之后很久都一直保留着他的衣服和剃须刀。她用极端的方式竭力挽留丈夫生前的时光，而不去面对残酷的现实。有人这样做也是试图与逝者依旧保持联系而不想改变现状。但是，希望时光倒流是最不现实的做法。

悲痛的人们要尽力走出悲痛的阴影。如同派克所写的："一味地回避或者压抑悲痛的情绪反而会使悲痛的人们久久滞留在阴影当中而不能自拔。"正确的做法是，要勇敢地面对悲痛，不要回避。关键是找到有效的方法去渡过这段难熬的时间。

通常情况下，痛苦的强度和对人的影响会逐渐减弱。正如一位母亲所说："这是必然的，因为你根本就忍受不了那种痛苦，如果不让它递减，那根本就没法活下去。"

痛苦是可怕的，所以很多人试图逃避一点都不奇怪。一些人吸毒或者酗酒来掩盖痛苦，但是这样做反而使痛苦变本加厉地伤害到人的身心。还有些人直接逃离伤心地，抹去记忆。最后证明这种逃避的方式也无济于事。这些逃避早

死亡课

晚要被击垮，那时候人们就会极度抑郁。

如果社会上有些人不喜欢人们将悲痛表达出来，可能就会鼓励他们逃避，或者试图把他们的注意力吸引到其他地方，并告诉他们其实悲痛没什么大不了的。这其实很误导人。这样想的人往往认为悲痛的情绪是不健康的，甚至病态的，而实际上人们不该向悲痛消极"妥协"。还有人虽然接受了人们需要抒发悲痛的观点，但是始终认为"悲痛"是被打垮的结果，所以这种行为应该属于私人行为，而不该公开表达出来。禁止人们完成自然的过程对人的身心有损害，对社会本身也有害。表达悲痛是健康的表现。

第三个任务是适应没有对方的新环境。派克这样写道："悲痛的人们，往往不知道自己失去的究竟是什么。"悲痛的人们常常要经历一个发现的过程，以确定已经断绝的关系对自己的意义，并认清对方曾在自己的生活中扮演的种种角色，最后要适应一个事实，那就是对方再也不能承担你生活中的这些角色了。这个过程非常艰难；有人可能会受不了而退缩，不再努力克服和适应。但是生活需要我们继续前行。无论对方在不在，孩子总还是需要洗澡、穿衣和吃饭的，总得有人做饭洗碗。总是陷于无助并不是办法——尤其对长远之计不利。他们必须找到一些技巧，来取代逝者的角色，健康地过渡。

第四个任务是在精神上将逝者重新定位，然后继续过好生活。这个任务中有两个因素要求我们格外注意。"精神上的重新定位"不是说要忘记对方，或者从记忆中将对方抹掉。这也根本是不可能的。"继续过好生活"的意思是在没有对方陪伴的情况下找到健康的独立生活新方式。但这并不意味着一定要投身于下一段感情，比如说再婚或者再要一个孩子等等。这个方法并不适用于所有正沉浸在悲痛中的人们。即使他们有了新的感情寄托，也要记住，没有两段感情是一模一样的。任何一段新的感情都不可能取代过去的。

很明显，对方的去世确实改变了生活，不承认现实是在欺骗自己。所以沃登认为第四个任务就是要悲痛的人们适当修改和调整与逝者的关系及投入程度，在环境改变的情况下，仍然能够实现自我满足感。沃登曾说："不是要悲痛的人们彻底放弃与逝者的关系，而是要在心里为逝者重新找到一个位置，这样才能给生者一个继续好好生活在世上的机会。"

如果能完成沃登的四个任务，也就能够使逝者重新认识自己，重新理清自己与逝者的关系，而不至于让过去成为精神负担，而毁了未来的生活。如果能够完成这四个任务，人们还可以重新投入一段新的感情。

沃登的任务型理论给出了一种应对方法，原则上，就是一种应对悲痛情绪的积极主动的方式。这些任务可以帮悲痛的人们重新掌握生活。沃登补充说："虽然任务型的建议中有一些带有命令的意味，但我们没有必要严格执行'命令'。"

> **四个寡妇的戒指**
>
> 当丈夫死后，四个寡妇对待婚戒的处理方式很不同。第一个人，把戒指取了下来，放进了首饰盒。"他的死将我们彻底分开了，我们的婚姻也不存在了。"她说："现在我和他不再有婚姻关系了。"她的意思并非不再爱他，而是通过取下婚戒的行动来表明死亡让他们天人永隔。
>
> 第二个寡妇的左手无名指上仍然保留着婚戒。她知道丈夫已经走了，但是她仍想感觉到他的存在。他们的婚姻很幸福美满，她宁愿活在这个美好的记忆中，而不想再婚了。
>
> 第三个寡妇将婚戒从左手无名指转移到了右手的无名指。她不想摘掉它，不想把戒指藏起来，因为这是奶奶送给她的遗物。同第一个人一样，她想通过外在的表现形式证明自己已经独身，但同时也保留着一个具体的物件，来表示她仍然思念自己的丈夫。
>
> 第四个寡妇将丈夫的婚戒摘下来，到首饰店将丈夫的戒指与自己的戒指锻造成了一个项链坠，她总是随身带着它。她说："现在我和我已过世的丈夫有了新的关系，这个可爱的项链坠就代表着我们目前的关系。"

 ## 哀悼：关于过程的解释

哀悼的过程主要在于这个过程中人们能做些什么，哪怕是在潜意识中为了未来更好的生活而改变一些生活方式也好。下面我们会依次讲到双过程模式，意义重建，以及与逝者继续维系情感纽带。

双过程模式

双过程模式理论是斯特伯和舒特在 1999 年提出的。该模式在两种对抗悲痛的过程之间来回作用：一种过程是侧重对于应对悲痛，另一种过程侧重于"恢复"。应对悲痛的过程包括面对悲剧的发生，生者的哀痛和克服对改变的抵触情绪。恢复过程包括适应已经改变了的生活，接受新的情况，不要让自己过度沉浸在悲痛当中。在这里，我们需要的注意的是，恢复的过程，不是要恢复以前有逝者在身边陪伴的生活。而是要在新的世界中找到自我。什么是"恢复"？根据双过程模式理论，不是要恢复过去的生活方式，而是要培养未来独立生活的能力。

换句话说，双过程模式着力于通过两个过程之间的相互作用，来有效地对抗悲痛。抵抗悲痛的情绪反应只代表了两个过程中的一个，而接受新的挑战是第二个过程内容。这个理论还认为对抗悲痛情绪的侧重点可能会因为以下三种因素而有所不同：（1）文化种族差异；（2）个人差异；（3）时间差异。哀悼的过程中有些做法倾向于对抗"痛失亲人的痛苦"本身，而有些做法则将侧重点放在继续健康地生活下去。所以这个理论关键在于个人的对抗能动性、潜在的积极性和整个过程的复杂性。

意义重建

当人们遭受了重创之后，寻找生命的意义就会变得尤为迫切，这是人类的特性。所以，哀悼过程的也可以被说成是试图理解失去的意义的过程。内依梅尔是这样强调哀悼过程中的意义重建的重要性的："意义重建是抵抗悲痛的核心问题。"

对于不同的人，意义重建的时间、方式都有所不同，与社会文化的联系程度也不同。有些人因为已有一套意义框架来对抗亲人逝去的悲痛，可能不需要花费过多的精力，也不用做很多事情来安抚自己的情绪，就能开始新的生活。但有一些人就需要更多的努力来实现意义重建。

根据内依梅尔所述，意义重建的内容包括：

1. 生者找到开始新生活的意义，也可以坦然面对亲人的离去；
2. 意义的整合和建立；
3. 在人际和个人内在方面都实现意义重建；
4. 在各种环境中的意义核心支柱；
5. 无论是具体的意义还是潜在的无法用语言表达的意义，都要同时发展；
6. 意义重建的过程和产物。

人们实现意义重建有两个主要的方式：（1）对死亡的意义要有正面的认识（例如你可以想，他现在终于安息了）。（2）认识到对生者来说，也是有益的

（比如说，现在我是一个更加有爱心的人。家庭的凝聚力空前高涨）。当然，这些只是一两个小例子。每个人都有自己的办法来正面理解死亡、失去和悲痛，也可以以自己的节奏来完成。最后，你就会发现对抗悲痛的整个过程是完全可以被我们预测和掌握的。

内依梅尔还提出了意义重建的核心方针：（1）也许"痛失"会让人们怀疑生命的意义，但是我们仍然需要重建这些意义。（2）我们要重新定义对逝者的感情，而不是放弃或者斩断对逝者的感情。（3）旁观叙述的方法可以帮助恢复人生经历的连续性，而不致让那段黑暗的日子成为生命的盲点，一无所获。阿提格也曾说，悲痛的人们总是很难从"爱在眼前"过渡到"爱在分离"。这等于同时在很多层面上（个人内在世界、家庭、社会、文化）重新学习一套新的程序，建立一套新的世界观，让我们完成一个多方位的转变。

与逝者继续维系情感纽带

克拉斯、西尔弗曼和尼可曼根据他们对失去亲人的孩子们、伴侣们和父母们的研究中发现，生者与逝者维系情感纽带是很重要的。这种情感的纽带会随着人们对此事的不断认识而改变。它可以让逝者在生者的内心世界中继续存在下去。这种联系可以充分地安慰和支持生者，让他们可以平稳地从过去过渡到未来。

这些科学家认为："在很多学术研究和临床工作中，人们常常忽略了情感纽带的重要性。"而他们相信，情感纽带的持续维系是要人们在现实生活中建立的新的关系，是哀悼过程的正常的现实因素，而不仅仅是心理现象。

安德逊从另外一个角度理解这种情感纽带。"生命的结束，不等于关系的结束。"如果这句话是真的，那么哀悼还应该包括一个内容——丰富的回忆。"丰富的回忆"这一概念是坎托在1978年提出的，是指人们努力重新建立与逝者的关系，并且将这种关系与生者未来的生活融合在一起。这样可使生者有充分的精神空间来适应新的情况，而不需要承担完全忘记逝者的巨大压力。

还有人认为，生者常常会感觉到逝者的存在，而且时不时还会感到有跨越阴阳两界的交流。很多人因为这种现象的存在而感到无比安慰。我们必须确定这些现象或者感觉对于生者是有积极意义的，是对他们未来的生活有益的。

悲痛过程的几个重要特点

治疗悲痛的过程是开放而持续的，要找到方式去克服失去所带来的痛苦，并且适应新的生活方式，找到自我。这个过程并不是固化的阶段，也没有时间的规定。这是一种非常个人化的旅程。我们将目光从痛苦的本身移到对未来的期望，注重恢复生活的平衡，重建生命的意义，与逝者在精神上建立健康的情感纽带。

哀悼：一个潜在的改变

至此，我们对哀悼的探讨已经得出了一些有意义的结论，现在我们要提出两个新的问题。哀悼的过程究竟有没有固定的终结点？还是说哀悼本身就是成长和改变？

固定终点论

无论如何解释哀悼，我们总认为它的目标是康复、完成或者解决问题。但是当代的一些研究者们却认为这种说法不正确。比如说，从悲痛中复原，这种说法就意味着悲痛本身是不好的，像疾病一样。还可引申出另外一个含义，即一旦人们恢复了，基本就不会再变了。完全康复被认为是一个固定的点，意味着永远结束了，以后不会再有悲痛了。

固定终点经常被认为是悲痛康复的目标。尤其是把它与弗洛伊德的观点联系起来看的话，会认为目标是脱离与逝者的情感纽带，从而忘记逝者。

固定终点理论也曾被广泛的认可，部分原因在于它与阶段性理论相吻合，我们也愿意为悲痛设定一个时间——比如一个月或一年——作为悲痛的一个必要的终结。我们总是说"时间会治愈一切。"但是，其实这种说法是不正确的，时间本身并不能治疗什么，这种说法就等于说我们就消极地等着就好了。其实重要的是在人生对抗悲痛的旅程中，我们该怎样利用时间，采取主动。一位观察家这样说："重要的不是时间，而是我们该怎样利用时间。"

之前，我们就曾经批评过认为悲痛是病态说法。在这里，我们说到"康复"似乎也同样不合适。但是，如果我们认为"康复"是继续前行，过健康新生活的话，那么还是很合适的。如果是这样的话，那么抵抗悲痛就不仅仅是回到过去，而是意指继续生活下去。然而很多悲痛的人们振作起来，他们的生活质量也有所提高了，但是他们依旧有可能在未来的某个时间重新陷入悲痛当中。

成长和改变

从悲痛中成长起来的人，与从与死亡对抗成长起来的人们很相似。我们可以从"危机"一词中看出，"危机"既蕴涵着"危"也蕴涵着"机"，这很有趣。当然，这里的"机"更多的是指一种新事物的诞生，而不是单纯指一个好的机会。

一位丧子的父亲的成长经历

现在我比以前更加体贴，更富有同情心，作为牧师也更称职了。当然，这些都是在经历了儿子的死之后才变化的。如果没有这件事情，我可能不会是现在这样。如果可以，我还是愿意用所有的一切换回我的儿子。如果我能选择的话，我仍然会选择放弃这些成长经历，变回15年前的我，一个平凡的教士，一个冷漠的心理顾问，能够帮助一些人，但对其他人无能为力，我愿意做聪明快乐的男孩的父亲。但是，我无可选择。

死亡和悲痛是一种成长和改变的挑战，这种挑战可能让我们最终变得更加强壮，但也有可能会使情况更加糟糕。即使这种挑战使人们变得更强壮了，为此付出的代价也是比较大的。

当一个人想起逝者不会感到如最初般的痛苦时，我们可能会说，他的进展还是令人满意的。这种情况通常表现为可以重新正常工作，可以重新投入生活。大多数人经历这个过程所需的时间要比社会的期望值长得多。在最初的一年里，周年纪念日或其他特殊日子和时刻总会一次次地提醒人们亲人的离去。这让生者尤其难过，这个阶段叫"纪念日症候"。第二年有可能比第一年还要困难，因为第一年的经历总会时不时地出现。

沃登曾说："悲痛结束时，人们会有一种感觉：对生活重新燃起了兴趣，充满希望，适应新的生活角色。"然而，当悲痛尚未过去之时，人们问悲痛的人"你何时能走出悲痛的阴影?"他们通常的回答是："永远也不会了。"如果，悲痛是一种个人的旅程，那么悲痛的人们就不需要一个统一的固定结局。相反，有很多人将穷极一生去学习和适应新的生活。所以有人说，对于悲痛的人们来说，生活就是从混乱中找到秩序，从毫无意义中找到意义。

在这个过程中成功的人们就是幸存者。他们不但幸存了下来，而且还超越了生命，他们用积极有效的方式成功地抵抗了悲痛，并重新塑造了没有对方的新的生活。这实在是一个伟大的壮举。

悲痛中的性别因素

以前的很多关于成年人的丧亲悲痛的研究对象都是妇女。原因是丧夫的情况比丧妻的情况要多得多，而且妇女们更愿意敞开心扉与别人分享感受。但是，当进一步研究这些妇女，和最近对一些丧妻的男子的调查中，发现了一些与之前不同的关于悲痛和性别的观点。

比如说，女人的经历和对悲痛的表达形成了一种"女性模式"。这种"女性模式"比较传统，或者说她们会循规蹈矩地表达悲痛。有一个例子可以证明这个观点，斯塔达切尔认为，"只有一种表达悲痛的方式，那就是要经历痛苦的核心。只有经历了这些必要的情绪反应，才能够真正地去战胜它。"感到悲痛并充分表达，再加上愿意接受外界的帮助，才被认为是真正健康的悲痛方式。这种经历痛苦的方式在我们社会中占据主流地位，是大多数悲痛女人的主要特点。

这种悲痛的过程在妇女当中变成了一个标准。这种所谓的"女性模式"被认为是尊重传统的、正确恰当的方式，每个人都应该按照这个标准去做。结果，正沉浸在丧妻痛苦中的男人们就成为了弱势群体，因为在人们眼中，他们不应该过度关注自己的情感，而应该掩藏起他们的悲痛情绪，拒绝外界的帮助。总之，在悲痛这个问题上，女性占据优势。女性可以"正确"地悲痛，而男性则需要好好学习他们的悲痛方式。

"女性的悲痛"的对立概念就是"男性的悲痛"。例如，男性的悲痛表达方式应该是愤怒或自责占主导地位，压制其他情绪反应，掩藏起自己的脆弱，离群索居，拒绝对他人谈起自己的悲痛，也不能向他人寻求帮助，要自立，始终以保护者自居，要解决问题，要行动起来，要让自己在工作中忘记悲痛。男性有他们自己的方式来处理丧妻所带来的悲痛，一种大男人的方式。

尽管悲痛的表达方式与性别有关，但性别绝不是表达方式的决定性因素。马汀和多卡用"下意识"和"有意识"的悲痛代替"男性的悲痛"与"女性的悲痛"的说法。悲痛的人们在下意识的情况下，会流露出他们的情绪，但在"有意识"的情况下则会把精力集中在具体的做法和问题的解决上。马汀和多卡的观点在于：性别并不是问题，而方式才是重点。男女表达悲痛的方式不同是因为社会根深蒂固的影响让他们采取了不同的方式而已。

但是，这种社会大趋势也并不是毫无例外的。每个人，无论男女，都有自己的社会背景、个性和生活方式。有些女人会侧重理智的务实行为，而有些男性可能会多愁善感一些，这都无可非议。电影《凡夫俗子》（又译《普通人》，*Ordinary people*）中，那个冷峻的母亲和充满关爱的慈父就说明了这一点。男人表达出悲痛不等于就是女里女气的；女人如果不愿意与别人交流痛苦的感受，就表现出刚强的一面，都没什么不对。他们已经在经历着人生中巨大的困苦，我们在这种情况下还对他们品头论足的话，无疑会加重他们的痛苦。

我们将悲痛与性别联系起来探讨，虽然是想找到某个人群的某种普遍的特性，但是，最重要的目的还是要让悲痛表达更加人性化、个性化。

悲痛与家庭的关系

悲痛的情绪通常可以理解为对丧亲之痛的个人的表达。以前，很少有人注意到家庭或者某个社会群体会在其中起到什么作用。在本节中，我们要问四个问题：（1）家庭成员沉浸在悲痛中时，家庭的作用会有怎样的意义？（2）家庭和家庭之间有怎样的差别？（3）在悲剧发生之后，悲痛是以家庭为单位发生的吗？（4）家庭会不会团结起来共同对抗悲痛？

第一个问题的回答是，家庭中发生的悲痛"包括了家庭成员之间的相互影响，每个家庭成员的表现都会影响到其他成员，同样也被他人的表现影响着"。所以，家庭环境影响着人们的悲痛经历。

第二，每个家庭对自己成员的影响也不尽相同，无论是在他们的能力上，意愿上，以及对于逝者关系的珍视程度上，表达悲痛的方式上，都会有所不同。每个家庭也有着自己特有的方式来维系成员之间的关系。比如说，有非常团结的家庭，在困难来临之时，成员之间非常团结；也有关系比较疏离的家庭，对成员的困难并没有提供多少帮助。有些家庭会给成员很大的自由去表达悲痛；有些家庭则希望所有成员用统一的方式表达悲痛。

在第四章中，我们就注意到，拉美裔家庭会鼓励妇女自由地表达悲伤的情绪，而希望男人能够尽量克制情绪。家庭的特点还包括成员之间是否会敞开心

死亡课

扉沟通，或者保持私密性，是否有更多远亲来帮忙，家庭的社会和经济资源，家庭是如何处理以前发生的类似的事情，家庭成员之间是否有不合。总而言之，家庭对成员有可能很民主，也有可能比较保守；有可能很支持，也有可能不帮忙。

家庭在其发展的生命周期中所占的位置也会有所不同。死亡有可能发生在不同的家庭成长阶段中：

（1）和一个单身青年人有关的几个家庭；

（2）新婚夫妇共同建立的新家庭；

（3）有小孩的家庭；

（4）孩子已步入青少年的家庭；

（5）孩子已经成年独立，离开家的家庭；

（6）晚年夫妇的家庭。

家庭在每个阶段都会遇到挑战。例如，新婚夫妇可能会在对家庭的投入程度上出现问题。中年人的家庭，当孩子刚刚出去自立门户时，夫妻二人可能会有很强烈的不适应感。新婚夫妻之间经常出现的问题多是："我们能否让单身时养成的独立性来适应未来的共同生活？"或者"我们能不能齐心协力做一对好父母，准备孩子的降生？"相反，中年夫妻的问题则会是："我们能不能重新适应没有孩子的生活？"或者"孩子们都独立了，我们做父母的还能为他们做些什么？"总之，不同阶段的家庭在面临死亡事件的时候有不同优势和困难。

第三个问题是，当噩耗发生时，家庭会不会作为一个整体来应对？夏皮罗认为悲痛本来就是一个家庭行为，但是蒙哥马利和费沃尔则认为夏皮罗的观点会混淆家庭问题和个人问题。蒙哥马利和费沃尔认为，家庭应该对成员的去世有所反应，也应该参与公共的哀悼场合，但是家庭不能干涉个人内在的悲痛情绪，原因很简单，家庭就是家庭，而不是某个人。这就能解释为什么在一个家庭中，不同的成员有不同的表现。吉尔伯特也同意这样的观点，他说："只有人能够悲痛，家庭不会悲痛。悲痛会在各种场合中发生，家庭是众场合之一。"

当然，死亡总会使家庭出现混乱，家庭必须应对这种突发状况。所以第四个问题的回答就是痛失亲人的家庭的确会参与到系统性的应对当中。死亡会影响到平常人们认为理所当然的一些想法，会影响到成员在家庭中的位置和关系，还会影响到人们日常的职责和程序。家庭生活中的这些或那些方面要被重新考虑和重新设定。另外，死亡和悲痛既然可以使两代人阴阳两隔，那也可能会造成多代连锁反应。

沃尔什和麦戈尔德里克认为在死亡之后,有两个主要的任务摆在家庭成员以及整个家庭单位面前:(1)大家要共同承认现实,分担悲痛。(2)重新组织家庭系统,重新投入到新的关系和人生追求中。另外,家庭成员必须重新分配或者放弃逝者生前的家庭角色。重新投入,在本章我们提到过,就是重新建立与逝者的联系,让家庭成员依然能够维系与逝者的情感纽带,帮助他们继续生活下去。敞开心扉,诚实而积极的沟通对这两个任务都非常重要。举行家庭仪式或者共同做一件事,例如一个纪念仪式可以让家庭成员团结起来,这是有益的。

 ## 预期悲痛

预期悲痛的概念最初是林德曼在1944年提出的,广义上说,预期悲痛指的是在悲剧发生之前,人们就知道将要发生的事情,所以悲剧还没发生,他们就已经非常伤心了。例如,某人即将死去,人们对此已经感到无比悲痛了。预期悲痛的前提条件就是死亡预警,核心问题是悲痛的反应是在悲剧发生之前就开始了。埃德加·爱伦·坡为我们提供了一个非常鲜明的预期悲痛的例子。他描写了在妻子临终的时候自己的反应。

> **美国伟大作家埃德加·爱伦·坡的一封信(节选)**
>
> 1848年1月4日
>
> 你说"你能告诉我什么是制造悲痛最可怕的恶魔吗?"是的,我可以非常明确地告诉你。这个十恶不赦的恶魔可以打垮一个大男人。六年前,我最爱的妻子唱歌的时候一根血管破裂了。她的生命已经无望了。我永远离开了她,为她的死承受着所有的痛苦。她的病情曾经有所好转,我也曾重燃希望。结果,年底,她的血管再一次破裂——我又重新经历了痛苦。一年以后,又一次。然后,一次一次又一次地发生这样的事情。
>
> 每一次,我都能切身感受到她濒死的痛苦。每发生一次,我就爱她多一些,就会更加义无反顾地投入到她的生活里。但是,我现在变得极度敏感而脆弱。我时而理智,时而疯狂。我醉得不省人事,老天知道我是怎么过的。实际上,与其说我是醉得疯狂,还不如说我是在疯狂地麻醉着自己。我已不再奢望他们能把我妻子治好了,我知道她最终还是会死的。作为一个男人,我能够承受这一切,但是这种在希望与绝望之间无止境的反复,如果不是寄

死亡课

> 望于奇迹，我是再也无法忍受了。在我对希望不再抱任何希望的时候，又会重燃我的希望……哦，上帝啊，这是多么的痛苦。

兰多最初将预期悲痛定义为"因为得知所爱之人即将离去，联想到过去、现在、未来所有的痛失经历，而产生的悲痛、应对、计划和社会心理重组等一系列过程的一种现象。"这是个非常广义的定义，将过去、现在和未来的所有痛失经历等同处理，既包含了濒死者本身，也包含了生者。

当丈夫身患重病，即将不久于人世的时候，妻子可能意识到了她已经不能从丈夫那里得到帮助了，丈夫也不能够再像以前那样对妻子表达爱意，不能陪伴在她身边，不能与她共享晚年退休的生活。所有的这些失去都会产生悲痛的情绪反应，也会让人本能地想要应对这些失去及其产生的悲痛情绪。但是，我们不要刻意把这种关系与两个健康人之间的感情关系区别看待。毕竟，天下没有不散的宴席，人们总在不断地经历着失去，失去工作，失去家庭，失去父母，失去朋友，但是即使我们失去了这些，我们也依旧爱着他们。

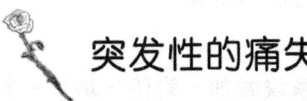
突发性的痛失

突发性的情况通常包含以下五个客观因素：（1）毫无意料地突然发生；（2）暴力和残害；（3）可预防性或随机性；（4）多人死亡；（5）悲痛者自己也受到了死亡的威胁。我们可以看出，所有这些都符合"9.11"事件，2004年东南亚海啸，2005年8月和9月的卡特里娜和丽塔飓风，以及2007年4月弗吉尼亚理工大学的校园枪击案的受害者的经历。

第一，死亡事件发生得很突然，让受害者亲属一时间难以相信和承受。他们甚至都没来得及道别，没有完成手头的工作。这些事件发生得让人难以理解，所以受害者家属总是想重现案发现场来试图理解究竟发生了什么，试图让自己回到过去，做好心理准备。另外，突发性的意外事件经常伴随着人们强烈的情绪反应（恐惧，焦虑，感到生命的脆弱和失控）和不断加剧的情绪上的激动。此外，这种巨大的心灵创伤也是因为人们找不到尸体来确认死亡的事实，他们总是有很强烈的欲望去救助他人，照顾伤员，也需要法律事务咨询。

第八章 应对丧亲之痛

第二，暴力和残害会让人感到恐惧、无助和脆弱。人们总会联想到恐怖的死亡过程，有人甚至想要复仇，他们一遍又一遍地回溯事件的发生过程。

第三，当人们认为这个意外是本可以避免的，却因为过失而导致了亲人无辜的死亡时，受害者家属通常会非常的愤怒。所以，他们非常想找到事故发生的原因，找到肇事者，然后绳之以法。如果，意外事故是不可抗力造成的，它既不可预知，又不可控制。那么为了去除这种恐惧心理，受害者的家人或者生还者经常会责怪自己。他们是在用另外一种方式让自己不去相信世界上其实存在着这种人力不可抗的灾难，而他们在这些灾难面前是根本无力抵挡的。

第四，在一场意外事故中，瞬间经历多人的同时死亡，容易形成一种超负荷的痛苦，生还者或者受害者家属一时间很难应付这一切。多人的死亡经常发生在公共的灾难中，例如"9.11"事件。

第五，灾难中的幸存者会感到自己的生命受到了严重的威胁，或者会回想起那场可怕的死亡遭遇。前者的情况中，人们可能会感到恐怖，情绪极度激动，产生强烈的被抛弃感和无助感，感觉到自己的脆弱；在后者的情况中，可怕的感官刺激（眼前的一切、声音、气味等）会产生一种反应现象，例如噩梦、记忆回闪和侵入性图像或者记忆。

我们可以在任何一场意外事故中找到这五个客观因素之一或者更多，无论这些事故是人为的还是自然灾难。这些事件所导致的结果超出了人们的所能承受的范围，会导致恐惧和无助的心理。很多人将应激反应综合征与创伤后应激障碍联系起来——创伤后应激障碍的主要症状是重现灾难发生现场，回避与意外事故有关的刺激，对事物反应麻木，以及越来越剧烈的生理激动。在这一点上，有人认为这些反应与复杂的悲痛情绪是有区别的，但是这种观点还存有争议，我们马上会在下文中谈到。

意外事件粉碎了我们理想中的世界，那个我们曾坚信的世界。贾诺夫·布尔曼在她的书《破碎的假设》中描述了我们假想的世界是"一个概念系统，随着时间不断发展，让我们对自己和这个世界总是抱有期望。"她认为大多数人心目中的假象的世界主要是"充满善意的世界"、"有意义的世界"、"值得存在的世界"，她对如此博大却不盲目的信任感到很欣慰，因为"我们的信任可以让我们不断投入新的计划，验证我们的能力极限。"

如果我们想想这些突发性事故给我们的世界观带来了什么影响，那就是我们最终还是会重新建立对世界的信任，重新建立一个没有威胁的理想世界——

死亡课

这也是灾难幸存者日后最大的任务。这就是从一个灾难的受害者转变成一个幸存者,并从悲痛中走出来,重新过上健康的生活的过程。他们要不断地克服灾难带给他们的负面影响和悲痛的情绪,这个工作其实是很具有挑战性的。所以,贾诺夫·布尔曼是这样形容这些成功的幸存者的:

> 这些幸存者意识到了灾难存在的真实性和残酷性,但是却拒绝让这些意识在他们的世界观中占据主导地位。因为,他们依旧相信尽管不是绝对的,但世界总还是充满善意的;有可能时有灾难发生,但绝不是这个世界的全部内容;人们自己还是要行为高贵,富有活力,但是也总会感到无助,这是可以理解的。有时会有幻灭感,但是大多数时候还是充满希望。希望总会战胜一切的。最后,在他们的世界观中,知道有美好的事情存在,也有不好的事情存在——灾难时有发生,人类也不是无所不能,但是胜利总是属于人类。

各种复杂的悲痛反应

本章写到此处,我们基本上可以说——至少大部分的悲痛情绪是正常的、健康的。当然,也有一些可能变成扭曲的和病态的。我们在这里用复杂来形容悲痛是因为我们想以此与之前的"健康单纯"的悲痛情绪做个对比。毕竟还有一小群人经历着巨大的痛苦,长时间陷在痛苦的泥潭中不能自拔。我们尽量避免使用"病态"这样的词汇来形容过度的悲痛,因为我们不能对正在遭受痛苦的人们毫无同情地品头论足,所以我们只叫它"复杂的悲痛反应"。

沃登指出了四种复杂的悲痛反应的特点:

1. 长期沉浸在痛苦中,毫无改观。
2. 延迟的悲痛。在悲剧发生初始,悲痛的情绪被压抑着,并没有表现出来。直到后来,悲痛的情绪变本加厉地袭来。
3. 夸大悲伤反应,导致恐惧和失去理性,造成身体和心理创伤和异常的行为。
4. 掩盖的悲痛。有人的症状是完全感觉不到悲痛,他们感到难受,但是不承认这种难受与失去亲人有关。

通常情况下,复杂的悲痛反应的原因很多,例如与逝者的关系障碍,逝者死亡的情况,悲痛者自身的性格和身体状况很脆弱,无力抵抗突如其来的巨大打击，以及社会因素等。

近年来，帕克斯认为"有很多研究证明复杂的悲痛情绪主要有两种表现形式：一是压抑和延迟的悲痛，二是长期持续的悲痛"，他还补充说，两种情况中，长期持续的悲痛占多数。

近年来，人们开始追求"复杂的悲痛反应"的更精确的含义，用实验数据将其确立为一个独立的临床实体。现在人们有时候会叫它"慢性痛苦障碍"。2006年，"复杂的悲痛反应"被列入精神疾病诊断与统计手册的一个类别中。专题研讨小组认为，"复杂的悲痛反应"的诊断结果适用于符合以下几种情况的病人：

1. 长期陷入对逝者的极度想念当中。

2. 患者必须有以下八个症状中的至少四个，一天内发生多次，程度强烈。

（1）不承认逝者已死的事实；

（2）对他人不信任；

（3）对死亡表示出极度的痛苦和愤怒；

（4）感觉无法继续生活下去；

（5）麻木，精神涣散；

（6）没有对方，感觉生命毫无意义；

（7）觉得前途暗淡；

（8）感觉焦躁不安。

3. 以上这些症状导致患者无法正常进行社会交往、工作和其他事情。

4. 以上症状持续半年以上。

只有真正符合以上症状才可以被称为"复杂性悲痛反应"，现在，科学家们更愿意叫它为"慢性痛苦障碍"。原因是以前定义的"复杂性的悲痛反应"过于广泛，将一些悲痛更为强烈，但却仍属正常健康状态的人们病态化而开始对他们进行激进的医学治疗。这样做的结果是，将本该由家属来完成的精神支持全部交给医生，全部付诸医学治疗了，这样就忽略了悲痛者的内心需求，而只是单纯地将外界的社会责任强加给了悲痛者。

作为帮助者，我们一定要十分警觉他们悲痛的潜在隐患，可以在专业人士的指导下，帮助悲痛者尽量不要钻牛角尖。但是，有时候性格因素是极为复杂的，让我们很难辨别究竟悲痛者有没有到达危险的程度，这就需要专业的评估。如果能确诊，那么适当的治疗还是十分有益的。

第九章　应对悲痛：个人如何给予帮助

帮助一位悲痛的妇女

当母亲经历了漫长的病痛之后去世时，斯特伦向丈夫、亲人、朋友和教堂寻求帮助。他们的确帮了她，让她能够重新正常的生活。

但是，之后她的丈夫也去世了，而儿子的自杀再次给了她沉重的打击。很多朋友和亲戚也有些退缩了，没有再提供善意的帮助。因为面对她目前这种强烈的伤痛，人们会感觉很不舒服。斯特伦觉得人们这样对她很不公平。

有些人也曾告诉斯特伦他们很理解她的感受，但是斯特伦觉得这对她没什么帮助。很多人也不敢在斯特伦面前提她儿子的名字，担心这样会让斯特伦难受，尤其是谈到她儿子是如何死的时候，更为困难。所以，大多数人还是尽量远离斯特伦。

大家的远离，使斯特伦感觉非常孤独。人们故意回避谈及她的儿子，她认为这样更加重了她的痛苦，因为她害怕人们就这样全部抹杀了关于她儿子的所有回忆。她渴望人们的帮助和支持，但是周围人的表现让她很受伤。

有一两个人的确帮到了斯特伦。这些人曾给过她温暖的拥抱，曾听过她的倾诉，告诉她只要她需要，他们随时可以帮助她。有他们在身边，斯特伦知道，她可以敞开地抒发自己的感情。这些人并不急于让她从悲痛中走出来。一个好朋友时不时地带着食物过来，给斯特伦做点好吃的。另一个人经常陪斯特伦散步，鼓励她把心里的话都讲出来。

斯特伦知道《圣经》中约伯的故事，老教友们告诉她："上帝从来不会给我们超过我们承受能力的过重的负担。"但是有个年轻的牧师在态度上有所不同。他很聪明地适时保持沉默，让斯特伦把认为上帝不公平的愤怒发泄出来。

第九章 应对悲痛：个人如何给予帮助

 ## 悲痛的人们的基本需要

戴维森曾经谈到，悲痛的人们需要五样东西：社会支持、补充营养、补充水分、锻炼和休息。在这些基本需要中，社会支持是最常被提及到的，也是决定悲痛反应是否会演变成"复杂性悲痛反应"的一个主要因素。在第八章，我们看到了影响悲痛情绪反应的因素中包括与逝者生前的关系如何、死亡发生的方式和当时的情况以及个人的应对技巧、悲痛者的情绪发展情况，还有就是悲痛者能否得到他人的支持和帮助。所有这些因素中，唯有最后一个是可以人为改变的因素。所以，本章与下章主要就是围绕这个主题展开讨论的。

在纪录片《悲痛的顶点》中，一个非常有经验的安养院志愿者发现对悲痛者最好的帮助就是"有个充满关爱的人在身边"。这个人能说什么，能做什么都不重要，重要的是他要充满关爱，并且要在身边。当然，安慰者要注意自己言行，因为如果言行不当，还是会伤害到人的。我们在前面已经读到了很多关于聆听的好处了，聆听就是要把自己奉献给对方，抛开自己的忧虑，让对方畅所欲言。

戴维森谈到的其他因素常常被人们忽略掉了。悲痛的人们往往没有食欲，也没有力气做饭。这就是为什么很多社区中都有一种习俗——带食物去看望刚刚经历丧亲之痛的人们。悲痛的人们除了有营养不良的可能之外，还可能会脱水。酗酒也会让他们脱水。

同样，悲痛的人们需要锻炼和休息。他们有时候会失眠，或者即使一直在睡，却总是不踏实。做做运动然后睡个好觉，会有助于应对悲痛的情绪。

帮助悲痛的人们摄取营养，补充水分，进行锻炼和适当休息都是不错的做法。

请听我说

当我让你听我说说话
你却开始滔滔不绝地给我意见
你没有回应我的请求
当我让你听我说说话

死亡课

你却开始告诉我不要有那种感受
而你其实正在践踏我的感受
当我让你听我说说话
你却说你该去帮我解决一些问题了
你又没有回应我,真的很奇怪不是吗?
听着:我只要你听我说说话!
你不用说什么,也不用做什么——就听我说
你所为我做的事情,其实是该我自己去完成
你的做法只会增加我的恐惧和感到自己的无能
你得接受一个事实
那就是,我的感受是真实的,无论那有多么不理智
这样我才不用总试图说服你
请你了解我的感受
请听我说说话
如果你真的想说些什么
请等一会,等我说完
我会认真地听你讲

 ## 无益的信息

社会也经常会对悲痛的人们传达无益的信息。例如(1)试图将悲痛者的遭遇最小化;(2)劝告悲痛者不要有那么强烈的悲痛情绪,至少要避免在公众场合表达出来;(3)建议悲痛者尽快回到正常生活中去,不要因为自己的悲痛情绪而去打扰他人。

第一组信息主要有以下几种表达方式:

● "既然孩子已经去了,你会在天堂拥有一个小天使。"(但是我怀孕可不是为了要给天堂送个天使的。)

● "你还可以再生一个孩子。""你还有其他的孩子们呢!"(但是所有的孩子都代替不了那个。)

● "你还年轻,还可以再结婚的。"(但那也不会让以前的人回来,也不会

减轻我的痛苦。)
- "你们的婚姻曾经是那么的幸福。"(说起这个更加让我痛心疾首。)
- "毕竟,你爷爷年纪够大了。"(但那只会让我们更加亲密。)

站在哀痛者的角度上,这些话都是在说逝者没有那么重要,并不是不可取代的。引申的含义就是悲痛本不应该那么痛苦的。还有一层引申含义是悲痛者的亲朋好友以至整个社会都不应该让悲痛者因为刻意应对悲痛而影响正常生活。

第二组信息是在试图压制悲痛情绪,人们常常会这样说:
- "坚强些!""咬紧牙关。"
- "你会好起来的。""不要悲伤。""笑一笑。"
- "现在你是家里的大人了。"
- "你怎么还这么难过,都一个月了(半年了,一年了)。"
- "你需要让自己忙起来,去工作吧,忘记她吧。"

事实上,没有人能够控制自己的感受。感受和其他一切人体反应一样都是真实的。人活着怎么能没有悲伤的感受?悲伤只会自然地改变,任何人为的干预都是不对的。第二组信息的一个潜在的含义是悲伤的感受对悲痛者不好。即使人们承认悲痛的感受是不可避免的,但还是会建议悲痛者至少不要在公众场合表达悲痛,或者不要表达强烈的情绪。第二组的这些话语都是在围绕着一个意思,那就是你表达悲痛,旁人会感觉不舒服。

第三组信息与前两组有所不同。它是美国社会中一个普遍的做法,这个做法叫做"压迫宽容"。意思是人们可以按照自己的意愿说话做事,当然也就可以按照自己的方式表达悲痛,但有个条件,那就是不要打扰别人。于是,悲痛的人们或多或少都能察觉到一种非常清楚的意思——如果你们坚持要把悲痛的情绪表达出来,那么至少要保证不扰乱他人的平静和快乐。

有些工作单位的做法也反映了这一点。单位通常会给刚刚丧亲的人一到两天的假,但是假期过后要重新振作起来,正常工作,就当什么事情都没有发生过。

当人们谈到悲痛的"可接受性",他们通常指的是对某一人群的可接受性,而不是对哪个人而言的。当肯尼迪总统遇刺,里根总统逝世,社会为他们的遗孀能够在公众面前表现得体而大加赞赏——她们在公众和媒体面前表现极为冷静端庄,我们为此深感敬佩,但却不希望被她们打扰。肯尼迪夫人面临的是丈夫的突然逝世,而里根夫人则是经历了丈夫的漫长的阿尔茨海默症,对结果已经了然于心。尽管如此,我们有没有想过,这两个榜样其实大多数普通人是做不到的,尤其对正在经历悲痛,却无从宣泄的人们来说,更是没有什么帮助。

 ## 剥夺悲痛的权利

刚才所谈到的那些对悲痛者无益的话语并不仅仅是人们试图"帮助"悲痛者的反面教材的全部。通常,这些话都反映了某个社会或者文明所传达给人们的信息,告诉人们哪些是符合这个社会标准的,哪些是不适当的。然而,这种社会标准其实剥夺了悲痛者表达感受的权利,对他们来说是非常具有伤害性的。

被剥夺的悲痛是指人们的痛苦经历不能被社会承认,也得不到社会的支持。被剥夺了悲痛的权利就等于不能作为一个正在经历痛苦的人得到应有的待遇。重点是,人们是在毫无察觉中就剥夺了他人的这个权利,或者干脆将剥夺人权的行为掩藏起来。

多卡认为剥夺人们悲痛的权利通常有以下三种基本方式:对悲痛者的不承认,对悲痛者与逝者的关系的不承认,对悲痛者所失去的重要性不承认。多卡还附加了几种死亡情况:例如,自杀和艾滋病致死可能会被认为是"被剥夺了的死亡",意思是他们的死法不能被接受,因为这代表着高度的社会耻辱。我们在本章开始的时候就见证了斯特伦所遭受的待遇。

如果某种关系不被社会许可,而这关系中的某人去世,那么生者与逝者的关系就有可能会被人为地忽视。例如,某种秘密的关系(婚外情、同性恋)可能不被社会承认,这种关系可能存在于朋友之间、同事之间、姻亲之间或者前伴侣之间——这些关系本来没什么问题,但是一旦发生了死亡事件,那么生者对逝者的悲痛很可能就不被社会所承认了。

福尔塔和德克认为人们故意轻视这些关系,是因为我们所处的这个社会是以血亲关系为主的系统:"潜在的含义是这种亲密的关系只能存在于夫妻之间或者近亲之间。"但这个假设是不正确的。所以福尔塔和德克的结论是"因为朋友的逝去而过度悲痛,但因为不能正常宣泄悲痛情绪而导致的发病率和死亡率，比因亲属的逝去的悲痛所造成的发病和死亡还要多。"

社会因不能接受某种"失去"所造成的影响，那么这些"失去"也有可能被视为透明了。这包括经历过流产和堕胎的人，以及失去肢体的人们等等。这些"失去"经常被人们忽略掉，或者最小化了。人们经常会说"你应该庆幸你还活着。"类似的还有宠物死亡。无论什么年龄段的人们——孩子、青年、成年人或者老年人，在失去自己心爱的宠物时，那种悲伤也是不言而喻的，但是局外人就不以为然了。还有患有阿尔茨海默症的人们，他们失去了自己的个性，所以社会会认为尽管他们生命还在存续着，但是其实已经是心理意义上的死人。

还有一些悲痛的人们因为自己的社会地位不被社会所看重，所以他们也被视作透明人了。小孩子和年事已高的老人就是这类人群，因为他们被看做是智力上的弱势群体。

除了这些因素以外，悲痛的某些动态和功能元素也会被人为地忽视。例如，社会告诉某人他表达悲痛的方式不太合适，应对悲痛的反应也不能让人接受。这些方式被社会所拒绝，因为那看起来让人不舒服。

被剥夺的悲痛是一个充满矛盾的问题。当社会试图剥夺它时，它的本质却会制造出更多的问题，例如强烈的情绪表达（例如愤怒、愧疚或者无能为力），充满矛盾的关系（例如堕胎，或者曾经相爱但现已分手的情侣），和实时出现的危机（例如某些法律或者经济方面的问题）。剥夺本身就会将本来有益于人们身心恢复的因素人为地去除掉。例如筹备和参加葬礼，争取社会的支持，下班之后可以跟人们谈谈自己的感受，得到人们的同情，或者从宗教信仰中寻求安慰等等。

宠物的死亡

宠物的死亡是最容易被人们忽视的。我们将这个问题单独拿出来探讨，是因为它可以强化我们之前所学到的应对悲痛的有效措施，帮助我们有效地安慰那些悲痛的人们。

孩子们在人生中接触到的第一例死亡事件可能就是动物的死亡。2006年在肯塔基赛马会上勇夺冠军的埃德加·普拉多的著名坐骑巴尔巴罗，在两周后

死亡课

的普利克内斯大奖赛上摔断了右后腿腿骨。很多人都很关心它的安危，尝试了所有的办法挽救它的生命，希望它恢复健康，但是2007年1月29日，它还是接受了安乐死的处理。这让人们十分地惋惜。

尽管孩子们会发现这个世界时有艰辛和恐惧，宠物却可以给孩子们无条件的爱。但是大多数的宠物都比人的寿命短，所以孩子们经常会从宠物的死亡中学到人生的第一课。在一些儿童书籍中，我们能发现很多关于宠物死掉的故事。宠物可以帮助孩子们、青少年和成年人学习关爱其他生物，提升自尊心。还有一些宠物可以在日常生活中帮助残疾人，还可以在危难的时候保护人类，在人们孤独的时候安慰他们，为久卧病床的人们点燃快乐的火花。

宠物可以在一个人的生命中变得至关重要，所以一旦失去它，对人的打击是巨大的。有些人对宠物与人的关系显得不屑一顾。这种想法会使失去宠物而伤心不已的人们更加难受。比如说，有一个故事叫《事故》，讲的是一个小男孩有一条可爱的宠物狗，但不久小狗被卡车撞死了，孩子的父母为了不让儿子伤心，就偷偷地掩埋了小狗的尸体。但是，他们忽略了孩子的想法，小狗对他很重要，他想参加小狗的葬礼，表达出自己对小狗的爱，也可以祈求小狗的原谅，原谅他没有照顾好它。还有一本书《我会永远爱你》讲的是当孩子失去自己心爱的宠物之后，拒绝收养另外一只，这对大人来说是很好的一次教育。

还有另外一些情况也会让人们感到非常难过，当人们不能照顾自己的宠物，必须把它送给他人收养，或者支付不起昂贵的兽医服务而不得不彻底放弃养宠物。尤其令人痛心的就是当自己心爱的宠物生了重病的时候，主人不得不面对是否要对它施行安乐死。

即使社会上有很多团体和机构能够帮助人们应对失去宠物之后的悲痛，但是这些悲伤的感受仍然是非常强烈的。

从以上的探讨中我们可以学习到很多东西，不单单是针对失去宠物，更是针对人生中所有的"失去"。（1）我们之所以如此怀念逝去的人，不在于这个人如何如何，而在于我们与逝者的关系如何。（2）逝者离去的方式会影响我们的悲痛情绪。（3）悲痛者自身的情况（他是儿童、青少年，还是成年人或者老年人；他是独居，还是有一个亲密无间的家庭等等）也会影响着他的悲痛表现。失去了宠物的人们也应当得到人们的理解和支持，如果我们能够真正理解主人与宠物之间曾经相伴的温暖时刻，理解他们曾共同面对的生活困境，理解他们真正需要的是什么，我们就能充满力量和爱心，帮助他们！

第九章 应对悲痛：个人如何给予帮助

 **帮助他人的一些有用的建议**

一位父亲，在自己 10 岁的女儿突然逝去之后，给读者留下了以下宝贵的建议：

1. 不要就发生的悲剧谴责自己。
2. 不要逞强，不要假装勇敢和坚强。
3. 不要逃避。
4. 不要让自己在有生之年都生活在原来的地方，还认为这是你对失去的孩子应该做的事情。
5. 不要为自己感到悲哀。

史密斯，也就是那位父亲，还给了那些正在帮助悲痛的人走出生活阴影的人们一些建议：

1. 在悲剧刚刚发生的时候，可以帮忙做一些具体的事情。例如，通知亲友噩耗，负责接电话等杂务，因为对于悲痛的人们来说，他们根本就没有心情做这些事情。或者，用其他方式让悲伤的人知道自己随时愿意提供帮助。
2. 如果他们想单独待着，那就尊重他们的意见。
3. 在葬礼上帮忙做些具体的事情（帮助准备食品，打扫卫生，或者当当司机等等）。
4. 在葬礼过后，悲痛的人们往往要渡过一段非常艰难的时间，请不要回避他们。
5. 对待悲痛者，我们的言行该像往常一样，也可以很自然地提及逝者的名字，就像他生前一样自然。
6. 给予悲痛者权利，让他们决定在何时、何种情况下开始谈谈逝去的亲人。
7. 不要回答复杂的问题，或者将自己的人生哲理强加给悲痛的人们。
8. 不要说"我知道你的感受"——无论你是不是真的能感受得到，都不要说，因为对于悲痛者来说，除非你经历了跟他一模一样的痛苦，否则你所说的绝对是敷衍的话。
9. 时刻准备着帮助他们，但是也要给他们足够的空间，让他们自己找到方向。当有人正经历着巨大的悲痛时，朋友们总是很迟疑，或者不知道能否真正帮到他们。但是，帮助总比什么都不做要好。只要你努力去做了，尽量不去说一些陈词滥调和空洞的安慰的话，总归是好的。有时候仅仅说"我不知道该跟你说些什么"或者"我不知道该怎么帮你"，"我现在能做些什么"这就足够了。和他们静静地坐着，甚至是跟他一起哭，都很管用。

 ## 帮助悲痛的人们完成几个任务

对所有悲痛的人们来说，最核心的问题就是要学着重新建立一个没有逝者的生活。我们曾在第八章探讨过沃登的任务型理论，作为帮助者的我们，完全可以借鉴这个理论，有的放矢地帮助悲痛者。我们在此探索了几种帮助悲痛的人们完成认知、情感、行为和价值观任务的有效办法。

在这个过程中，帮助者需要注意一点：在如此巨大的打击之下，悲痛者的生活往往会失控，很容易产生强烈的情绪反应，但是局外人一定要注意不要产生不必要的恻隐之心将悲痛者必须完成这些任务大包大揽下来。除了悲痛者真的严重到已进入病理状态，有自残和伤人的倾向之外，悲痛的人们必须有足够的空间去采取自我主动性，完成任务，掌控局面。曼宁在1979年写过一本书，名叫《不要夺走我的悲痛》，这个标题的含义，就是我们的意图所指。

帮助悲痛者完成认知任务

每个悲痛的人们都会问一个问题"究竟发生了什么"。所有悲痛的人们都需要知道相关的信息。知道事情的真相是人们真正从内心接受事实的一个必要步骤。这就是为什么很多悲痛的人总要一遍又一遍地温习死亡发生的经过。我们作为局外人一定要保持耐心。他们会问："如果撞他的那辆车是红色的或者蓝色的呢？那他是不是就不会死了？"只有悲痛的人们在脑海中用这样一点点的细节来拼凑出整个画面，他们才能真正地了解事情真相。不然，整件事情仍然是空白，没有颜色，不真实。认知的过程很重要，也很困难，但只有这样他们才能真正地控制住现实的局面。如果牧师、咨询者、医生或者与此事相关的人不对悲痛的人们讲实话，不为他们提供尽可能详细的信息来帮助他们的话，那么这个过程将更加困难。

那么，作为帮助者，我们要尽量为他们提供及时、准确和可靠的信息，这十分的重要。有一天，阿瑟·史密斯在离家600英里以外的一个地方开会，会议期间，他接到一个电话。他的妻子简短地告诉了他一个噩耗："瑞秋今天早晨死了。"事后，史密斯写道"再没有其他的方式能通知某人，告诉他，他所深爱的人死了。"史密斯的第一个反应就是拼命从脑海中搜索他所认识的人中有谁病了，有谁年纪很大了，而这个人名字恰巧叫瑞秋的。但是他没有找到。一阵沉默之后，史密斯不得不开始面对自己最不愿意面对的现实，他的女儿瑞秋死了，这是个巨大的打击。

当意外发生时，信息显得尤为重要。巨大的打击之下，人们都会产生一种不现实感。也就很自然地会有抗议的声音"这当然不可能发生"，"不可能有这种事情"，"这一定是个噩梦"。

他们急于知道更多的信息：有没有幸存者，原因是什么，尸体复原情况怎么样等等。有时候，有些问题真的没法回答，也不能回答。他们其实就是想一次次的验证，确认死亡确实发生了；有时，也是在强迫自己接受这样残酷的却没被完全解释清楚的现实。不断验证是悲痛的人们实现从震惊到困惑，再到积极应对的过程的一种方式。

举个例子来说，有些死亡的原因人们暂时无法知道，像婴儿猝死综合征等，但是知道症状和发生的规律却是很重要的。尸体检查和相关的诊断结论对帮助丧亲的人们确认悲剧不是因为自己的疏忽而造成的，认识到结果也是不可抗的是至关重要的。

帮助悲痛的人们完成情感任务

人们也可以在情感上帮助悲痛的人。大多数悲痛的人们都需要将自己的情绪表达出来。他们需要帮助来将这些陌生的情绪辨认出来并且表达出来。有些人觉得这种悲痛的反应特别难以解释和表达。他们经常问自己和身边的人："我怎么了？""我的身体为什么会有这样奇怪的反应？""我为什么会有这么奇怪的情绪，像坐过山车一样？"有经验的帮助者会对悲痛者解释这些反应，并且帮助他找到合适的方式来发泄这些强烈的情绪反应。

他们最需要的就是身边能有个充满关爱的人，对自己的情绪反应能够给予充分的理解。例如，很多悲痛的人都会看《卿卿如晤》（又译作《审视悲痛》，*A Grief Observed*），这是勒维斯在自己妻子去世之后记录下的自己的各种情感反应，后来这些笔记整理成书，就是读者经常看到的《卿卿如晤》。他最初写作的动机就是为了抒发自己的悲痛情绪，他的书中描写了很多悲痛所引发的情

死亡课

绪和反应，他在告诉人们这些情绪是合理的正常的，这正是所有悲痛者都非常需要的确认，他的描写引起了众多悲痛者的共鸣。后来很多人跟随他，将自己的情感写出来，编辑成书，来帮助有类似困难的人们。

帮助悲痛的人们完成行为任务

悲痛的人经常要通过行为来发泄情绪。悲痛的行为方面的表现通常是以某种外在的行为来反映人们对于死亡事件的关注。例如，我们经常会在车祸发生的地点看到一些即时的路边标记，我们会在第十章详细讨论这个问题。

缅怀逝者的纪念仪式是帮助悲痛者完成行为任务的一个很好的方法。一位遗孀在丈夫去世之后收到了一些吊唁信，当她谈起这些吊唁信的时候，也谈到了纪念仪式的重要价值。这些纪念仪式至少保存了人们对逝者的一部分记忆。纪念仪式可能是比较正式的公众仪式，人们在仪式上可能会种一棵树以纪念逝者。这非常好，因为它代表着新生命，人们日后可以怀着对逝者的无限思念随时来看看这棵树。

还有一些简单的仪式，包括参加守夜活动或者葬礼。葬礼本身就是一次纪念仪式。还有一些小的纪念方式，例如将一些充满温馨回忆的照片整理成册，设计一个照片拼接画册作为逝者一生的缩影，为他写一首诗，在家谱中找到他的位置。举行仪式的方式并不重要，重要的是我们记住了那个曾经鲜活的生命，和他对我们的意义。

写好吊唁信有时对人们很有帮助。有时候人们害怕写吊唁信，害怕他们的语言能力不够，无法帮助悲痛的人们缓解痛苦。直到自己身边挚爱的人们去世，才发现原来这些吊唁信的祝福对他们来说是多么重要。

珍妮的丈夫乔治在一次意外中去世了，她收到了人们寄来的吊唁信，她说："收到吊唁乔治的信件时是我每天最快乐的时光。这些信常常会使我大哭一场，让我感觉与朋友很近，仿佛他的爱在拥抱着我。最好的吊唁信一般会比较长，写些很具体的小事，表达写者对乔治的珍惜和爱护，或者是写一些我以前不知道的关于写者与乔治曾经的故事。这些都让我既开心也有一种难以言表的辛酸。我曾经很不愿意写这样的信，觉得总纠缠这些痛苦的根源对悲痛的人们没有好处，就好比在人伤口上撒盐。但是现在，我知道，写吊唁信没有什么不好。这种纪念使我痛并快乐着。"

第九章 应对悲痛：个人如何给予帮助

帮助悲痛者完成价值观方面的任务

帮助悲痛者完成价值观方面的任务基本是指帮助他们从悲痛中理清头绪。在第八章中我们曾经探讨过找到意义的过程对人们来说是非常重要的。从接受死亡中寻找生命的意义的确非常非常的困难。哀悼可以启动旧的价值观的复兴，或者建立新的价值观以适应新的生活。

有一本书叫《当好人遇上坏事》里面讲了一位父亲是如何在痛苦中挣扎着找到生命的意义的故事。在书中，拉比·哈罗德·卡什纳的儿子患有儿童早衰症，在很小的时候就死去了。拉比描述了在应对儿子患病和夭折过程中的种种困苦。卡什纳注重从家庭生活中找到生命的意义。他得出的结论是，对于发生在我们身上的这一切，跟上帝没有关系，这个结论给了很多悲痛的人们很大的安慰。

有些人相信，只要他们足够耐心，那么他们总有一天会明白所发生的一切的意义。还有一些人总是不停地重复着一个终极问题：为什么？有些寻找意义的方式非常独特，但也有很多方式是大多数人都会采用的。一些人会从宗教中得到安慰，还有人相信自己的哲学，有自己的一套精神信仰。有时候，从这些途径中还是不能得到答案。所有人都需要信仰，即使我们所挚爱的人总会死去，但是我们还要相信生命是值得的。

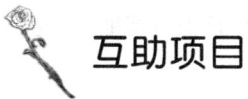
互助项目

在社会中有一些项目以一对一互助形式帮助悲痛的人们。一对一互助中有一个很好的范例就是寡妇互助项目，该项目最开始是在波士顿地区开展起来的。从关注大众健康的角度出发，让妇女们在丈夫去世之后顺利度过角色的转换，这个项目的精巧之处就在于让她们互相帮助，共同的经历和处境，让她们站到了最佳位置上去发掘出她们真正的需求。

这个项目的可贵之处在于它对社区内刚刚失去丈夫的妇女提供及时的帮助。丈夫去世两年以上的妇女成为帮助者，她们聚集到一起，在咨询师的帮助下出谋划策来帮助他人。这个项目迄今开发出了很多帮助人们的基本有效

死亡课

的方式。就像西尔弗曼所说的"互助团体其实比专业心理医生的帮助更为有效,因为它没有将被帮助者视作病人,而是从有同样经历的人们那里得到最直观的帮助。"很多其他的类似的帮助团体中也有互助项目,通常这些项目的领导们都是曾经经历过痛苦的人,他们不是专业的医生,但是十分有经验。

还有一些互助团体是由牧师、教友和有宗教信仰的社会机构发起的。其中最著名的就是斯蒂芬牧师组织。斯蒂芬牧师组织是一个跨教区的基督教组织,他们为各教区领导提供培训,为组织领导者提供源源不断的支持。这些领导者们组织会员为有困难的人们提供及时和直接的帮助。自1975年至今,他们帮助了超过100个基督教教区9 000个教会团体,跨美国50个州和加拿大9个省份以及世界上21个国家。这个项目大约培养了超过50 000个领导人和450 000个牧师来帮助各种有困难的人们。斯蒂芬牧师组织和寡妇互助团体都是在运用本章中的帮助者指导方针切切实实地帮助着一个个悲痛的人们。

悲痛辅导

至此,我们已经提出了几项建议陪伴和帮助悲痛者。悲伤是人类非常正常和单纯的情感。我们可以通过关爱和各种社会活动来帮助悲痛的人们渡过难关。尽管一些专业的心理治疗是很有帮助的,但是在大多数情况下,人们可以通过自己的努力克服。

提到专业的心理治疗,沃登认为悲痛辅导和悲痛治疗二者是有区别的。前者是指在正常范围内的单纯性悲痛,可以通过悲痛辅导帮助人们渡过悲痛期;后者是指运用特殊手段来帮助那些超过正常范围复杂性悲痛情绪。帮助悲痛的人,我们一定要时刻注意悲痛者的表现是否带有复杂性悲痛的症状。当有这样的症状发生,就需要专业的悲痛治疗。但是,我们不能误解正常的悲痛反应,将其与复杂性悲痛反应混为一谈,这样会对悲痛者造成不必要的误解。

通常情况下,悲痛辅导是采取与悲痛者一对一的辅导。任何人只要经过准备和一定的培训,都可以胜任这个工作。如果是病理复杂性悲痛患者,就需要

第九章 应对悲痛：个人如何给予帮助

心理医生、社会工作者、护士、医生等专业人士的救助了。值得我们注意的是，并非所有的专业人士都可以胜任治疗悲痛的心理医生。

最近有一篇颇具争议的文献，关注的就是专业的悲痛治疗是否真的有效，抑或有害，如果有效的话，究竟是对谁有效。真正有建设性的悲痛辅助治疗应该是由社会上的关爱团体发起的，他们能够真正了解悲痛者的经历，也同样有经验帮助他们解决问题。这样的悲痛辅导有十项基本方针，但是有趣的是，这十项基本方针中有很多跟辅导师的专业性没有关系。

1. **帮助悲痛者面对现实**。悲痛者常抱有幻想，不肯面对现实。这第一项方针就是建议辅导师帮助悲痛者面对现实，即逝者已逝，不会回来了。这就是为什么在坠机事件或者自然灾害或者战争和恐怖事件之后，要确认受害者遗体。另外，辅导师还可以帮助悲痛者坦然地谈论他们的痛失。充满感情的聆听和开放式的问题都可以让悲痛者一次次地体会亲人逝去时的情况，如同每次去扫墓一般。

家庭的直系亲属可能对这些细节再熟悉不过了，所以不愿意一遍遍地谈这些，但是在莎士比亚在他的戏剧《麦克白》中却告诉人们，"悲痛的人们需要将悲痛宣泄出来"。一个充满关爱的帮助者可以帮助这一过程升华到人们的意识层面，并渐渐开始理解这种过程所带来的效果。当然，我们不能强迫悲痛者在很短的时间内就一定要接受亲人死亡的事实，他们无法马上应对这些。每个人都要按照自己的步调一点点地恢复。

2. **帮助悲痛者认清自己的感受，并将其表达出来**。很多悲痛者并没有意识到自己所饱尝的那种痛苦究竟是愧疚、焦虑、恐惧、无助，还是悲哀；再或者，他们无法将感情表达出来，然而一旦认清和表达出来，则对他们的恢复大有好处。辅导师要帮助他们意识到自己对亲人逝去的反应，然后让这些反应能够找到一个合适的出口。例如，一些悲痛的人发现自己在将责任推给曾经护理过死者的看护人员，认为就是他们的失职才造成了死亡。还有人对那些失去亲人却没有表现出万分悲痛的人感到十分生气。还有人谴责自己没有尽到义务，甚至有人为逝者离他而去，留下了一堆苦难等着自己，要让自己饱尝辛酸而愤怒。

辅助者可以通过问"你思念他什么？""你为什么不思念他？"之类的问题，让悲痛者在正面与负面情绪之间找到一个平衡点。不切实际的愧疚感可能会是一个普遍现象，那么辅助者可以逐渐帮助他们意识到："我们已经做了所有能做的了。"

致亲朋的一封信

谢谢你们没有在这个本应欢聚的节日里对我们有太多要求。这是我们失去孩子后的第一个圣诞节，我做了所有能做的去尽量配合这个节日的气氛，我听广播，看电视，读报纸，逛街，想让自己有点精神。但是我们还是没有感到一丝的快乐，我们假装这个圣诞节和上一个一样，但这显然是不可能的，这一切皆因我们失去了一个孩子。

请允许我在需要的时候向你们讲述我的孩子的事情。请不要因为我哭泣而感到不自在。我的心都碎了，眼泪是唯一能够让悲痛发泄的出口。

我打算做点特别的事情来纪念我的孩子。请理解我这么做就是为了让记忆复活。我担心的并不是我会忘记这一切，而是担心你们会忘记。

如果我做了什么一反常态的事情，也不要批评我。我现在完全改变了，我需要很长时间才能接受失去孩子这个事实。

为了走出阴霾，我需要你们的耐心和支持，特别是在这个节日里，这一年中最重要的节日当中。谢谢你们没有对我期望太高。

爱你们！

一个悲伤的母亲

很多悲痛者需要他人温和地鼓励他们将自己的情绪表达出来，而不是强迫他们表现自己的悲伤，惹他们大哭。如果悲痛者能够清醒地认识到自己的这些强烈的情绪，例如愤怒或者谴责，他们就能够战胜困苦继续生活下去。同理，如果悲痛者渐渐认同自己在逝者过世之前自己的确努力过，也尝试过各种可能的方式去救助，他们会感觉好一些。但是，悲痛者必须自己去寻找这些安慰来原谅自己。辅导者只起到辅助作用，并在整个过程中必须做到敏感体察悲痛者的情感，时刻表现出对他们的关爱。

3. **帮助悲痛者独立生活**。辅助者可以帮助悲痛的人们解决问题或者帮助他们自己做出决定。

因为，在人们悲痛的时候往往很难做出很明智的判断，所以人们往往建议悲痛者不要在这个时候做出一些重大的决定，例如变卖财产、换工作、搬家等

第九章 应对悲痛：个人如何给予帮助

等。朱迪·布卢姆写的儿童小说《老虎的眼睛》中，小女孩的父亲在大西洋城的7—11便利店被害了，小女孩从大西洋城搬到了洛斯阿拉莫斯的姑姑家，但是对于一个十几岁的小姑娘来说，这并不是一个好方法，她的妈妈和她的弟弟终日生活在悲痛之中。

尽管如此，辅助者并非要承担全部的任务，为悲痛者做决定。因此，当他们必须要独立做决定的时候（例如，他们如何在悲痛期对待自己的性需求，这可能包括渴望爱抚，或者想与另外一个人交往），辅助者的主要责任就是在决定的过程中尽力帮助他们做出理智的决断，最好是以一种有效且非武断的方式。帮助悲痛者获得新的有效的方式来对抗悲痛就是帮助他们在最无助的时候找到力量。

4. **帮助悲痛者在痛失亲人的经历中找到生命的意义**。如同我们在第八章所了解的，在挚爱的人的死亡中寻找生命的意义，对于悲痛者来说真是一个很大的个人工程。辅助者不能单纯地将意义强加给悲痛者，或者武断地为悲痛者定义他的失去对他意味着什么。尽管如此，辅助者还是可以帮助他们寻找，寻找能够让他们好好活着的意义；没有了那个人，整个世界都变了，但是总还有意义让他们继续活下去。有些人皈依了某种宗教，使他们在广义或者狭义的层面上确信他们确实有活下去的意义。还有人将亲人的逝去理解为他必须这么去做，还有人认为发生这样的悲剧，他们仍能从中学到些什么。即使再说得通的原因也不能让悲痛者缓解痛苦，很多人还是能从死者生前从事的活动中找到些许安慰。比如说，建立一个纪念碑，或者以逝者的名字成立一个基金会，还有人到处宣讲以减少枪击事件或醉酒驾车的悲剧，因为他们所爱的人就是这些行为的受害者，所以他们希望未来不要有人再做这样无谓的牺牲了。

5. **帮助悲痛者从精神上将死者重新定位**。这个观点不仅仅，也不总是指帮助悲痛者去与死者建立一种新的关系。随着时间的流逝，也许这种做法是很合适的。但是关键的问题是不能过于激进地抑制悲痛者的痛苦。这个观点的核心是"帮助悲痛者在生活中找到一个新的空间留给逝者，一个可以让悲痛者继续前行的空间，最终他会与逝者建立新的关系的。"最好的方法就是找一些纪念物，以正视痛苦，宣泄痛苦，重新建立与死者的关系。

刚失去了父亲的儿子，可以去芝加哥的棒球场看最后一场比赛，这里曾有着父子相处最快乐的一段时光。这可以帮助他表达自己的悲伤，尽管之前有段时间他很害怕来看球。这也可以让他带着曾经的美好回忆前行,到更美好的未来。重新建立于死者的关系并不是将死者抛弃,或者不尊重死者;相反,它是在鼓励悲痛者更好地活着,这也是死者最大的愿望。

6. **给悲痛者时间去悲伤**。从曾经的丰富的多面的关系转变,并且关闭以往存在现在却不再存在的门,是需要时间的。如果人们有足够的时间来缅怀,那么最终悲痛就没那么复杂了。一些人在生命中找到了平衡点,迅速返回正常的轨道。他们对其他步调慢一些的悲痛者可能会显得很不耐烦。

他们可能不喜欢那些悲痛者每到关键的纪念日时那悲痛欲绝的样子,也不喜欢失去亲人3~6个月之后还没恢复的人们,在葬礼期间和之后那段日子所得到的支持和关爱已经不在了。而辅助者则需要在一段很长的时间内都时刻准备帮助悲痛者,尽管平时联络不会总那么频繁,但要时刻准备着。

7. **重新解读"正常"行为**。很多悲痛者感觉自己已经疯了,失控了。这是因为他们以前并没有经历过这样的事情,所以他们至少短期内不能恢复到以前那样。有过类似经历的人们就帮助他们将悲痛的行为尽量正常化。可以让他们确定一些类似的症状,例如出现幻觉以及过度关注死者,这些情况都属于正常范围,这并不是疯了。这些都是很好的指导。

8. **每个人都是不同的,我们要理解个体差异**。对于辅助者来说,这是个非常关键的原则。逝者的死亡对生者的影响各有不同。每个悲痛的人都是特别的个体,与逝者有着程度不同的关系,他们各自也有着不同的性格,和应对痛苦的能力;每个人也有着自己的方式来表达悲痛。关注个体差异,理解个体之间不同的悲痛反应对他们的家庭和其他失去亲人的家庭都是至关重要的。甚至是一对父母对失去孩子之后的反应也会不同,彼此理解非常重要。不只是辅助者要理解每个人的独特性,悲痛者之间也应该互相尊重这种个性差异。

9. **防御和应对方式**。温和地信任地关注悲痛者用自己的方式来应对困难,辅助者可以帮助悲痛者认清、自检和改善自身的行为。非常温和而非直接的建议他们可以尝试其他方式来应对悲痛,以及来自我检查他们的想法和行为是否合适。例如提出这样的问题:"什么可以帮助你渡过困难?""目前,你感觉什么是最难对付的?"可以帮助悲痛者理解他该怎样应对。

10. **确定病理及参考专业意见**。大多数辅助者并没有足够的专业知识储备来应对悲痛者的病理性复杂的悲痛反应,因为我们大多数人没有专业技能，也不是具备资格的专业医师。但是辅助者和心理辅导师可以时刻警惕病理性复杂悲痛的一些症状，必要时需要参考专家的意见。这种向专业人士寻求帮助的举动并非辅助者的失败，而是基于自身的知识局限性而做出的负责任的举动。

第十章　应对悲痛：葬礼的意义及社会的帮助

社会团体是如何帮助一个女人渡过难关的

斯特伦在儿子葬礼上找到了安慰，尽管她近年来的生活一直不顺，但当她看到有那么多朋友、同学和同事前来慰问，她还是非常安慰。他们都告诉她，斯特伦的儿子对他们来说非常重要，他是个非常好的孩子，留给了他们很多美好的记忆。当斯特伦的儿子与他的父亲合葬时，斯特伦相信他会在此安息的。

葬礼之后很长时间，大概有好几个月了，在殡仪馆工作的善后辅导师经常与斯特伦联系，给她一些关于失去亲人以及悲痛治疗的手册，建议她看一些书，如果她有任何问题，都可以找他。尽管儿子临终前没进过安养院，但是当地安养院的善后工作者也建议她来参加悲痛辅导项目，说这样也许会对她有帮助。

儿子死后四个月，斯特伦感觉她还是无法从阴影中走出来。在辅导师的鼓励下，一个朋友带她来到了一个当地的互助团体，这个互助团体其实是一个国际组织的分支，主要是帮助那些失去了孩子的父母们。斯特伦听说过这个团体，只是之前她害怕单独前往。她心里一直在想，这个团体是否友好？是否有帮助？如果我表现得失控了怎么办？或者我是否能忍受这种与团体在一起的感觉？如果我回不了家怎么办？但是她的朋友帮她打消了很多疑虑。

当斯特伦表达了她的痛苦、愤怒、愧疚和其他种种强烈的情绪时，团体里的人们并没有退缩。他们允许她发泄出来，他们知道这是正常的。他们觉得她提出的问题非常正常，这是典型的失去孩子的母亲的反应。

一次会面之后，斯特伦觉得她快要疯了。团体的人们也承认这一点。斯特伦对团体中其他失去孩子的父母们没有近乎崩溃的情绪和眼泪而感到

第十章 应对悲痛：葬礼的意义及社会的帮助

惊讶。他们是怎么做到的，每逢佳节的时候他们是怎么度过的，他们有时候居然还会笑？斯特伦试着告诉自己如果这些人能够走出来，能够继续生活，那么她也能，但是她还不知道该怎么做。这些父母们告诉斯特伦，要自始至终做他们自己，人是可以承受巨大的失去，是可以战胜悲痛的，最终他们发现他们又活了过来。团员并没有强加给她任何建议，他们只担当榜样的角色，让斯特伦自由选择该以怎样的方式生活。

 生活的危机和仪式

仪式在人们生活中起到了重要的作用。人类学家和一些其他学者用了近一个世纪的时间来研究各种仪式，用各种不同的释义来定义它。例如，米歇尔将仪式定义为"象征性活动的一个统称"，通常有两个特征：一是外在的活动，例如用姿态、身体运动来象征内在的现实；二是社会性，即社会通常会参与到这些仪式活动中。

我们可以在各种人类社会中找到这种仪式活动。范·甘内普强调仪式与人生危机或者人生重要转折点都有关系，例如生孩子、成人礼、婚礼和葬礼。因为这些重要事件意味着人生的一个重大的改变，所以他们要尽力避免改变给他们带来的冲击。在第八章中，我们认识到，危机是危险的机遇。仪式可以在某种程度上帮助事情得以控制，使其尽量有秩序。仪式究竟能够起多少作用？它能够通过提供程序化的指导让人们与陌生的事情拉近距离，告诉人们在这种不同寻常的时刻该怎么做。换句话说，仪式力图"培养"人生中某些不寻常的经历。

既然死亡是人生中遭遇的最重大的危机和混乱，那么人类从古到今总是努力让这一事件所造成的影响得以控制就一点也不奇怪了。考古学家和人类学家均相信他们发现的一些最古老的人造物品是有关于丧葬仪式的。而近代与死亡有关的仪式出现在几乎所有人类社会的死亡系统中。就像玛格丽特·麦德所说："据我所知，还没有人觉得死亡不够重要，以至于不需要一个正经的仪式来处理。"

尽管如此，很多人还是尽量不把死亡变成仪式化的事情，并表现出他们并

死亡课

不需要仪式。他们甚至不去告别仪式，或者回避参加葬礼，有些人还建议社会应该拒绝所有的仪式活动。但事实是这样根本不对。在我们人生的一些关键时刻我们需要仪式，我们可以从大至社会，小至个人生活中找到很多证据。例如，军人、警察，或者消防队员殉职时，他们都要举行正式的、庄重的葬礼仪式和纪念活动。他们身穿正式的制服，号手演奏丧葬曲，礼炮手鸣礼炮。

类似的还有，一个运动队里如果有队员不幸去世，队员们都要佩戴黑色的臂带，已故队员的球衣要正式"退休"以作纪念。在一些社会中，如果有德高望重的人去世，还要降半旗。还有一些小社会团体，如由几个朋友或者几位家人组成的，他们走到造成亲人死亡的事故现场做一些小记号来怀念他。还有很多类似的例子，我们发现很多悲痛的人们都不会默默地孤独地悲痛，相反，他们拿出实际行动来关注所发生的一切，让他们的失去以及悲痛能够被人们知道。他们带着自己的悲痛参与到社会当中，无论社会是不是支持他们。

但是，并不是每一种形式的仪式都对所有社会中的人们具有同样的价值。很多文化群体有着自己的仪式。人们并不是这个群体中的一员，也许会对某种仪式感到难以理解，那是因为他们并不理解仪式的某些细节的意义。即使是群体中的一员，有时候也会觉得仪式对他们意义不大，因为这个仪式所代表的内在观点不是他们所支持的，他们的经历告诉他们这个没有什么作用。

葬礼的意义：重返社会和继续生活

死亡与遁世

我们挚爱之人的去世往往会导致我们与外部世界脱离开来。所以，面对悲痛，我们要做的是：要重新回归社会，重建有意义的生活。在亲友离世之后，葬礼和其他活动在初始阶段起着非常重要的作用。悲痛的人们开始感觉与社会脱节可能发生在以下四个层面上的某一个层面或者多个层面。

第一，经历了人生中挚爱的人的死亡的人们在个人的层面上会有脱节的感觉。他们可能会感觉自身不完整。他们可能会问："我是不是疯了？"睡眠习惯、饮食习惯都被打乱了，健康状况也不是很好。总之，在原有的生活世界里所养成的习惯和自我的完整感完全被撕碎了。这个人需要重新整理自己的思想，变成一个新的人，即使没有变成全新的人，通常也会与先前有一些变化。

第二，死亡所带来的影响，在家庭层面上也会出现脱节的现象。一个人死去了，可能对曾经与他最亲密的几个人影响巨大。可能整个家庭的经济状况遭受变故，例如逝者已逝，收入就没有了，家庭财产的所有者改变了，或者某些生意也没有了。

死亡也会影响着亲友之间的关系，以及与社会其他人的关系。家庭成员可能互相之间不再联系。他们可能不得不重新调整之间的关系（例如，父母去世了之后，几个兄弟姐妹之间的关系）。一些人还可能失去一部分社会身份。死亡还有可能恶化家庭中本来就僵持的关系。所有这些影响都属于家庭层面的。他们需要家庭成员重新团结起来，重新成为一个整体。

第三，几乎所有的死亡都会造成人们在社会层面上的脱节。最显著的例子就是当一个公众人物或者是某个位高权重的人死去的情况，但是即使是普通人的死亡也会导致生者在社会层面的脱节。遇事曾经都是他拿主意，现在怎么办？谁拿主意？谁来代替他继续做那份工作？停车的任务现在该交给谁？社会结构（小至学校、教堂，大至城市、国家）多数情况会很快作为一个新的整体重新运转起来。

第四，在精神层面的解体。自己该如何面对一个没有了挚爱的人的世界？在逝者生命的最后阶段，你可能会感到愤怒、挫败和绝望。在亲人去世之后，很多人还感觉到异常焦虑，感觉自己被某种超现实（例如上帝）排斥在外。如果有宗教信仰的话，那么这些信仰可能会动摇（例如"上帝怎么会让她死得如此痛苦？"）。其他人也可能有另外的不确定和焦虑：自己所爱的那个人已经死了，这究竟是怎么了？这个时候，我们需要重新思考和塑造世界观，理解这个世界的运行规律，并且要与自己的信仰重新建立联系。

重返社会

葬礼把人们带到了一起，帮助人们在个人层面上开始回归的历程。悲痛者没有必要将自己视为孤立无援的。参加葬礼的人们就可以帮助悲痛者开始这个历程。尽管这个过程中，他们会感觉到悲痛无以复加，让整个生活都失去了方向，但是悲痛者绝不是无能为力的漂浮在茫茫大海上的一叶扁舟。他们不能改变死亡的事实，但是他们可以在亲友的帮助下，决定该怎样回应这个事实，怎样重新掌握自己的命运，最终完成回归历程。

死亡课

在家庭层面上，最显著的现象就是很多久未见面的家庭成员聚集起来，实现家庭层面上的回归和重组。在当代社会中，大家庭下的小家庭通常散落在各处，不同的城市，不同的地区。葬礼是他们重新聚集在一起的机会，不仅仅是简单的机会，而是在心理和精神上也感觉到了重聚和回归。只有在葬礼的时候才重聚，有时候，他们会觉得这真是有点半开玩笑的味道。

在一些文化群体中，葬礼和其他仪式会进行很长时间，几个月，甚至几年。犹太教认为哀悼是分阶段的，所以他们的哀悼行为要持续一年，三天的隆重悼念，七天哀悼，三十天重新调整，十一个月纪念和恢复。这样操作下来，整个支持系统在一遍又一遍地帮助悲痛者找到出路，进入新的生活——没有死者的新的生活。

相反，我们社会中还有很多葬礼只有几天时间。之后，参加葬礼的人各自回归各自的生活，很多人认为走出悲痛的路并非只有那固有的一条。在这种情况下，回归就变得比较困难。（他们知道葬礼仪式太局限，这也是人们需要很多丧葬辅导师来料理后事的一部分原因。）无论是什么样的仪式，关键问题是人们该如何运用丧葬仪式以及葬礼之后他们该怎样继续生活下去。

在社会层面上的回归，葬礼可以帮助人们获得些许安全感。人们看到了美国肯尼迪总统、里根总统、福特总统的葬礼，也看到了英国王妃戴安娜的葬礼，人们在世界各地聚集到一起举行纪念仪式。这些葬礼的公众仪式都证明了社会为人们提供了机会让他们重新站起来为更加美好的未来而努力。

人们可以从葬礼中找到一些问题的答案，找到死亡的意义，从而实现在精神层面上的回归。无论人们有没有某种宗教信仰，但葬礼和纪念仪式告诉了人们很多关于逝者的故事，这些故事深深感动了人们，所以他会活在很多人的心里。

葬礼通过以上方式帮助悲痛者从个人、家庭、社会和精神层面重整旗鼓。当然，要想完全恢复，要用很长的时间付出很多的努力才行。葬礼，只是这一切的开端。

 ## 丧葬产业的善后辅导计划

很多丧葬产业的服务人员已经开始认识到当最初阶段过去之后，朋友们都

回到各自的生活中，悲痛者只能孤独无助地自己来应付一切的时候，善后辅导计划也是他们的工作的一部分。从这个角度出发，善后辅导包括葬礼之后对悲痛者的任何方式的帮助和支持。

 ## 临终关怀机构的丧亲后续工作

临终关怀机构的职责之一就是为家属提供帮助和支持。这项服务是出于临终关怀机构的性质和宗旨，既帮助临终病人又帮助其家属。病人去世之后，不再需要安养照顾，但是他们的家人必须继续面对很多问题，面临层出不穷的挑战。因此，安养后续工作是临终关怀机构工作的重要组成部分。

并非所有的家庭都需要安养院的悲痛辅导。一些家庭自己完全可以应对悲痛。而且，安养计划也并不想让这些家庭成员失去主动性而终身依赖安养服务。所以，安养院的悲痛辅导只是一个过渡服务，旨在帮助需要帮助的家庭成员，通常是在开始的十二个月到十八个月。如果事情超出安养院的悲痛辅导能力所为，他们通常就会进行评估性的咨询或者治疗，看看是否需要寻求专业人士的帮助。

安养院的悲痛辅导，对悲痛者进行仔细的评估之后，往往有具体的步骤和计划。这些计划其实在病人临终前就已经做好了，不过之后还是要对家属再一次进行评估。这些计划主要是鼓励家庭成员参加有意义的葬礼服务。随后，计划的剩余部分主要是通过信件、电话和定期会面的方式进行。这些活动主要是解决悲痛者的具体需求，例如让他们了解悲痛的典型特征和所造成的问题，让他们知道自己的这些情绪反应是正常的，为他们提供自我照顾的指导建议，或者建议他们参加纪念仪式，以及培养他们为美好的未来好好生活的信念。

简报、慰问卡、信件、当面辅导、年度纪念服务，以及其他社会活动都是安养院悲痛辅导服务的通常做法。安养机构也常常组成帮助团体来帮助悲痛者或者与他们一起参加社区组织的服务活动。另外，安养院的悲痛辅导面向全社会的所有人。很多服务是由有过类似经历的志愿者经过选拔和培训后来完成这项工作的。他们背后有相关领域的专业人士作指导。当安养计划遇到财政和人员紧张的时候，就更是如此了。

死亡课

 ## 互助团体

互助团体有很多种形式。一种形式是通过聊天沟通以及专家作讲座的方式帮助悲痛者解决实际的问题。这些团体会教给会员在孤独的时候如何为自己做营养餐,做些家务,完成所得税报表,投资等等。殡仪馆互助团体给他们的团体起了名字叫"LIFT",是"活在当下"(Living Information for Today)的缩写。还有一种互助团体的工作集中在休闲娱乐和社会活动上,例如假期聚会,去饭店聚餐,或者组织去附近的名胜旅行等等。这两种互助团体,无论他们是否指导人们解决各种实际问题,都是有助于悲痛者恢复的,对他们非常有意义。但是,他们并不将治疗悲痛本身作为工作重点。

互助团体是在最广泛的意义上帮助人们渡过困难阶段,团员之间互相帮助,给悲痛者一个机会去自助。这里有一个最好的例子,就是POMC——"子女被谋杀的父母"(Parents of Murdered Children)团体,这是一个国家级的组织,在美国各地有自己的分支机构。很多团体的工作宗旨是一样的,都是应对各种各样的失去亲友悲痛经历。这些尝试和努力可能是短时间小规模的,也可能是无限期延长的计划,也有可能是安养院自主的悲痛辅导团体等等。斯特伦认为这种互助团体的帮助很大。

悲痛互助团体的工作方针和具体操作

这个行业数量的不断增长,表明现存的互助团体还不能满足人们在各自家庭中和每日的社区生活中对帮助的需求。但总体来说,这些团体并不是提供专业心理辅导和治疗的地方,而是从曾有过类似经历的人们那里得到经验和帮助。所以这些团体的主要目的是"提供给人们相似的环境,让他们与他人分享经历,互相帮助学习如何应对人生的困难。"

这种团体有很多形式,可能是短时间小规模的,也可能是持续性的;可以不断吸收新鲜血液,也可能一旦成立就不再招收更多会员了。团体所关注的悲痛的侧重点也有所不同,有些只对某一个特殊类型的悲痛提供帮助。团体有可能是由一个有悲痛经验的人来领导,也可能是由一个该领域的专业人士来

领导。

团体的领导是一个很重要的问题，因为他直接关系到该团体的与专业治疗机构的本质不同。互助团体帮助的是那些非复杂病理性的悲痛者，也就是说针对的是健康人，但专业的治疗机构目的是帮助复杂的病理性的悲痛者清除心理障碍，实现生活上的质的改变。悲痛互助团体的成员们都是自愿聚集到一起的，他们要分享生活经历，共同渡过人生最痛苦的时期。在遇到危机之前，这些人都能正常地生活和工作，而悲痛让他们筋疲力尽，虽然他们不需要自己的生活发生什么质的改变，但是却需要有人来帮助他们渡过困难。

一些悲痛团体不接受没有过悲痛经历的人来做领导，还有一些团体是由有该领域专业技能的人来担当的。但是，在悲痛互助团体中专业技能并不被认为能起到关键作用，不能凌驾于一切之上。他们关注的焦点不是提供解决办法或者给出意见，而只是交流帮助，共同探讨现实情况，分享经历。互助团体将自助与互助结合起来，即在团体的帮助下，让悲痛者实行有效的自助。

互助团体通常多多少少都会有些具体的规则和目的，例如具有保密性和客观的非武断的态度，不一定要给出建议，但是要给所有人说话的机会，每个人都有权利说话或者保持沉默，成员要互相尊重对方的观点。对易受伤害的人的互助团体要考虑他们的安全问题。他们也必须对任何有意阻碍团体工作的成员，或者可能会对自己造成伤害的成员保持高度警惕，必要的时候要寻求专业机构的支持。

互助团体的工作内容

大多数的互助团体主要有八项基本的工作内容：

1. **通过成员分享自我的经历，来实现自我认识。** 分享经历是团员之间找到身份认同的纽带。在一个团体里，悲痛的人发现他们不再孤独。尽管他们可能感觉有这么多人与自己有共同的经历，会将自己的悲痛略去，但是他们还是愿意与大家一起分享类似的遭遇，他们可以互相学习共同应对。

2. **尽管每个人的情况不同，但是在互助团体中，人们找到的还是共同点，一个普遍的痛失经历。** 成员们意识到自己并非孤独的，那些曾因这些经历而被社会回避甚至侮辱的人们在这里得到帮助，因为他们知道在这个团体中，他们不会被认为是坏的或者错误的。

3. **长时间压抑的感受可以在团体中得到宣泄。** 有些人在悲剧发生之后很

133

快就加入了互助团体,有一些人则是事情过去了很多年之后才加入的。尽管时间不同,新老成员都会感激团队可以让他们将内心的压抑情绪发泄出来。

4. 在团体中可以找到有经验的人给自己一些生活指导。他们不一定是通过讲座或者正经的建议来传授经验,而是以论坛的形式,让成员们详细描述实际情况,举例说明,并亲身实践验证这些经验。这种交流不一定对每个人都适用,但是随着人们分享经验的过程,重要的信息、经验指导和信心就被传递了出来。很多人渴望知道一些具体的信息,例如,如何应对流产后的悲痛,如何应对亲友的自杀,或者是婴儿猝死。有些人还想知道更多更具体的关于自杀和艾滋病的信息。

5. 灌输希望。在团体中,老成员与新成员的交流,对新成员来说是很有意义的。目睹走得比自己远的老成员的经历,看他们是如何走过悲痛,对新成员来说很有帮助。因为,这证明了情况是会越来越好的,希望就在人们心中燃起。这种灌输必须是要新成员自己慢慢吸纳,而非外界强制性的灌输。

6. 存在的问题。悲痛互助团体经常要解决一些广义的问题,例如生命的公平性、上帝的仁慈,或者人性本善等等的问题。这些问题涉及我们在第八章所提到的意义重建。像这样的广义的问题的答案人们往往不能从他人那获得,而必须通过自己的生活经历和生活方式来得到自己的答案,或者也许根本就找不到完整的答案。互助团体如果遇到类似的问题,他们所能做的就是提供一个安全的地方,在这里,经历过失去亲友的悲痛的人们可以提出自己的问题,其他人可以用不同的方式来回应这些问题。

7. 团结。人们的遭遇容易让他们产生不安全感和被抛弃的感觉,在互助团体里的人们之间密切的关系可以给他们一种安全感,让他们感觉到关爱。在大多数的互助团里,人们都是团结和相互信任的,团员们通过互相分享经历,让人们知道他们是可以互相帮助的。分享经历是悲痛互助团体与其他助人方式有显著区别的做法。这个过程的核心就是互助和互惠。

8. 无私性。无私性是互助团体的另一个作用,我们尤其可以从已经在互助团体待了很长时间的老团员身上发现这种特质。当他们渐渐担当了领导职务,也找到了一些不同的方式来与其他人分享他们的经验教训,这些老团员也为自己找到了这样做的意义。克拉斯称这种现象为悲痛互助团里的秘诀:为他人付出而自得其乐。互相给予和获取帮助可以提升人们的尊严感。刚加入团体的一个悲痛无助的人逐渐解读自己对生命的新的诠释,从而成长成为一个有能力帮助其他人的人,这是从生与死中找到意义的一个重要的因素。

来自团体以外的帮助

尽管互助团体的主要工作是聚会、会面交谈等等,但这并非他们的全部工作,这点常常被人们所忽略。一些目前较有影响力的互助团体,例如"关切的朋友们"这样的团体,他们建立一个网络,可以帮助联络到潜在的需要帮助的新成员。信件和电话联系可能是他们与悲痛者取得联系的第一步。

有时候悲痛者只要知道有互助团体在时刻关心着自己,知道只要自己需要,他们能随时出现在自己身边,就够了。互助团体会周期性发放信件和简报,这是另一种帮助的方式。有些团体还会将他们的活动及汇报生成公告,发布在当地的媒体上。年度纪念仪式、讲座和公共服务等帮助形式都扩展了互助团体的工作空间,也提高了工作成效。

第四部分
用发展的眼光看待死亡问题

死亡课

本书的大部分内容是关于当代美国人对死亡的广泛而普遍的体验。它存在并影响着社会中的每个人，它是关于人们在即将离世或经历丧亲之痛时所采取的态度和行为。然而，每一个人不仅是生活在社会中，他自身也属于一个独特的群体，因此在接下来的四章里，我们将以发展的视角来纵观生命进程中与死亡相关的事物。

用发展的视角研究问题的优点首先明显地体现在对儿童的研究上。后来，人们认识到用发展的视角分析问题可以贯穿人类生命始终。尽管这样，对人类发展的某些时代和方面的研究还是多于对其他方面的研究。

许多思想家，如弗洛伊德、荣格、哈维格斯特、布勒等都为我们认识人类发展作出了贡献。其中，埃里克森为我们划分了人类发展的 8 个时段。

根据埃里克森的说法，个人战胜自我的素质是解决主导社会心理问题及中心冲突的主要力量。

发展理论家认为，每一个标准的冲突在生命的进程中都有一段时期表现特别突出，这是因为在这一时期，冲突是由发展控制的，而不是由年代控制，它只粗略地与年龄相关。依据这一理论，前一时代未能解决的问题需要后续时代来解决。换句话说，发展的观点强调：(1) 个人的发展致力于使个人的生命与社会成为一个整体；(2) 这种融入社会的任务的执行依赖于发展过程中的不同危机和转折点；(3) 融入社会的任务是否完成以及所采取的方式决定着个人现有的生活质量、将来发展的潜力，影响到未完成工作的解决。

埃里克森模式不仅仅丰富了我们对于死亡、临终及丧亲悲痛的理解，也指出了它的不足，还增加了一些细节部分。

这种模式的应用受限于不同文化族群，它只在男女平等的社会里可以适用。它试图描述个人怎样独立于家庭及其他背景。然而，发展的观点依旧为我们探寻与死亡相关的体验提供了重要的参考。

第十一章 儿童

孩子与死亡

在《我们是悲伤的,记得吗?》这部电影里,一个叫爱丽森的年轻女孩在夜里被电话吵醒。她父亲从另一个城镇的医院里打来电话,告诉她母亲孩子的祖母去世了。电话挂断后,母亲向她解释说祖母的心脏停止了跳动,她已经去世了。母亲说她明天早上会开车去爱丽森的祖母家,并问爱丽森和她的弟弟克里斯托夫是否愿意和她一起去参加祖母的葬礼。她向爱丽森解释了什么是葬礼,爱丽森说她想去。当克里斯托夫醒后,爱丽森问他是否也愿意和她一起去参加葬礼。

一两天后,父亲告诉爱丽森在葬礼期间他已经安排把她和她弟弟交给一个朋友照顾并且可以玩得很开心。爱丽森回答说她的妈妈已经告诉她可以去参加葬礼。她坚持去参加葬礼,并请求父亲让她去。父亲很不愿意让她去,最后说他会考虑一下再做决定。爱丽森明白她的父亲无论何时如果那样回答她,那就意味着不可以。

当家人和朋友相聚在祖母家时,爱丽森和她的表妹在玩娃娃并表演疾病和死亡游戏时陷入争吵。爱丽森想把已经死了的娃娃用毯子覆盖起来,而她的表妹说她早就知道死亡就像睡着了一样,如果是这样的话,娃娃依旧需要呼吸,如果用毯子盖住她的脸,娃娃就不能呼吸了。孩子们去找爱丽森的父亲评理,爱丽森的父亲只告诉她们停止打架,把娃娃放到一边,准备睡觉。当爱丽森坚持让父亲解决这一争端时,他十分恼怒地回答:"小姑娘,你们一百年都不用担心那个问题。"

 ## 儿童、发展性任务及死亡

在西方社会的某个时期,儿童在本质上被认为是小成人。婴儿期后,当他

们能够独立地或多或少地行动后，他们的衣着以及大部分的行为都被按照成人的模式进行规范。随着对发展差异敏感度的增长，这个观点在大多数社会被渐渐摒弃了，尽管阿米什人（我们在第二章提到过的）依旧遵循这些实践。现在，童年被看做是人类发展过程中区别于其他时期的一个阶段，而且，童年时期的不同阶段也有区别。

依据这种观点，童年时指的是从出生到青春期的开始（根据1989年的《牛津英语大词典》），大概也就是指生命开始的10～12年。大部分发展理论家把这段时期分为四个可区别的阶段：婴儿期、幼童期、学前期、学龄期。在这里需要指出的是这一时期的儿童也包括未出生的婴儿，因此一些学者重新定义了出生前时期的起点，扩展了把出生作为人类生命进程的最初的观点。童年期的任务主要是：在婴儿期发展信任而非不信任；在幼童期发展自主而非羞愧与质疑；在学前期发展创造力而不是罪恶感；在学龄期发展勤奋而不是自卑。

依据这种说法，那些发展了基本信任感的婴儿，由于他们相信他们能够依赖成人和世界来满足自己的需要和愿望，而变得自信充满希望。幼童，也就是人们常说的，两岁上下的淘气包，由于他们发展了合理的自主和独立而能很好地自控并建立自律和外部规则之间的平衡。学前期的发展冲突主要是指创造力和罪恶感之间的冲突，这种冲突会产生在儿童自身的创造力或主动追求目标的能动性与遵从道德规范之间的平衡的协调上。把自发性与责任感结合起来有助于促进儿童生命中目标方向感的形成。学龄期的孩子活跃而勤奋，然而却有自卑心。意识到这种冲突，我们要鼓励他们去做一些能够看得到成果的工作，这样有助于培养他们的成就感和自尊。

当然，发展因儿童群体的不同而有差异。一些孩子发展得比其他人快，一些孩子由于各种各样生理和心理因素发展滞后，这些因素包括：先天异常、精神疾病、饥饿、战争等恶劣环境。孩子的发展还会受到社会、文化、经济、历史原因的影响。一言以蔽之，人类的发展不是一个绝对整齐划一、循规蹈矩的过程。然而尽管一些关于年龄的标志经常被用来预测儿童的发展，实际上，发展不是一个简单的年龄问题，而是一个人生理、心理和精神的成熟过程。于是一些人虽然年龄是成人，可心理发展水平上依旧停留在儿童层面上，在许多方面也被当做孩子来看待。尽管如此，童年发展时期的广泛的正统模式对童年时期遭遇死亡的理解和态度的典型事例上具有影响力。

第十一章 儿童

 **童年时遭遇死亡**

埃德娜·文森特曾经将童年描绘为"无人死亡的国度",但这只是成人的幻想。儿童要知道在童年时,生命的现实是既有儿童的死亡也有其他人的死亡。9岁以下的儿童占美国总人口的13.7%。在2004年,有35 609个儿童死亡。在2004年,这个数据大概占整个美国240万死亡人口的1.5%。婴幼儿的死亡多于其他年龄段的儿童。在2004年,美国27 936个婴幼儿死于他们出生的第一年,这比2003年的死亡人数减少了89个,但是比1999年婴幼儿死亡数只少了一个。

儿童死亡

在我们社会相当长的一段时期内,婴儿的死亡数量趋于平稳。2004年里婴儿死亡有一半源于以下五个原因:先天畸形(20%)、早孕疾病和婴儿低重(17%)、猝死(8%)、妊娠综合征的影响(6%)、意外伤害或事故(4%)。

婴儿猝死

婴儿猝死(SIDS)多年来一直是一个月到一岁儿童死亡的重要原因。它是指一岁以下的儿童通过尸检、死亡地点勘察、死亡报告都无法查明原因的突然而毫无征兆的死亡。这种死亡使我们难以接受。

由于婴儿猝死的难以诊断性,使我们难以知道它是否起因于虐待或忽视儿童,我们也不知道怎么做来防止死亡的发生。美国儿科学会最近给出了一些方法来鉴别那些因虐待而死去的婴儿。

由于没有方法来探究婴儿猝死的真正原因,这种情况被认为是不可预防的。它的第一症状就是已死。婴儿猝死正冲击着经济、种族和文化方面,它不易区别于使儿童处于危险的因素,唯一显著的特征是2~4个月的婴儿是患该症的高峰段,并且多发生在寒冷的月份,这一特征只说明婴儿猝死与儿童发展和生活的环境有关,但这也不能解释其原因。

20世纪90年代初,美国死亡研究机构发现,婴儿仰睡会比俯卧患婴儿猝死症的几率小。这种建议与日常认为俯卧有助于防止婴儿反吐液体和

死亡课

> 窒息的想法正好相反。研究者还发现婴儿窒息死亡的风险远不及婴儿猝死的概率高。
>
> 根据1992年美国儿科协会的调查,婴儿在柔软的褥子,周围没有玩具的环境下,仰睡或侧睡猝死的风险较低,尽管这不足以说明SIDS的起因,但美国儿科协会认为健康的婴儿通常是那些仰睡或侧睡的婴儿。1994年6月,美国联邦政府还组织了"仰睡运动"。在这项建议下,死于猝死的婴儿数量大概下降了58%。
>
> 过去10~15年死于猝死的婴儿数量大幅下降,美国儿科协会重申婴儿仰睡是最好的选择。也有观点认为婴儿侧睡不是仰睡的合理替补选择,婴儿睡觉姿势的改变不能解决猝死问题,但多年来死于猝死的婴儿数量的持续下降则体现出它的重要作用。
>
> 探究婴儿猝死的成因的研究一直在进行,2006年,帕特森和同事们指出大脑分支失常和神经化学方面的证据可能帮助我们解释婴儿为什么容易猝死。

美国2004年1岁以下儿童中,每1 000个人有6.79个人患婴儿猝死,低于2002年的6.95和2003年的6.84。纵观2004年婴儿的死亡率,非裔美国人的婴儿死亡率二倍于美国白人儿童和拉美裔儿童。而美国作为世界上最富有的国家,它的婴儿死亡率却高于世界上其他发达国家。

下面来看婴儿期后的儿童的死亡。2004年,美国有4 785名1~4岁的儿童和2 888名5~9岁的儿童死亡,原因包括意外、先天畸形、癌症和家庭暴力。事实上,意外是死亡的主要原因,其中交通事故更是童年后期儿童死亡的主要原因。同时,先天畸形造成的死亡有所下降,而癌症和家庭暴力引起的死亡处于上升趋势。

从1992年起,HIV是造成1~4岁儿童和5~14岁儿童死亡的第七个主要原因,在2004年,HIV感染已不再是造成以上两个年龄阶段儿童死亡的主要原因,负责公众健康事务的官员已经关注到,在根除通过母婴途径传染的HIV导致儿童死亡方面我们已取得了显著的成就。

美国死亡的儿童中,在美国白人和其他种族和文化的群体之间存在着很大的不同,男女之间也存在着不同。比如说,尽管美国白人的年龄在1~4岁和

5～9岁的儿童数量大大多于非裔美国儿童、拉美裔美国儿童、亚太裔美国儿童和美国印第安儿童，但在这两个年龄段的非裔美国人和美国印第安人的儿童的死亡率特别高。另外，总的来说，儿童的死亡数量与死亡率男性高于女性。

这些数据清晰地说明了当代美国社会死亡分布的社会不均衡性，它对男童、非裔美国儿童更具有威胁性，当贫困威胁加重的时候，情况就变得更加复杂了。

儿童所经历的他人的死亡

在我们社会中儿童也常常经历他人的死亡。没有确切的数据来说明这种死亡的频率和类型，因此许多成年人经常低估这种死亡对儿童的影响。事实上，儿童往往会经历祖父母、父母、兄妹、亲戚、同学、朋友、邻居、老师、宠物或野生动物等的死亡。经历这种死亡，对儿童的发展来说是一种宝贵的经历。

这些死亡对儿童的影响是不同的。比如，相处时间较短的祖父母的死不会给儿童造成特别的影响，而珍爱的宠物、童年的挚友、邻居的去世却会对儿童造成深远的影响。

另外，来自于不同文化、种族和社会经济背景的儿童通过不同途径遭遇死亡。尽管儿童很少亲自经历死亡，他们却会通过文字和电视来感受它。他们通过电视感受到了死亡和破坏，如恐怖主义者对世贸大厦和五角大楼的袭击、2003年开始的持续不断的伊拉克战争、2004—2005年的亚洲海啸、美国飓风、弗吉尼亚校园枪击事件等等。而且，几年前戴曼特认为美国每天看2～4小时电视的儿童在他们小学毕业前，经历了更多的谋杀和暴力事件，他们还很缺乏对死亡的直接体验，这对他们的心理造成了影响。

我们要强调的一点是，不可否认儿童对这些与死亡相关的事件充满了好奇心，儿童不可能完全忽略这些事件，只是他们处理这些事件的方法不明显而已。这在这一章节的开头也有表现，爱丽森的父亲没能采取正确的方法回应她的需要。社会中那些想真正关心帮助儿童的人们应学会多关注死亡事件对儿童的影响。

通过体会儿童经历死亡时的感受，我们得出与儿童遭遇死亡相关的两个话题：与死亡相关的概念的发展；童年时对待死亡态度的发展变化。

死亡课

 童年时死亡相关概念的发展

对于儿童对死亡理解的系统研究始于20世纪30年代。在这期间，大量的相关研究报告以英语出版。我们在这里研究的是以纳吉的研究为代表的报告和斯皮思和布兰特的最新著作。

纳吉的研究

为了研究儿童对死亡概念的理解，纳吉研究了第二次世界大战前生活在布达佩斯的378名儿童。他们都是3～10岁，51％是男孩，49％是女孩，智力大致是迟钝、正常、优良三个水平（大部分不属于正常水平）。纳吉的研究方法如下：让7～10岁的儿童写下他们头脑中关于死亡的事物，6～10岁的儿童画一些关于死亡的图画；然后跟所有儿童讨论他们的作文和图画，让他们说出他们对于死亡的观点和感受。由于战争的原因，纳吉的研究结果直到1948年才得以出版，1959年修订再版。

纳吉的研究指出了儿童对死亡的理解的三个主要发展阶段：（1）五岁以下儿童没意识到死亡是不可挽回的事实；（2）5～9岁的儿童认为死亡是一种意外；（3）9岁后的儿童才认识到死亡是遵循某种法则的过程。

第一阶段：在儿童观念发展的最初阶段，没有明确的死亡概念。由于儿童不能辨别死亡，对死亡迹象缺乏足够的了解，他们把死亡主要看做是离开、睡觉、在另一个地方生活。死亡对他们来说不是个清晰的概念。

还有一种情况也表明儿童尚未完全掌握死亡的终结性，他们虽然已经不否认死亡，但仍认为死亡不是一种结束。他们尚不能将死亡与生命区分开，他们认为死亡是一种逐渐的过渡的过程，它不是绝对的终结。纳吉认为这意味着儿童心理的生与死是同时存在的，儿童将其解读为死亡只是继续在别处生活。总而言之，尽管死亡存在，但是他们并没有意识到死亡的终结性，但对于儿童来说与自己爱着的人分离依旧是痛苦的。儿童没有必要去完全感知这种分离。

第二阶段：在第二阶段，死去的人被假想成为死神、骷髅、鬼或死亡天使，儿童常常分不清死亡与死人的区别。死亡在这里被拟人化，这可能意味着死亡的终结性被儿童所接受了，因为孩子们开始对死亡产生厌恶的情绪，死亡

被他们描述成为离他们的生活很遥远的人或事实。死亡被看做虽然是具有终结性的，但却是可避免的事情，也不具有普遍性。他们认为那些被"抓"的人就死去了，而逃掉了人就不必死。

后来的研究者将关注点集中在儿童认为的"死亡的可避免性"上。当这些孩子被问到他们对死亡和将要死亡的理解时，他们通常这样回答："在你死去之前，你肯定是生病了。如果我从不生病，那么我就永远不会死。"

一些儿童并不满足于死亡只是消失这一简单的说法，他们想知道死去的人是如何生活的。这种好奇心驱使儿童去思考坟墓里人们的生活。由于儿童生活经验有限，他们对死亡的探究过程中狂热与误解交织，同时充满焦虑和恐惧。

第三阶段：生命的终止。纳吉认为这一阶段，儿童意识到死亡是最终的、不可避免的结果，没有人能逃避死亡，这是对死亡和世界的一种现实的看法。

马克·斯皮思和桑德尔·布兰特的研究

通过对前人作品的回顾以及他们自己关于儿童死亡理解方面的研究，斯皮思和布兰特认为死亡不是一个简单的事情。它包括大量的分支概念，他们把这些概念分为五类，有一些类别下面还有一些从属因素。死亡对于所有生物来说具有普遍性。儿童对这一观点的理解在三方面具有挑战性：全包性、不可避免性、不可预测性。全包性是就事实而言，没有生物能逃离死亡；不可避免性是就必要性而言，对于所有生物来说，死亡都是不可避免的；不可预测性是就死亡的时间而言，人们有可能随时死去。

另外，还有两个子概念：不可逆转性和失能性。不可逆转性指的是一旦生命机体死去，它不可能再复活，除非有奇迹发生。医学的复生介于活着和临终之间，而不是生死之间。失能性指的是死亡意味着生命机体全部器官停止运作，全部功能丧失。

除了普遍性、不可逆转性和失能性之外，斯皮思和布兰特还注意到了另两个子概念：因果关系和非肉体的继续。因果关系指的是关于死亡的来龙去脉，例如"为什么活着的事物会死去？""什么使生物死去？"它要求儿童对死亡要有一个现实的理解而不是奇思妙想。

斯皮思和布兰特关于死亡概念的最后一个构成因素是儿童对于人死后的存在形态的看法。它常常见于下面的问题，"死后会发生什么事情呢？""死后，你的灵魂会去何处？"——一个感染HIV病毒的11岁女孩写道："如果我能与在天堂的某个人讲话，他会告诉我那里怎么样，在那里需要做什么事情，还有我应该带去什么。"

基于对关于儿童死亡概念理解的作品的回顾，斯皮思和布兰特认为大部分的研究表明：从 7 岁起，大部分儿童已经理解了关于死亡的生理知识。

尽管一些研究者坚持儿童在真正亲身经历死亡前认为除他之外的所有人都会死去。而斯皮思和布兰特认为儿童最有可能在意识到自己也会死去的前提下才会认为其他人也会死去。

关于儿童对死亡理解的一些评论

纳吉和其他研究者的著作在对儿童关于死亡概念理解的发展方面，指出在死亡这一概念上有一些关键因素，如终结性、可否逆转性、内外力性、普遍性。这些著作大部分符合发展心理学的理论和框架，如皮亚杰的理论。比如，纳吉早期对于儿童关于死亡观点的特征与皮亚杰的自我中心倾向和其他被他称作操作前思维的一些特性吻合，如奇想（所有事件的发生都可以用由于各种命令、意图和外力的因果联系来解释），泛灵论（生命和意识也属于那些无生命的事物），人工性（世界上所有的事物都是为了服务于人类才被制造出来的，它是泛灵论的直接对立面）。同样，纳吉理论的最后阶段的普遍性和不可逆转性与皮亚杰理论中的客观性、一般性以及命题思考是一致的。这些发现表明儿童对事物的理解，比如对死亡的理解是一个使他们形成越来越多抽象概念的发展或成熟的过程。

然而，关于这一领域的研究往往会面临一些困境，这是研究方法的问题，如缺乏与死亡观念相关因素概念的精确性和一致性，以及对于这些因素概念相关缺乏可靠和符合逻辑的标准措施。随后的工作常常是那些令人费解的研究结果的罗列。而且那些评论者经常过分简单化他们的研究结果，使它们变得更加死板，而且还主观地随意应用。斯皮思和布兰特建议好的研究和更加细微评定结论，需要我们去区别、规范和应用与死亡相关的那些分支概念。

成人们致力于深入了解儿童对于死亡的理解，他们教授儿童关于死亡的知识，给那些正面临类似遭遇的孩子以有力的支持，要很好地做到这些，他们必须注意至少四个主要变量：发展水平、生活经历、个性、交流和支持的方式。谈到发展问题，认知的发展不是唯一的相关变量，成熟是一个多维的过程，渗透于童年生活的各个方面，包括、身体、心理、社会和精神方面。

儿童的生活经历对于儿童对死亡的理解是一个决定性因素，然而它却没有得到足够的研究。同时儿童遭遇死亡的数量和具体情况也有可能对他对死亡的理解起到决定性作用。儿童的个性也是他们思考死亡的方式中的一个重要因素。儿童与其他人分享与死亡相关概念依赖于他们相互交流的意愿和能力，以及他们获得的来自于其他人的支持和安慰。

当我们要求儿童来解释"你死了"和"我会死的"这两句话时，就会发现这是个很好的例子，用来证明生活经历会影响他们对死亡的理解。第一句话指的是对方，此刻的状态；而第二个句子却是指的说话人自己，将来不确定的某个时间将会发生的事。当然这两句话很大程度上涉及概念上的东西，但第二句中却暗含儿童对未来可能性的把握和理解能力。当儿童努力去理解死亡的概念及其各种各样的分支概念时，那些健康发展的、有着丰富个人经历的、有着稳定良好的个人观点的、愿意开放交流的以及能从成人那里得到足够支持的儿童，与那些不具备这些条件的儿童相比，会处在更加有利的位置上。

显然，儿童并不像成人那样思考死亡，然而这并不意味他们对死亡没有任何概念。比如说，那些认为死亡就是睡觉的儿童通过弄清他们自己的经历来对死亡进行理解，无论这种理解与其他人的看法差别有多大，也无论它以成人的标准看起来是多么的不充分。正如卡斯滕鲍姆和艾森伯格所说，"在完全不理解和具备非常准确完整抽象的想法这两个极端之间，儿童有许多方法理解死亡"。要想更好地获得儿童对于死亡理解的方法就是仔细倾听他们在死亡问题上提出的许多问题。

纳吉和其他人的研究表明一个基本的观点就是儿童在去理解死亡时，他们的态度非常积极努力。纳吉又得出了一个推论，那就是"对儿童隐瞒死亡是不可能的，也是不允许的。儿童周围那些自然的行为能够大大地减轻面对死亡所受到的打击。"在前面的故事里，爱丽森的父亲没有学会这一点。

 童年时对待死亡态度的发展

当今社会的儿童会接受许多关于死亡的信息。这些信息来自儿童周围的社

147

死亡课

会死亡系统，它们以各种途径暴露在儿童面前，途径包括媒体、儿童的父母、家庭成员、所接触的其他人以及他们自己的生活经历等。

这些信息通常告诉儿童死亡不是一个适合讨论的话题，而且儿童也不被允许参加与死亡相关的事情。然而并非所有的社会都向儿童传达这样的死亡概念，比如在第二章中新英格兰清教徒以及当代阿米什人的社会中，无论快乐还是悲伤的事情，儿童都要参与。

在美国社会中，许多与死亡相关的情景和经历对于儿童来说都是新奇的，但是新奇的经历对儿童的影响也算上不巨大，除非儿童亲身经历它们。这些经历不要超越儿童的思维界限。"儿童们不需要在很小的时候就了解死亡"的主张并没有描绘出我们社会中儿童生活的真实状态。事实上，我们通过与儿童每天的接触以及从一些学术性的作品中可以得到足够的证据来表明正常的健康的儿童确实对于死亡有想法和感觉，他们对这一课题比较感兴趣。

任何儿童对待死亡以及对其他重要事件的态度都与儿童面对死亡时所表现出来的天性有关，也与个性发展以及社会影响力有关。即使年幼的婴儿也对分离有恐惧感，而稍大一点的儿童，如果自己没有参与对父母死亡的处理，他们可能觉得他们的所作所为与父母的死亡在某种程度上有神奇的联系，他们也许会责备自己没能做些什么来改变死亡的结局。简而言之，儿童对待死亡的态度也是复杂的，这种态度来源于多种途径。为了证明这一点，我们会描述两个场景，在这两个场景中，童年时期对待死亡的态度十分明显。

与死亡相关的游戏

死亡的主题一直普遍地存在于儿童的游戏当中。比如说，毛雷尔认为躲猫猫游戏是童年时经典的与死亡相联系的游戏。从儿童的个人视角来看，这个游戏中所发生的就是外部世界突然消失然后又突然重现。当儿童关注到世界的消失后，他也许会觉得害怕，然后重现经常会为他带来快乐。从一个小孩的角度来说，许多像这样的经历包含着与死亡非常相似的看法。

此外，罗克林认为关于儿童活动的研究证明了这样一个观点：在很小的年龄，发展良好的心智可以抵制生命会终结的现实。儿童意识到他们的生活也许会因死亡而发生重要的改变，然后基于这种意识去生活。罗克林认为："对于非常小的孩子来说，死亡是一个他们深入思考的问题，人会死亡的想法是普遍存在的，而他们的行为常常受这些想法的影响。"这不是一个一闪即过的观点，因为玩耍是儿童生活中的主要内容。

儿歌、歌曲、幽默和童话故事

与死亡相关的主题频繁地出现在儿歌和儿童的幽默故事当中。例如，许多儿童都听过"蠕虫爬进来，蠕虫爬出去。"很多人很熟悉《围绕玫瑰花起舞》（Ring around the Rose）这首歌，但是他们也许没有意识到这是一首流传至今的关于黑死病的儿歌，它描述了由于疾病而使脸上长满了玫瑰色的脓包，最终使"我们都倒下了。"甚至有些摇篮曲也包含着与死亡相关的主题。还有儿童的祈祷文"现在我躺下睡去"也是针对死亡和危险的夜晚而祈求保护的请愿书。

不管是口头的还是书面的童话，也都常常提到死亡。小红帽和她的外婆在这个故事的原著中被可恶的大灰狼给吃掉了，她们都没有被经过的护林人或者是猎人救下。还有那威胁三只小猪要把它们的房子吹跑的大灰狼，最后顺着烟囱掉进了装满沸水的锅里。邪恶的继母设计安排了白雪公主的死亡并要她的心来作为死亡的证据。一个温柔的吻可以唤醒昏迷中的睡美人。《牧鹅姑娘》中的假新娘被放进钉满钉子的桶里来回滚动直至她死去，等等。

与死亡相关的幽默及故事并非要吓唬孩子，也并非一无是处。贝特尔海姆认为儿童应该在安全的环境中以一定距离的视角在健康的经历中克服恐惧和焦虑。死亡存在于童年的梦幻世界。对死亡话题的熟悉驳斥了一些人认为孩子们不了解死亡的观点。事实上，在今天我们的社会中，电视娱乐节目以巨大影响力重复地暗示人们走向死亡的通常方式就是被杀，而且只有坏人才会死，死了也可能再活过来。

 ## 患病和临终的儿童

儿童在面对威胁生命的疾病和将要死去的现实时，常常十分焦虑。当他们了解了具体情况，他们的自我观念也许有所改变，倾向于分享一些关于死亡的观点。

死亡课

患病和临终的儿童的焦虑感

在白血病病房里，谁害怕死亡？沃尼克和卡农认为答案是每个人，包括儿童、家庭成员和专业护理人员。这一见解旨在建议我们要与儿童一起分享想法。然而，当韦克特开始研究生病和临终的儿童时，她发现许多家长和护理者根本不与孩子们分享关于他们的诊断信息。韦克特把6～10岁的儿童分成四个小组来研究这些儿童——得了致命的慢性病的儿童；得了可治愈的慢性病的儿童；得了小病的儿童以及身体健康、没有住院的儿童的态度。在研究期间，每个儿童都要进行一个设计好的考试（给一组图画，让他们编出一段故事）还有一个测量焦虑感的考试。

韦克特的调查证明了身患致命疾病的儿童的焦虑感比其他住院儿童和身体健康的儿童焦虑感要高很多。同时，那些得了致命疾病的儿童也更多地表达出因为死亡、伤残和孤独而产生的焦虑感，即使他们没有被正式告知疾病的发展情况也是如此。其他类似的研究也得到了同样的结论。

获得信息和改变自我的观点

另一种不同的研究来自于布鲁邦德·兰纳，她使用文化人类学的研究方法来识别那些住着院的患有白血病的儿童对他们所处环境的关注意识。布鲁邦德·兰纳把儿童获取信息的过程分为五个阶段。研究显示出儿童关注他们生活中重要的经历，他们从身边的人们和事件上来获取信息。

布鲁邦德·兰纳的研究更进了一步。她注意到儿童的信息获取与自我观念的平行转换相配合。当儿童获得信息时，他们会把它应用到正在变化的关于自身的理解上。依照该研究，自我观念的改变与儿童在生病过程中遇到的事情和获取到的信息紧密联系。

儿童从他们的生活经历、从其他儿童和成人们对待他们的方式里来学习。否则可能会是什么样呢？他们所学的不只是抽象信息，而是对他们有意义的事情。

这里，我们能够观察到儿童对于死亡的观点与他们对他们自己和周围的世界感受的方式有密切的联系。

通过对临终儿童心理的分析，他们获取信息的阶段一般包括：我得了严重的病；我知道我正在用的药，什么时候怎么吃以及它们的副作用；我知道治疗的目的和程序；我理解治疗的步骤以及病情恶化和缓和反复进行的症状；我知道疾病总有终点，这个终点就是死亡，药物的功能是有限的，一旦停药，我不久就会死去。

他们自我观念的改变一般包括：从诊断可知我患了严重的病；从第一阶段症状的减轻来看，我虽然得了严重的病，但我很快会好起来；从第一次病情恶化来看，我总是病着的，但会变好点；从多次病情的反复，意识到我一直病着，并且不会变好，药物不是总像预计的那样药效持久而且效果好；意识到得了白血病后，我就要死了。

亚历山大和阿德勒斯泰因认为对个人来说死亡的意义比死亡的内容更重要。我们将会在第十二章中具体研究这一点。这里，我们只用注意到儿童对死亡的看法与他们对自己和周围的世界的感受方式密切地联系着。

对于患病的和临终的儿童的问题

近年来，我们在理解和帮助儿童面对致命疾病，减轻其痛苦和悲伤方面取得了很大的进步。许多国际组织都制定了政策，这些组织包括世界卫生组织和美国儿科协会等。尽管如此，许多研究表明，虽然那些临终的儿童得到了很好的照顾，但在减轻他们疼痛和痛苦方面仍有不足。

身患恶疾的儿童经常有社会心理需要，尤其是远离疼痛、焦虑、罪恶，以及要求爱和安全、自由、归属感、自尊和理解自我的需要。从发展的观点来看，韦克特关注了许多患有威胁生命疾病的学龄前儿童，特别关注他们得病的原因、身体变化、治疗过程、对死亡的恐惧感，而上学的儿童常常关注将来、所接受的教育和社会关系、身体变化还有与住院治疗、程序相关的问题。不足为奇的是，他们的关注点大多集中在安全方面（从痛苦到其他形式的悲痛、干预措施和人身攻击，这些安全问题存在于他们自己以及与家庭成员、同龄人和其他重要的人之间的关系上）。斯蒂文斯认为临终儿童的情感需求与以下几点有关：（1）其他小朋友的情感需求是什么样的，无论他们身体健康与否；（2）儿童对疾病及住院的反应；（3）儿童对死亡的看法。

许多临终的儿童都强调生活的质量，关注那些威胁生活质量的各种因素。这些问题反映了儿童都生活得很现实。而且，许多过去很难治愈的疾病现在已经发生了很大的变化,儿童们所面对的挑战是如何去生活,而不是如何面对将要死去的问题。这样,儿科肿瘤专家的工作仅限于治疗疾病是不够的,还要关注患儿康复后的生活质量问题。那些患儿童康复后可能遇到的问题有:(1)把患病的经历纳入个人的生活经历里;(2)带着一种不确定感生活;(3)要学会摆正生活态度,处理好病后的影响;(4)要克服社会背景下的种种问题。同时,及时评估和合理回应儿童的心理需要也是非常重要的。

患有慢性病和艾滋病的儿童也面临着同样的问题,他们长期生活在威胁当中,生活环境也极为有限。从许多方面,这些情况与处理临终事宜一样困难。

因此,一个感染艾滋病毒的 12 岁女孩在与这些不确定性进行抗争时,说了如下的话:"身患着艾滋病生活,并知道有一天会因此而死去,这是可怕的。这真的很难:不知道会死在什么时间、什么地方,我很担忧我的家人……我的东西和房间会怎么样呢?我的朋友会怎么想我呢?"

 ## 面对丧亲之痛的儿童

对于儿童是否能去参加葬礼,曾经有过学术争论。这种争论最终也没有足够的证据来证明儿童到底是否应该参加葬礼。儿童当然会经历悲痛,他们也许会哭泣、愤怒、悲伤、失眠、行为异常等等,然而儿童不会像成人那样表达感情。比方说,刚刚丧失亲人的儿童不会像许多成人那样公开表达自己的感情,他们也许会投入到像玩耍和上学这样的日常生活当中去,而不是陷入对已故的人的思念之中。结果是,儿童的悲痛反应在本质上是间歇性的,因此比成人更持久。这样,儿童也许会定期地感到悲伤,之后,其他的想法会吸引他们的注意力,他们的心思会转向其他的地方。对于失去亲人的儿童来说,当他们遭遇丧亲时,标准的发展阶段是怎么影响他们的,这一点很重要:当儿童在处理悲痛时,他们会感到不安吗?健康的成长在处理这些事情方面会帮到他们吗?从这点上来看,丧亲的成人和儿童大有不同。

对于丧亲的儿童来说,真正的问题不在于他们是否悲痛,而是他们对失去作出反应和回答的性质。也就是说,抢先占据丧亲的儿童心灵的中心观点是什么呢?儿童在处理它们时的主要任务是什么呢?

第十一章 儿童

关于丧亲的儿童的问题

在丧亲的儿童的悲痛经历中有三个中心问题：（1）是我造成这件事（死亡或其他形式的丧失）的发生吗？（2）它会发生在我身上吗？（3）谁来照顾我？这些问题的个人主义性非常明显。当儿童不能恰当地理解失去的原因，而大人又忽视存在于他们心里的疑云时，孩子就会胡思乱想，这对他们非常有害。

父母或是其他亲近的人的去世会引起第一个和第三个问题。比方说，如果妈妈有一天生气地说，"我会因为你而死"。后来，她死于车祸。孩子可能就会忧虑是否后来发生的事真是应验了妈妈的话。同样，当"9.11"事件发生时或每天晚上媒体不断播报伊拉克的死亡人数时，儿童也许想知道对于他们来说存在的潜在的危险是什么。考虑到儿童的幸福在许多方面都依赖父母和其他成人，我们就能理解为什么一个对于儿童来说重要的人的死去会使儿童恐慌将来谁会照顾他们，满足他们的需要。所以，许多失去父母的儿童会通过向别人倾诉和把哀思寄托在图画或礼物上来与逝去的父母保持情感上的联系。

如果家里有人去世了，孩子发现爸爸忍不住伤心，那么小孩就会担心他自己是不是也会经历同样悲伤的命运。儿童对兄弟姐妹和其他亲近的小孩的死亡会特别难以接受，因为他们离自己的生活太近，死亡会夺走儿童的情感支撑。兄弟姐妹或是玩伴可以说是伙伴、竞争者和密友，这种经历对儿童的影响在童年时也许是短暂的，不会引起侵略性和寻求关注的行为，但对儿童整个的童年和以后的生活的影响是长远的。

长久以来大家都知道失去亲人的儿童在他们的生活中特别需要持续的支持、需要好好抚养。哈佛大学关于丧亲儿童的研究制定了具体的关于丧亲儿童的关怀，包括：

- 关于死亡的足够的信息量，且要清晰（无论它发生于何时）；
- 关于死亡的一些可能的或者确切的知识，要易于理解；
- 帮助他们排除焦虑和恐惧，让他们知道自己仍被关爱着；
- 反复告知这并不是他们的错误；
- 仔细地倾听，要关注他们；
- 体会他们的感受，允许他们用自己的方式来表达情感；
- 帮助排解悲伤、愤怒、焦虑、罪恶等情绪；

死亡课

● 让他们充分参与到亲人死亡前后的活动中，让他们有所准备，当然这种行为不是被强迫的；

● 继续参加日常活动，与年龄适合的活动，比如说做游戏和上学；

● 为孩子树立榜样，成年人通过分享他们自己的悲痛经历和表现，来告诉孩子该怎样去经历和表达悲痛；

● 允许他们记住所发生的一切。

儿童以一种适合自身年龄段的方式来面对丧亲的经历。比方说，那些不能够正确了解死亡是一种终结的儿童也许会好奇：逝去的人们到底会进行什么样的活动呢，那些人也许会在一个不同的地方以不同的方式生活着呢。相比之下，那些没能认识到死亡具有不可逆转性和失能性的儿童也许会问像肌体停止工作后死去的人会发生什么事情之类的问题。

在行为方面，丧失亲人的儿童会延迟他们的哀思或者把它显露给其他人。儿童们会通过玩游戏、看电视或者去上学来不时地逃避失去亲人的悲痛。对于成人来说，这些行为也许意味着缺乏意识、理解和情感。这样做没有意识到失去是永恒的，它只是一种逃避强烈悲痛的方式。通常那些愤怒、担心被抛弃的恐惧在失去亲人的儿童中表现得尤为明显。正如我们之前所说的，儿童经常通过在一种相对安全的环境下玩死亡游戏来排解他们的情感和焦虑。这样的游戏在儿童的生活中是很熟悉的一部分，他们可以安全地与那些想象中的事物的危害保持距离。

沃登也注意到，在哈佛大学关于丧失亲人的儿童的研究中，存在一小部分学龄儿童受到的丧失亲人的后遗症的影响，在父母去世后的两年这个时间段比父母去世后四个月到一年的时间段要面临更多的困难。这与儿童的家庭背景，特别是后来照顾孩子的家长的作用有密切的联系。知道这一点对于了解丧亲儿童当前的经历和以后可能发生的事情都非常重要。一个重要的亲人的去世不会让儿童产生复杂的悲痛，但是它会带给儿童长期的影响，这种影响使儿童产生一种空虚感，并感到那死去的人总是"存在"着。童年时丧失亲人的另一个显著的特征体现在当儿童与周围人及陌生人谈话时，会看周围人和陌生人的反应，从中寻求指引。相比之下，成人悲痛时会很少交流，而儿童常常会反复问问题："我知道爷爷去世了，但是他什么时候会回家呢？"儿童这样问，为的是验证现实并确认他们被告知的事情并没有改变。以下这些问题常常会为难大人们："在哪里去世的？""当你去世了并去了天堂，你一整天都做什么啊？""如果爷爷去世了并去了天堂，为什么他会被埋在地下？"从儿童的发展的和经验的角度来看，对儿童解释那些发生的事情也需要符合逻辑。

哀悼中的儿童的任务

患病的儿童、将要死去的儿童还有失去亲人的儿童都会经历悲痛。这是所有的儿童在面对发生在他们生活中的事情时的反应。悲痛是个任务型的工作，包括学会如何处理和面对失去和悲痛。对于失去亲人的儿童来说，悲痛是在儿童最基本的发展任务之外的。在整个童年阶段，悲痛也许需要在儿童不同的发展阶段和不同的背景下以适当的方式一次又一次地被强调。于是，一个儿童会因为母亲的去世而悲痛很多年，他们母亲去世的事实会存在于将来的岁月里，这会使儿童们经常感到与其他那些母亲健在的儿童不同，因为他们不能得到妈妈的关心和支持，也不能与妈妈分享学习上的成绩。如何重新看待失去以及采取何种方式面对悲痛也需要一个成熟的过程。健康的悲痛使我们摆脱不健康的障碍，让我们继续生活下去。沃登认为悲痛中的儿童有四项任务，（1）接受失去的现实；（2）体验痛苦和情感上的丧失；（3）适应去世的亲人已经不在的环境；（4）重置逝去的人在个人生活中的位置，找寻另一种方式来思念他。基于任务上的悲痛与沃登提供的成人模式非常相似。

> **福克斯给出了以下的四项任务作为儿童的悲痛的中心：**
>
> ● 第一项任务就是理解和弄清楚正在发生什么和已经发生的事情，儿童去寻找关于死亡和它发生环境的信息，还有如何解释和理解它的意思。
>
> ● 第二项任务是表达对现在和潜在的丧失的情感的强烈反应，处理好儿童第一次面对失去的时候的情感的辨别，同时要找到适合的方式来使儿童在表达这些反应的时候不受伤害。
>
> ● 第三项任务是通过一些正式的和非正式的思念来纪念那些失去的生活，例如一些大量的肌肉活动（跑步、跳高等），还有采取一些方式来纪念和回忆生活。
>
> ● 第四项任务是学会怎样与活着的相爱的人共同生活；这通常包括儿童在遭受重大的打击后，如何找到与活着的亲人生活的方法；这总是依赖于成功地整合死去的和活着的这两者。

死亡课

> 这告诉我们失去亲人后的悲痛有许多维度,而且儿童确实在努力寻找有效的方式来管理失去亲人和悲伤的关系。
>
> 贝克和他的同事们在福克斯任务型哀思的图表上注意到儿童悲痛的任务随着时间而改变,通常是因为关注焦点和相关重要性的变化而改变。早期的任务很可能把重点放在了解发生了什么事情和儿童保护自己和家人的需要上。中期的任务通常强调情感的接受、关系(回忆和联系)的重新定位以及慢慢地学会忍受痛苦和矛盾的情感。后期的任务通常集中于形成一种新的自我认识,和新的身份,建构一种与去世的人持久的内在联系,返回到标准的发展任务和活动中,还有处理痛苦的周期性的复苏。

帮助那些面对死亡、临终和丧亲之痛的儿童

在这一部分,我们为了帮助那些面对死亡、临终和丧亲之痛的儿童而制定了指导方针,主要分为四组:一些普遍性的建议;一个灵活的关于教育、交流和有效性的计划;帮助生病和将要死去的儿童;帮助那些失去亲人的儿童。

一些普遍性的建议

帮助这些儿童的主要原则与其说是一个简单的技术问题,不如说是一个态度问题。正如埃里克森所写道:"如果长辈诚恳而不畏惧死亡,那么健康的孩子就不会害怕生活。"不幸的是,成人们经常采取各种方法避免儿童接触与死亡相关的事件,避免谈这样的话题并且否认死亡的终结性。他们这样做阻碍了儿童去获取信息、表达情感、获得支持和处理悲伤的努力。

儿童在最开始处理死亡问题时需要从长辈那里得到帮助。卡岑巴赫为我们具体解释了这一点:"你了解小孩孤独的感觉吗?他们能适应疼痛、疾病和死亡这些非常具体的恐惧。却是那些不确定的东西使他们真正害怕。他们对世界的知识不够充足,因此时常感到敏感脆弱。"

儿童要努力处理由死亡引起的问题,成人能为儿童做的就是让他们更方便地了解关于死亡的各方面的事情。正如乐山所说,"儿童可以克服任何事情,只要告诉他真相,并让他与所爱的人分享自然的情感。"

成人不能替孩子去面对死亡，但是成人能帮孩子自己做一些事情，至少陪他们走一段路。"儿童对生活的探索的一部分是他对失去、分离和死亡的发现。没有人可以代替他去进行这个探索，与死亡相关的事情也不会直到儿童到了年龄才出现。"

帮助儿童处理死亡的事情是一个不断发展的过程，它不是只在某个具体时间点上发生的特别的事情。儿童会一再重复他们的问题。这些问题在儿童遇到不同发展形势上的挑战时，被重新强调。它是儿童不断地成熟和社会化的过程，这种过程以一种自然并有效的方式进行着，还往往带着他们自己的问题和独创性。成人们也努力去制造一些机会促成与儿童的或儿童间的建设性的对话。比如说，专为患病儿童（比如说癌症）组织的夏令营产生的影响比一般的夏令营本身还要大，而且还以建设性的方式改变了患病儿童与健康的同龄人的关系。

成人也许得做些特别的努力来帮助儿童处理死亡相关事件，因为现在的社会往往限制人们与自然死亡的接触体验，而且儿童对死亡不够了解。这需要人们做一定的工作，比方说：

- 开始做关于死亡的反思性的分析（没有人能全部完成它），对这个领域里关于身体的基本知识渐渐熟悉起来；
- 给儿童真正的需要的回应（而不是成人强加给他们的）；
- 有效地交流；
- 与儿童、其他成人还有社会相关的组织合作。

《我为癌症患儿写的书》这本书很好地解释了与儿童的合作。在合作中，儿童可以帮助成人，成人也可以帮助儿童。

准备工作

如果可能的话，我们应该帮助儿童在他们遇到死亡相关的事情之前就做好准备。这些准备主要包括教育、有效地交流和认可有效性。

在教育方面，成人可以帮助儿童通过相对安全的方式来面对死亡事件，比方说在树林里发现一只死去的小鸟或者在学校的鱼缸里发现一条死去的鱼。不包含个人情感的"教学时刻"能为成人与儿童的对话开个好头。儿童也能通过各种不同的回忆来检验成人的规范（请注意，儿童喜爱的宠物的死比起陌生的动物的死会使儿童感到更加不安）。

死亡课

现在有大量的关于死亡话题的文学作品可供不同水平的儿童来读，同时也有供家长、教育者和其他正帮助儿童处理死亡事件的人们读的文学作品，有些地方还有与儿童和死亡相关的专题讨论会或者大学课程。最根本的一点是"任何课程都能以一种学术而客观的方式有效地教给处在任何发展阶段的儿童"。

有效的教育和各种形式的准备都基于有效的交流。总的指导原则是从儿童想知道的、正在询问的问题中得到线索。

多卡建议人们围绕以下三个问题来组织话题：儿童需要知道什么？儿童想要知道什么？儿童能够理解什么？每一步都需要仔细倾听，这一过程能够帮助成人了解掌握儿童真正的需要并避免不必要的、误导性的和没有帮助的信息。采用对儿童有意义的语言，我们能够减小由牧师在葬礼上所说的语言而产生的困惑，牧师们在葬礼上会尽力解释上帝已经带走了孩子们的父亲，因为他发生了"事故"。牧师们用"事故"这个词来指代一个致命的不幸事故，但是孩子们只把它理解成尿裤子，成人们可能从没意识到，上帝对尿湿裤子的反应，在孩子们看来是多么的愚蠢和可怕。

有效地交流要避免使用委婉语以及不正确、不一致的回答，因为它们很容易误导儿童，这会比现实更使儿童困扰。合适的话语可以在《那意味着什么？》一书中找到，此书旨在帮助悲痛的儿童和爱着他们的人了解关于死亡、临终和悲痛。有效地交流还得是可信赖的：儿童必须能够相信所听到的事，尽管它不是事实的全部。诚实才能带来信任，因此最好承认你不知道的而不是对自己不相信的事情乱作解释。为了减小对于死亡的错误传达，成人们应该尽量进行有效地交流，并随时检查儿童是否能够正确处理他们对信息的理解。

成人们必须意识到儿童能以多种方式在多种水平上交流。他们也许会使用下列方法：（1）象征性的非语言交流，通常出现在各种类型的艺术作品中；（2）象征性的语言交流，它是对儿童想象中的人或事物的描述；（3）没有象征意义的语言交流，大多是成人间的字面交流。通过艺术和其他媒体进行的象征性的交流通常适用于缺乏语言交流的年龄较小的儿童。这在一个六岁的即将死去的儿童的身上体现得很明显，随着他病情的恶化，他的画中背景日益变黑、船的颜色越来越浅。

认可有效性是预先准备中的第三个重要方面，也是对生病、临终和处于丧亲之痛中的儿童的支持。那些正在努力处理与死亡相关的事情的儿童需要确认他们的问题、观点、语言和情感的有效性。成人们要以一种客观的方式来承认儿童与死亡相关经历的有效性。这种认可能够帮助儿童探究让他们困惑的事情。这一过程包括授权和改正可能是错误的和有害的事物。

> **成年人是否应该跟孩子讨论死亡的话题？**
>
> 在我们的社会中，成人们经常想知道他们是否应该跟儿童聊些死亡的话题，他们应该说些什么，还有在与死亡相关的情形下他们应该怎么做。这些问题以许多方式出现：我们是不是应该和儿童讨论死亡的话题或是在死亡发生之前教他们一些关于失去和悲痛的事情呢？死亡发生后我们应该对孩子们说什么呢？我们是不是应该带孩子们去参加葬礼呢？也许对于成人们最难的问题是如何面对那些得了绝症，面对自己将要死去的现实的孩子们。
>
> 最近一个对瑞典父母的研究说明了这一点，这些父母的孩子在 1992—1997 年间死于癌症。在这 561 个被选中的父母里，429 个被研究者问到他们认为是否应该对孩子谈论死亡这个话题。调查结果显示出，那些没有和孩子谈论死亡的父母中有四分之一以上对此感到后悔。接近一半的父母也表示出同样的遗憾，他们表示他们感觉到他们的孩子意识到自己将要死去的现实。相比之下，在那些和孩子们谈论过死亡话题的家长中，"没有人后悔和孩子谈论过死亡的话题。"
>
> 这个研究指出，不管与孩子谈论死亡或者孩子知道自己面临将要死去的现实会带来多大的挑战，与孩子们进行关于死亡话题的对话比总是避而不谈会好一些。为什么这么做呢？正如格罗尔曼经常说的，"放在明面的事情一定会被解决的。"与儿童进行开放的交流能够帮助他们解决认识方面的不完整和不恰当，摒弃脑中不好的想象。另外，那些会以思考和爱的方式考虑自己的问题的孩子，一定在需要帮助的时候得到过及时的帮助。

帮助患病的和临终的儿童

与患病的和临终的儿童交流要遵守一些准则：

（1）首先，判断一下儿童对于这个形势的自己的看法，要考虑到儿童的发展水平和经历；

（2）理解儿童的象征性语言；

（3）澄清现实，驱散幻想；

(4) 鼓励情感的表达；

(5) 通过完成适合年龄的任务和活动来提高自尊；

(6) 不要对形势的发展做假定。不要低估儿童掌握应对生活挑战的能力，要保持幽默和高尚姿态。

也许对患病和临终儿童最好的治疗方案就是采取儿科保守治疗法。问题的关键在于家长们得认识到他们需要儿科保守治疗，他们愿意接受这种治疗，和他们对能接受的医疗服务的判断。

最近，保守治疗的方案已经应用到大范围的临终关怀方面，包括面对时日无多和生命垂危的儿童。对于那些临终的儿童和他们的家庭的需要现在已经被很好地记录了下来。国际儿童临终关怀机构和儿童安养计划已经代表这些儿童和家庭以倡导者的身份开始行动了，并有了一个以家庭为基础的方案指南，还出版了很多关于如何帮助家长和专业人士的书。越来越多的出版物关注于发展与患病儿童的伙伴关系、建立良好的交流、参加儿童和其家庭的会议、关于患癌儿童的临终护理的执行和其他形式的儿科护理。

美国许多社区中的"麦当劳叔叔之家"计划是对这一关怀方案的良好补充。这些计划为那些患儿家庭提供了经济的、方便的和周到的场所，在这里他们的孩子可以接受到很好的医学设备护理。这减轻了家庭的崩溃的风险、降低了经济负担，并开展有建设性的互动交流。

帮助丧亲之痛中的儿童

所有丧亲之痛中的儿童都需要信息的帮助来排解悲伤。他们需要知道死亡本身是什么，需要了解死亡相关的事情，他们也需要了解失去亲人的普遍反应以及如何处理死亡和悲伤。成年人可以为儿童提供这些信息，并与儿童分享他们自己处理这些问题时的策略。美国儿科研究院指出儿科医生在帮助家长和其他成年人处理儿童悲伤问题时扮演着重要的角色。学校、宗教组织和其他的社区团体也是有帮助的。要做到这一点，他们必须完全地从儿童的角度来看待失去的亲人。

例如，成人经常忽视孩子的朋友和宠物的死亡甚至兄弟姐妹的死亡对于儿童的重要影响。陪伴、保护和安慰对孩子们来说非常重要。成人应该尊重孩子的感受，而不是将其当做无关紧要的琐事放在一边。对儿童经历的尊重要做到关注、诚实、避免委婉语，支持和鼓励儿童参与到与死亡相关的事件和纪念仪式中。

在所有的死亡事件中，积极的记忆对于儿童和成人都是同样重要的。成人应该帮助儿童把遗物和他们将来的生活联系起来。比方说，通过看一些剪贴簿或相册来描述生活，与孩子分享一些他们从未经历过的感受。帮助悲痛的孩子收集有纪念意义的剪贴画，为有意义的慈善事业捐助，或者种植植物来纪念等等。

近年来，一些人质疑儿童是否应该参加葬礼相关的事情。格罗尔曼认为"小孩在大概 7 岁的时候，应该被鼓励参加。"这种说法被像爱丽森的父亲那样的人误读为禁止 7 岁以下的儿童参加葬礼。事实上，研究已经显示参加葬礼仪式可能有助于缓解悲伤。

最基本的准则是不能强迫孩子参与任何有害的活动。然而，如果成年人能够按照我们所建议的去做：事前准备，在事情发生时给予支持，以及对后续事情给予帮助，那么，这些经历对孩子们就没有害处。应该提前告知儿童在葬礼这样的事件中会发生什么事情，为什么我们要做这件事情以及孩子们可以选择是否要参与。如果允许孩子参加这样的一些事件，细心的成人应该在这个事件中观察孩子们的需要。成人不应该全心投入到个人的悲痛中，应该陪伴在葬礼上需要晚到或早退的儿童。在这个事件后，成人们应该与孩子讨论，注意他们对情感的反应，回答他们的问题，与孩子分享他们对所发生的事情的回答和反应。

儿童在葬礼上的捣乱并不罕见，跟他们在毕业典礼和婚礼上的行为没什么区别。解决这个问题的办法就是为孩子特别安排一个时间去殡仪馆。这样，大人们也不必因为在葬礼现场考虑其他人而限制孩子们的自由。

孩子也常常受到杀人事件、自杀事件以及由自然灾害和暴力事件引起的大规模的死亡事件的影响。比方说，恐怖主义者在 2001 年 9 月 11 日对世贸大厦和五角大楼和袭让专业人员注意到一些年纪非常小的儿童对这件事的反应以及其他儿童如何处理他们的经历。

当儿童被卷入造成精神创伤的事件中时，我们要考虑创伤后的处理。"创伤后的处理"（Postvention）这个词由斯耐德曼创造，最初是被应用在对尝试自杀以及自杀未遂的幸存者的事后处理上。现在，对儿童的创伤后处理和其他的帮助形式已经被广泛应用到各种由于痛失亲人而造成的直接和间接的影响中。

死亡课

创伤后处理的准则是：(1)尽早介入；(2)实行一个综合性和协调性的计划，帮助受影响的人，教他们使用社区相关资源；(3)提供支持、关心和帮助；(4)对不愿意配合和合作的人要有心理准备；(5)要了解人对悲伤反应的本质上和时间上的变化；(6)对威胁个人的生命和健康的回答保持警觉；(7)识别和改变即发环境下潜在的危险；(8)解决长期的问题。理想状态下，创伤后处理及其他的关于儿童危机干预计划应该基于学校和社区的计划，要较早地行动。这样的计划应该由专业人士来引导，专业人士充分了解儿童发展的规律，会很好地处理痛失亲人和悲痛情绪以及危机和精神创伤。对这些团体无法帮助的个别儿童，应该及早进行精神疏导，即使对一个非常小的孩子来说也是非常重要的。

第十二章 青少年

高中生遭遇死亡和悲痛

那年的4月对于某高中来说是个悲剧。4月3日,汤姆·阿德金丝和另外三名男孩驾驶的汽车与正在驶过的火车相撞。火车司机报告说男孩驾驶的汽车无视警报灯,他们绕过道口栏杆穿越铁轨。火车的笛声和紧急制动刹车都没能阻止这次高速的撞击。人们都说,"这太可怕了!我简直不敢相信。"

两个星期后,安东尼·拉米雷兹,一个非常优秀的橄榄球运动员开枪自杀。安东尼是个非常好的学生,学校的师生都很喜欢他。他出生于一个中产家庭,家里有三个孩子,父母与孩子之间关系亲密,他们互相关心对方。那天傍晚,家里其他人去观看安东尼弟弟的篮球赛,安东尼却选择留在家里,尽管这与平常有点不同,但他说他要留在家里复习功课,准备考试,家人也就没有过分担心。当安东尼的家人回来后,他们在车库里发现安东尼倒在血泊之中,身边是他爸爸用过的一杆打猎用的旧来复枪,他正是用这把枪结束了自己年轻的生命的。他没有留下任何遗言。

事后调查反映出其实很多人都知道安东尼的生活里发生了什么事情,但是没有人真正理解他内心的痛苦。安东尼的朋友们意识到安东尼生前总是爱用玩笑话来掩盖他内心真实的感受,不让大家看到他光鲜外表下的内心世界。安东尼的女朋友承认他们最近刚刚分手,但是她真的没有想到这对安东尼的打击是如此之大。安东尼的老师和教练也谈及安东尼给自己施加压力,他们记得有一次安东尼觉得自己的成绩很不理想,于是大发雷霆,之后就是一段很长时间的消沉情绪。安东尼的父母和兄弟谈到了他们最近都在忙自己的事情,他们希望当时能够早点意识到安东尼是多么的压抑。人们都说:"如果我早点知道就好了。"

当月的26日,该高中两名一年级的女孩,惠特尼·波特曼和莎万·米勒正买完东西要回家时,被卷入了一场街头混混的斗殴之中。当时两个

死亡课

女孩经过的十字路口正是两个团伙的地盘相接处,他们为了争夺毒品地盘互相谩骂,后来扭打在一起。一个团伙的成员跑到附近的房子里,取出枪支,开枪射杀对方。惠特尼和莎万不幸被击中——她们居然在自己家附近的地方成了两个犯罪团伙打斗的牺牲品。一个女孩死了,另外一个身受重伤。人们都问:"我们该怎样阻止这些暴力犯罪?"

 ## 青少年的定义和解读

在我们的社会中,青少年是介于童年与成年之间的一个过渡阶段。在很多社会中,甚至在美国的某个历史阶段中,曾经并没有这么一个概念。一个成年仪式就将一个人从童年直接带入了成年,肩负起成年人的责任。可现在,我们的社会在小学阶段与完全成年之间加入了一个特殊的年龄发展阶段。

青少年(adolescence)一词,起源于拉丁文 adolescentia,指的是成长过程,或者成长状态,意味着年轻或者指一个正在成长阶段的人。按现代的用法,青少年指的是一个不再被认为是儿童却又不是完全意义上的成年人的阶段。所以青少年通常被认为负有比儿童更多的责任,享受更多的特权:对于青少年的教育要区别于对儿童的教育,因为他们更加成熟了,青少年也被认为已经可以工作赚钱了,也有资格开车,参加投票,饮用含酒精饮料,甚至可以结婚了。

简单地将青少年与十几岁画等号并不正确。年龄本身并不是人发展阶段的准确指标。事实上,大多数情况下,前青春期(13岁)现象代表了青少年时期的开始。如果我们以这个为衡量标准的话,我们必须明确三个事实:每个人到达青春期的时间是不一样的(女性通常要比男性早熟一些);与其把青春期看做一个时间点,不如说是发生一系列的事情代表了青春期的到来;在过去的150多年里,人类的青春期,到来得一代比一代早,即人类后代的青春期比他上一代人来得要早,这是从历史总结出来的事实。

青春期的结束也不容易界定。通常来说,青春期的发展任务是个性方面的成果,人的性格会变得相对稳定,个人身份的意识也会渐渐确定下来。这样看来,如果人们开始离开父母,开始工作并结婚,这就意味着青少年时期的结束。但是,在我们当今的社会里,常有一种这样的现象,就是人们离开父母,又回归父母的家庭,还有可能反复出现这种情况。这就得完全看个人的情况了,包括当地的文化,还有经济因素等等,这已经不单单是发展任务这么简单了。所以,康格和彼得森发现,青少年时期是一个身体、社会和情绪的发展过程,是一个个体从生物角度出发,却在文化角度上结束的过程。如果我们一定要给出一个青少年时期的终结点,这其实很草率,那意味着我们就单纯地从青少年发展的另外一段将其"堵住",而忽略了这个阶段所带来的正面的内容:忠诚——对自己,对理想,对他人的忠诚,这是埃里克森所认为的青少年时期的最重要的任务。

抛开定义,尽管人们研究这个课题都100多年了,在学者中仍然存在无休止的争议,人们就如何解读这个时期,以及如何赋予这个时期一个特点争论着。例如,从心理分析角度侧重分析青少年时期的"动荡和压力"会将注意力集中在变化、动荡、困难这一方面。安娜·弗洛伊德曾经写道:"在青春期试图让自己正常的这一举动本身就不正常。"相反的观点是,来自不同文化背景的很多青少年认为自己并没有人们想象的那么"麻烦",他们很开心,自我感觉很好。基于他们的实验研究,奥弗和萨布兴观察到几乎所有研究青少年的研究者都会得出结论:大多数的青少年都可以安然渡过青春期转入成年,这是常态。在很多青春文学作品中,也肯定了这个说法。

像青春期这种生命历程中一段发展和过渡的阶段,显然对解读者来说是巨大的挑战,使青春期更具神奇的色彩。既然青春期对成年阶段有着全面而深远的影响,那么对青春期缺乏了解,就是件危险而令人不安的事情。

 ## 青春期早期、中期和后期的发展任务

无论人们如何从整体上来解读青春期,这个时期总有三个具体的发展阶段:早期、中期和后期。早期青春期(从大约10、11岁开始到14岁左右结束)的孩子开始越来越不认同父母,喜欢与同龄人在一起,迷恋英雄偶像,对性逐渐好奇起来。早期青春期的孩子通常在想努力挣脱对父母的依赖,以确立新的个人理想和与他人的交往。

表 12—1　　　　　青少年在青春期成熟过程中的任务及冲突

第一阶段 青春期早期	年龄	11～14 岁
	任务	在思想上与父母分离
	冲突	分离（不安全感）与 重聚（安全感）的冲突
第二阶段 青春期中期	年龄	14～17 岁
	任务	自我掌控
	冲突	独立与依赖的冲突
第三阶段 青春期后期	年龄	17～21 岁
	任务	亲密和承诺
	冲突	亲密感与距离感的冲突

青春期中期（年纪大约在 14～17 岁）的孩子通常开始发展自主性，渐渐独立于父母，对"可能性的自我"进行实验，或者寻找自我概念，塑造一个与众不同的成熟的个性。布洛斯认为处在青春期中期的青少年努力掌握更多的技能来实现自我的独立和自治，在经历人生的"第二次机遇"，或者是第二个个性化的过程，即他们通过将父母灌输给他们的价值观进行重组，战胜童年时代的自我中心，选择他们要承担的角色和责任，发展个性和自我的智慧。

青春期后期（大约在 17 到 21、22 岁左右）理论上说应该是个性塑造和趋于稳定的时期。这个时期孩子们要面临四个挑战：第二个个性化过程的终结；通过应对生活中的困难来汲取性格力量；为成长的过程承前启后，接受自己的过去，也放飞未来继续成长；确立自身的性别身份。

认识青春期的三个发展阶段对我们理解很多青春期发生的与死亡有关的经历是十分有帮助的。

 **青春期相关的死亡事件**

美国国家卫生统计中心发布了 10 岁年龄段组别（5～14 岁及 15～24 岁）和 5 岁年龄段组别（10～14，15～10，20～24 岁）的死亡及死亡率的数据。这些划分方法与我们对青少年的年龄段的定义不吻合，与青春期的三个阶段的划分方法也不吻合。尽管如此，这些却是我们手头上仅有的数据，也的确能反映青少年阶段死亡事件的很多方面。

第十二章　青少年

青少年死亡与死亡率

10~19 岁的青少年占美国人口的 14.4%；20~24 岁的占 7.1%。2004 年美国，10~14 岁青少年死亡数目是 3 946 人，15~19 岁青少年死亡数目是 13 706人，20~24 岁青少年死亡人数是 19 715 人。加在一起占当年死亡人口总数的 1.6%。10~14 岁年龄段在该年龄群体中死亡率为每 10 万人中有 18.7 人，15~19 岁年龄段为每 10 万人中有 66.1 人，20~24 岁年龄段为每 10 万人中有 94 人。整体数据还表明，在青少年中，随着年龄增长，死亡率随之升高；随着青春期早期过后，中后期青少年死亡率明显上升。

青少年的主要死亡原因

根据美国国家卫生统计中心发布的数据，2004 年，10~24 岁的青少年死亡有 71.9% 的死因是事故、谋杀和自杀，这就是为什么我们在本节开始选择了那几则故事。由于这三个原因而死亡的人数，由 10~14 岁年龄段到其后的年龄段数目猛增。事实上，在青春期中后期，事故、谋杀和自杀是主要的死因。这是青少年阶段所特有的，因为生命过程的其他阶段的人们的主要死因至少有一个是跟疾病有关的，或者是自然原因死亡会占前三大死因之一。

事故、谋杀和自杀这类人为致死的死亡往往发生得非常突然，通常与暴力和心灵创伤有关。大多数的青少年死亡都跟这些有关系。对于死者亲友来说，他们的死往往是意外又震惊的，就像突如其来的灾难一般。对于经历过伙伴或者同学的死亡的青少年来说，这种突如其来的打击会影响他们的成长。例如，有些青少年会认为自己对朋友的疏忽而导致了他的死亡，这件事情就让他从此丧失了自信和与人亲密的感觉，为自己没能挽救朋友的生命而自责，而倍感焦虑。

由事故造成的死亡中，交通事故占大多数。很多成年人认为交通事故造成的死亡与谋杀和自杀一样是可以预防的。因此，家庭成员和朋友经常会对导致朋友死亡的行为而愤怒，或者因为没能阻止悲剧的发生而后悔不已。

1988 年，艾滋病毒感染已经成为美国 15~24 岁青少年第六大死因。2004 年，在 20~24 岁青少年中也位居第七。由于感染艾滋病初期有很长时间是没有临床症状的，所以这个数据更要引起我们的注意，因为有可能有人是在青春期染上的艾滋病，而最终却在成年之后死亡。

死亡课

近年来,还有很多青少年是在军队中服役,在与伊拉克和阿富汗的战争中死亡的。同样是暴力突发事件,这种死亡方式对他们的朋友和家人来说是非常痛苦的。

总而言之,青少年与其他年龄层的人们相比,大多数是健康的。他们的死亡率很低。原因是,青少年已经经历了出生、襁褓期和童年,他们有强大的生命力;同时,也没有中老年人易发的疾病侵袭。

青少年死亡的两个重要变量:性别和种族

青少年中男性的死亡率明显比女性要高,死于事故的情况也是相同的。由于谋杀和自杀而死亡的男性与女性比例是 6∶1。

当我们将不同文化和种族的青少年死亡人数和死亡率做对比时,一个重要的现象又出现了。尽管美国白人青少年的死亡人数比非裔青少年要多,但是非裔青少年的死亡率却远远高于美国白人青少年。2004 年、美国印第安青少年、亚太裔青少年和拉美裔青少年死亡人数很少,亚太裔青少年的死亡率最低,较之略高的是拉美裔和美国白人青少年,美国印第安青少年死亡率明显增高,但也没高过非裔美国青少年。美国白人青少年更多的是死于事故和自杀,而非裔青少年却经常死于谋杀、心脏病和艾滋病。

在 15~19 岁这个年龄段里,男性青少年死亡人数是死亡女性的 2.5 倍。美国白人青少年因为事故和艾滋病致死的死亡率男性与女性的比例是 3∶1,谋杀比例是 4∶1,自杀比例是 6∶1。

青少年时期经历他人的死亡

我们手头上关于青少年时期经历他人的死亡的数据很少。只有一个早期的研究,研究对象是 1 000 多名高中二三年级的学生(处在青春期中期),有 90% 的人说他们有过挚爱的人去世的经历。与近 40% 的人经历过与自己同龄的伙伴的死亡。埃瓦尔特和珀金斯的结论是"青少年的死亡经历过多。"有 20% 的人目睹过死亡。有一项类似的研究发现,当被问到"请指出他们最近一次的痛失经历"时,1 139 名处在青春期后期(大约在 19.5 岁左右)的纽约州大学生说是他们所爱的人的去世,其中有 328 名是突发性死亡。近年来,有研究者指出"在美国,有超过 200 万的儿童和 18 岁以下的青少年至少失去了父母之一。"很明显,当代青少年也经历过死亡和悲痛。

另外，青少年还经历过祖父母、邻居、老师、兄弟姐妹、朋友、伙伴等的死亡；也经历过宠物和其他动物的死亡；还经历过名人和偶像的死亡等。

青少年还会遇到很多痛失的经历，这些经历尽管与死亡无关，但还是会让他们非常痛苦，例如失去友谊或者失恋。

很多与死亡和其他痛失有关的经历对青少年的发展和成长有着特殊的影响。例如，在青春期早期那些力图从父母的束缚下解放的青少年，如果父母一方突然去世，那么情况就会变得很复杂。孩子会觉得被抛弃了，很难再找回往日的安全感。

类似的还有，处在青春期中期的孩子总是试图掌控自我，他们很享受自治所带来的愉悦，但是如果这时他们的朋友或者兄弟姐妹有人去世了，那么他们刚刚找到的那种自立感就受到了威胁。因为另外一个孩子的突然死亡让他感觉到死亡对生命的威胁无处不在，他开始担心起自己的安全。他从童年时候继承过来的"金钟罩铁布衫"、"不死咒语"或者"刀枪不入"的概念瞬间被动摇。

另外，处在青春期后期的孩子如果遇到了比自己小的孩子的死亡（自己的弟弟妹妹，朋友或者自己的孩子），那么，他们刚刚与某人建立起来的亲密关系和承诺就会遇到挫败。如果曾经与他有过某种亲密关系的人死亡，他就会因为害怕再次受到打击而不敢付出感情。死亡会令这些接近青春期末期的人们以一种粗暴的方式拒绝其他人的接近。

很多青少年也受到了"9.11"事件的影响，对此，他们有着这个年龄所特有的反应方式。青少年比儿童更能理解大规模的灾难，例如战争和恐怖主义。很多青少年也对家庭暴力、校园暴力和社会暴力十分敏感。他们也十分关心核武器和核电站所带来的危害，关心环境问题，关心雨林的毁坏、臭氧层空洞、温室效应、全球变暖、人口激增、垃圾处理等一系列的问题。

 ## 青少年对待死亡的态度

考虑到我们社会的复杂性与死亡话题的广泛性，青少年对待死亡的态度也有很大的不同，这一点我们毫不惊奇。我们可以先看看美国死亡系统中哪些因素影响着青少年对死亡的看法。

死亡课

研究者通常认为在青春期开始时甚至更早之前,青少年对死亡已经有了正常的认知,已经能够掌握死亡的概念以及死亡的具体含义。大多数的青少年都符合皮亚杰和殷海德所称的"言行举止的规范",这个规范的特点是:有假定推断思维,有归纳整理概念的能力,对现实持有客观的观点。

但是,仅仅知道青少年已经具备了成年人的思维方式这一点是不够的。诺普认为,青少年对死亡的理解可能还会受生理、认知、社会和情绪因素的影响。首先,快速的生理成熟和第二性征的出现让很多青少年开始意识到身体的衰退和死亡是不可避免的。这种紧张的情绪通常会导致高危行为出现,他们想挑战死亡或者企图戏谑死亡。尽管很多青少年没有因为冲动的行为而导致悲剧的后果,但是不可否认的是,当今社会到处都是高性能的机动车,到处充斥着毒品和武器,酗酒和艾滋病横行。当青少年遭遇这些危险的时候,他们就很渴望回到单纯的、备受照顾又饱受局限性的童年时代。

其次,青少年在寻找自我的身份和重新思考父母的价值观时,当他们发现了死亡的不可逃避性之后,他们刚刚发展起来的认知能力又遭遇到了挑战。对死亡的抽象思考与个性的重要性能否共存,这视不同人而不同。在有些青少年那里,这两种考虑无法兼容,必有一种考虑占据主要的位置,而另一种不得不做出让步。

再次,与家庭成员和伙伴之间的不断变化的社会关系使青少年既喜欢与人交往又感觉孤立。随着他们关系网的不断扩展,尤其是当他们离开父母的家庭时,青少年面临着要建立一个可行的社会生活的挑战,而避免让自己被孤立。新的伙伴团体提供了这样的环境,青少年在这个环境中尽情享受自己的新身份,但同时为了融入团体,必须让自己满足团体的要求。当青少年选择的团体是犯罪团伙时,事情就更加复杂了,因为这些团伙时常涉及暴力与冲突。在很多青少年团体中,暂时的人际交往困难可能会让他们感到愤怒和绝望,有时再加上刚刚进入到一个新的文化和环境中,或者被某种特殊的公众行为,例如表达悲痛的方式等影响而使事情更为复杂。

最后,青少年关于发展与死亡的感受往往是交织在一起的。实现自治和个性化不仅仅是离开父母的羽翼这么简单。真正的困难是要重新定位并具体改变与父母的关系,同时还要发展伙伴间的关系。所有这些都会影响到青少年的自尊感和生命的目标。悲痛的感受与对自我迷失的担心,共存于青少年的心中,并形成激烈的矛盾。

第十二章 青少年

青少年对于死亡的不同态度常常被搬上娱乐媒体，一定程度上反映了很多青少年的生活。例如，电子游戏中动画模拟死亡和暴力，很多年轻人喜欢的电影也是这样，与死亡有关的主题在音乐现场也很盛行。

青少年脆弱感的核心因素不仅与他们从文化的各个方面得到的替代经验（例如电影、电视剧、音乐）有关，还与他们学习到的经验教训，甚至是他们自身的经历有关。很多青少年不愿意承认和接受对死亡的理解，这与他们年龄的局限性和青少年生活的主流认知有关。这一点被一项实验分析所证实，该实验关注的是青春期中后期的人们的驾驶方式。

实验中有两个因素尤为重要：(1) 青少年驾驶者并没有认识到他们的某些行为具有危险性，会造成什么事故或者严重后果，所以他们的粗心大意会带来危险。(2) 青少年驾驶者往往将冒险视作一种正面的举动，表示他们可以独立掌控自己的命运，表达对成年人的权威和传统社会的挑战；他们也将冒险视作对抗焦虑和挫败感的武器，或者是想通过冒险获得同龄人的接受。

托尔斯泰在他的小说《伊凡·伊里奇之死》中，描写了青少年特有的那种刀枪不入的自我感觉。伊凡是在中年时期死去的，在死前他这样回忆自己的青春时代："他从基塞韦特逻辑的三段论推理：凯尔斯是一个人，人是不能永生的，所以凯尔斯也不能永生，这个推理对凯尔斯是适用的，但是对自己当然不适用。"换句话说，对于年轻的伊凡来说，死亡就是一个抽象的概念。只有在临终之时，他才感觉到死亡与自己生活的关系。

但并不是所有的年轻人都对死亡的威胁置之不理。在一项研究中，实验对象会听到一系列具有刺激性的词汇，其中包括一些与死亡有关的词汇，然后让他们说出第一个进入他们脑海的词汇。科学家负责从反应速度和皮肤表面的出汗情况来测量实验对象的反应。5～8岁及13～16岁年龄段的实验对象对死亡的焦虑分值很高，这是相对于9～12岁年龄段来说。这项研究的结论是死亡"对那些自我认知相对不稳定的人来说，对情绪的影响更强"。

这似乎证明了死亡的威胁对正处在人生发展的某一过渡时期的人们来说（例如青少年，他们稳定性和自信心较低）具有最强大的影响。曾经有一篇报道是说青少年对死亡的焦虑和恐惧是最强烈的，与对残疾的恐惧非常相近，这也在某种程度上与刚才的研究不谋而合。对很多人来说，青春期早期很少考虑未来，但却有着高度的自我中心主义。所以，对青少年死亡态度影响最大的是他们成熟的程度。心智越成熟，他们对死亡的不可避免性就认识得越清楚，同时就会越发热爱生活和乐于助人。

总而言之,很多青少年倾向于活在当下,并不理会死亡所带来的人身威胁,这并不一定是由于他们的思考能力有限,而是因为死亡的概念对他们的个人生活影响不大。当然,对于已经有过死亡经历的青少年,情况就不一样了。比如,一些青少年在安养院做过工作,这个经历一定给他们上了一堂非常重要的人生经验课。但大多数青少年还是在矛盾的对抗中学习死亡的力量,他们想与死亡保持距离,同时又想通过自己的人生经历来理解本来很抽象的死亡的真正含义。

 ## 与恶疾抗争和临终的青少年们

临终阶段与青少年阶段都是人生的过渡时期。曾有人这样说过:"身患绝症的青少年正经历着人生的双重危机,因为他们既要面对即将来临的死亡,又要应对成长的烦恼。"更重要的是,他们想要活下去,期望能自由自在地尝试各种方式来对抗死亡的挑战,同时还要寻找生与死的意义。他们中的大多数,需要对疾病有足够的了解,积极地配合治疗,参与一些重要的决定,才能有效地与疾病作斗争。

在15~24岁的年龄段里,癌症是死亡的第四大诱因,遥遥领先于心脏病、先天疾病、慢性呼吸道疾病、艾滋病、脑血管疾病、流感和肺炎。

青少年对待死亡和绝症的态度有很多种。我们应该注意,青少年对即将死亡的时刻的恐惧远胜于对死亡本身的恐惧。身患绝症就意味着要失去自己的青春,自己已被宣判了死刑;他们将失去自己美好年轻的形象,自己生活的方式,每天的学校生活,独立感,与父母兄弟和朋友的相处时光,还有,对未来的自信。

史蒂文斯和邓斯莫尔基于大量研究,观察到青春期早期的青少年,如果身患绝症,就很有可能比任何人都关注自己的外在形象和行动能力。他们非常依赖大人。青春期中期的患者会将注意力聚焦在他们的疾病是否影响到他们对异性的吸引力,是否会影响到他们的独立性,是否会被同龄人排斥。年龄更大一些的患者可能最关心疾病会对自己的生活方式、事业和人际关系有什么影响。

恶性疾病既影响着患病的青少年,也影响着那些牵涉其中的人们。患者本人和家庭成员应该充分沟通,尤其是在患者最后一段时光里更应如此。这样,青少年才会采取积极的态度来应对困难。

除了控制好病情的发展,青少年还需要关怀和平等的待遇。青少年也需要知道关于自己病情的准确的信息,在治疗当中,他们的担心和意见要被考虑在内。大多数青少年需要以自己的方式来生活,也需要参与群体活动——这是青少年最平常的生活。安养院和临终关怀人员需要充分考虑到这一点。

当我们想要帮助那些患病青少年及其家人的时候,帕帕达托为我们提供了一个指导思想:"我们必须相信我们并非无助和无望的,我们有很多珍贵的东西,例如,真诚的友谊可以让患病的青少年感到在他们生命的最后阶段,我们愿意用爱陪伴着他们。"

 ## 丧亲之痛中的青少年

青少年有可能接触到生命中重要的人逝去,这导致的痛失和悲痛对于正处在活跃、复杂和发展阶段的青少年来说影响尤为深重。

近年来,一个专门研究青少年丧亲之痛的研究团体发展了起来。他们关注的群体是那些失去了父母或者兄弟姐妹的青少年。很奇怪的是,他们很少关注失去朋友、宠物的青少年或者是痛失了孩子的年轻的父母们,即使这些失去对青少年来说也是意义深远的。

在影响青少年悲痛情绪的主要变量当中,自我意识、成熟度和悲伤是最重要的因素。例如,有两项失去兄弟姐妹的青少年的研究报告说,自我意识越强的人悲痛程度就越低,抑郁、恐惧、孤独和迷惘的程度也越低;而自我意识越低的人,所受到的影响就越大。与逝者的感情深浅也是影响青少年悲痛程度的因素。

关于成熟度,一项加拿大青少年丧亲悲痛的研究报告称年龄越大的青少年,痛苦就越大。但是,尽管他们经受了更多的痛苦,但时间却相对短暂,可能是因为他们愿意与朋友沟通,可以找到社会的支持。

总之,"青少年在丧亲之后的自我调整的一个最突出的特点就是弹性恢复。"有研究证明,经历过丧亲之痛的大学生们显示出坚强,也可以逆向影响

着他们的悲痛，在死者去世后，与死者的关系处理就是青少年个人成长的一个重要指标。

"青少年总是认为他们是深厚和强烈的感受的发现者，没有人会像他们那般热烈地去爱。"如果是这样，那么青少年也可以认为他们的悲痛情绪也同样的与众不同和令人费解——不管是对他们自己还是对他人都这样。结果是，青少年可能在短暂的爆发中表达悲痛，也可能压抑情绪，因为他们害怕情绪失控，他们不希望旁人认为他们失控了。

参加一些活动减压对青少年很有帮助，例如演奏乐器，让自己忙起来，或者排解压抑的情绪。父母和亲友的支持，互助团体和专业人士的帮助，都有助于让青少年有效对抗悲痛的情绪。但是，还是有一些状况可能会引起复杂的情况，例如一些青少年倾向于将死者理想化，愧疚和自责就使悲痛变得复杂。

无论是自己与恶性疾病作抗争，还是经历痛失亲人的悲痛，对于青少年来说都是双重的危机。在这场危机中，他们要同时担负几项任务，面临多重挑战。换句话说，悲痛的青少年，他们既在抗争也在寻找，既混乱又渴望将一切重组。这些交织在一起，最终渐渐确认与逝者的分离，成就掌控能力，重建新形式的亲密关系。科尔曼的焦点理论认为，多数的青少年面对压力，往往是一次解决一个危机。然而，对于此刻的多重危机，对他们和想帮助他们的人来说就尤为困难了。

青少年悲痛可能与成年人的悲痛并不是平行相似的过程。青少年的悲痛可能是连续的也可能是间歇的，既包含时有发生的悲痛，也包含长时间持续性的悲痛。在个人的人际关系和社会系统中，青少年的悲痛可能涉及再次经历痛失和悲痛情绪的加重。在这方面，我们需要更多的研究家庭的作用和死亡对青少年发展的影响。

 **青少年谋杀和自杀**

青少年谋杀

谋杀是青少年死亡的第二大原因，紧随意外事故之后。近年，青少年死亡原因中谋杀的比重日益增大，而且具有明显的性别和种族差异特点。

1960—1990年，美国死于谋杀的处于青春期中晚期的青少年比例增长了3

到 4 倍。另外，这个年龄段的男孩被谋杀的比例远远高于女孩，这一比率大约是 3∶1。然而，与自杀不同的是，谋杀发生在黑人身上的情况，远多于发生在白人中间，其比率大约是 6∶1。

自 1991 年以来，美国人的谋杀率一直呈下降趋势。尽管如此，在 2004 年，15～24 岁的美国黑人男孩死亡原因中，谋杀仍然占首位，而在同年龄段的美国黑人女孩死亡原因中，占第二位。从世界范围内看，其他国家青少年因谋杀造成的死亡率远比美国高。

青少年的谋杀无论从起源还是从影响来说，都非常复杂。谋杀和其他形式的精神创伤，对各类青少年来说都有非常大的负面影响。其中，对那些被侵害的主要暴力受害者影响尤其大。（甚至还有一部分人是无辜的旁观者，例如本章开头短文里所说的两个女孩。）此外，青少年谋杀还会对其他间接受害人产生负面影响，如亲人、朋友，以及暴力事件的见证人，甚至是犯罪人本身。这种经历对个性、情感等处于成长阶段的青少年幸存者影响更大。

相对于乡村，在城市里谋杀更为普遍。

在新闻媒体报道的校园凶杀案中，中产阶级、社会优势群体和美国白人（包括女性）都卷入其中，这引起了公众的注意，特别是被广泛报道的 1999 年 4 月的科罗拉多州哥伦拜恩高中枪击事件悲剧，以及与此类似的，2007 年的弗吉尼亚理工大学枪击案。实际上，这样的事件相当罕见，但不要否认在我们的社会中，学校还是孩子们最安全的地方之一，这一事实也是近来被美国政府官方所确认的报告。

即便如此，与学校有关的暴力死亡事件，仍旧向人们警示，死亡是可以被以丑陋的方式强加的。霍林格曾指出"青少年谋杀案通常与贫穷有关，而且显而易见，也常发生在熟人之间，家庭内部或者与黑帮暴力有关，受害者和犯罪人往往背景相似。性格扭曲（如：性格冲动难以控制，具有反社会倾向）现象在青少年谋杀案件中的受害人和犯罪人中很常见。"青少年谋杀一个重要的特征就是，它通常发生在同龄人之间并受社会影响。成年人暴力通常是个体事件，而青少年暴力往往是群体事件。在一些年龄相仿的青少年中，暴力行为往往是可以接受、受到鼓励的，甚至是被当做加入某种团体的入伙仪式。

青少年谋杀不仅仅是刑事问题，更应该被看做是社会健康问题。

对美国青少年令人吃惊的谋杀水平的各种解释，已经超出了本书的范围。很明显，美国社会和其死亡防控体系还有很多事情要做，来减少青少年的暴力和谋杀。霍林格和其同事在1994年完成了对于青少年自杀和谋杀研究，其理论包括四个主要建议：(1) 对枪支进行管制，增加取得枪支的难度；(2) 进行公共教育，内容包括自杀和谋杀行为的起因，以及如何对待和防范的策略；(3) 对专业人士进行更好的培训；(4) 对病因和治疗方法进行更多更好的研究。

青少年自杀

青少年的自杀行为，因为两个主要原因长期受到关注：(1) 对大多数人来说，青少年时期应该是一个健康的创造阶段，在这个阶段，个人从孩童变为成人，是走向未来的重要开端。(2) 1960—1990年，处于青春期中晚期的青少年自杀率的上升速度，远比其他任何年龄段的人的要迅速。

青少年自杀行为有个特点就是，企图自杀和自杀身亡的青少年，在性别方面存在着巨大差异。据可靠估计，大多数（大约75%）企图自杀的青少年是女孩，而大多数（大约85%）自杀身亡的青少年是男孩。

自己导致的死亡竟然能成为青少年死亡的第三大原因，而这一时期常常被认为是令人满意和充满希望的，这看起来很矛盾。事实上，正像我们所看到的本章开始安东尼·拉米雷斯的例子，选择自杀的青少年，通常并不像其他同龄人一样，对自己的现状有一个乐观的看法，而是担负了过多的压力，而不能采取建设性的方法去解决他们自己的问题，有些人认为，别人的生活是美好和充满希望的，而自己的却充满压抑。

自杀行为无论对青少年还是其他年龄段的人来说都是很复杂的，引起这一结果的因素有很多。因此，我们不能把青少年自杀行为看得过于简单。不过，我们还是经常能发现具有自杀倾向的青少年。突出的因素就是，和其他重要的人之间的关系存在缺陷或者改变，如和其父母或其他家庭成员、同龄人、同学或者同事；为了合群而存在的潜在压力；处理问题时没有经验等。所有这些因素都与没有有效沟通、缺乏应对技巧以及在成长阶段的青少年的其他问题有关。另外，有证据证明，同性恋青年更容易自杀。这可能是由很多因素所导致的，包括社会上很多人对同性恋者的态度。更广意义上讲，因为理想与现实存在巨大差异，而出现较低的自我认同、自我憎恶、精神抑郁，甚至更高的自杀风险。这样的青少年可能无法表达他们的需要，解决他们的自身问题，或者无法获得必需的帮助。

那些既无法解决自身问题又没有光明未来的青少年，容易变得孤立和消沉。因为精神抑郁消沉，常常与孤独无助和绝望相关联，这样的青少年也许会变得孤注一掷，自我毁灭看起来是他们的唯一选择。通常，这并不能反映一个人就是想去死。事实上，和其他人一样，很多自杀的青少年对待生命和死亡也是非常矛盾的，也许他们并不清楚死亡究竟意味着什么，也许他们最想做的只是尽可能地从压抑的生活中摆脱出来。

对自杀充满矛盾的青少年，通常会通过某种沟通方式或其他方法试图寻求帮助。例如，他们也许会开始放弃自己珍爱的东西，或者含糊不清的表达，如果他们不在了是不是事情会变得更好。然而，这也许并不是获得他们所急需的信息的有效途径。但毕竟，有效沟通的能力与解决问题的能力直接相关。一个青少年如果能够将其自身的问题告诉其他人，往往是迈出解决问题的重要一步。但是，这些青少年的情感沟通对象，并不能认识到他们所需要的帮助的有关信息，因为很多青少年在沟通时会夸大问题，或者这些特别的信息也许本身就是模糊的，另外，也许还因为那些拥有健康生活的人，并不能或者不想去理解这些与绝望有关的信息。

即使这些局外人不能阻止青少年的自杀企图，也能够做点事情降低发生自杀行为的可能性。帮助青少年增强自尊心，培养做出正确决定的能力，提高应对问题的技巧，是非常可取的。应该组织教师、顾问、家长和青少年，针对自杀发出警告提供相应的实用帮助策略，同时学校应进行教育和干预，例如，对同龄人进行的心理咨询辅导和危机干预项目。

有些人担心防止自杀的教育，反而会制造自杀行为。这就是所谓的"传染理论"，该理论认为，提及自杀，极易传染给听众，从而导致听众试图自杀。最近几年，这一担心已经和"集体自杀"、"盲目模仿自杀"相提并论，"盲目模仿自杀"是指其他自杀者或者媒体中的相关报道，会给问题青年建立一种自杀模式予以模仿。实际上，并没有可靠证据支持这些观点。

对青少年来说，最危险的并不是对于自杀的知识或者对别人自杀行为的认知，而是他们认为这一危及生命的行为是可取的、被认可的。这一危险正是坦言自杀行为的负面后果的教育所没有发现的。这些教育向青少年灌输，自杀是用终极的方式来解决暂时的问题。正像阿特·布赫瓦尔德用其特有的幽默方式所写的"千万不要自杀，因为两星期以后也许你会改变主意。"对自杀的有效教育，应该以其他方式调动解决问题的资源，并且将注意力导向青少年因自杀而产生的普遍而巨大的痛苦。

危机干预项目为减少青少年或其他年龄段人群的自杀提供了一种有效的干预模式。这一项目,正好用来给那些对自杀感到矛盾的人进行指导,鼓励这些人通过电话联系援助机构。很多提供援助的志愿者,通常也正处于青少年时期,他们被精心挑选、训练、监督和支持这项工作。这些志愿者在有限的危机时期,对被帮助人提供细心的陪伴和关心,能帮助和替代措施解决问题,并且对将来提供进一步帮助和指导。

青少年自杀领域有一个问题到现在还没有被充分理解,但是这个问题却是十分重要,那就是当一个人自杀以后,其他活着的人怎么办。随着青少年自杀,紧随而来的痛苦极有可能是非常巨大的。这种情况对所有人都适用,但是特别对那些失去亲人的青少年尤为强烈。对还活着的同龄人来说,青少年自杀是一种特别有害的死亡形式。对青少年来说,这种痛苦非常复杂,常常伴随着负罪、拒绝、挫折、愤怒和失败感。而且,经常对社会充满不满和耻辱,所有这些都加重了痛苦和哀悼的负担。承受痛苦的青少年,通常会变得更加敏感,并应得到更多的关心和支持。在他们颂扬和纪念已故朋友的生命时,理应得到帮助。

帮助青少年应对死亡与悲痛

只要未雨绸缪,经过精心的准备和教育(最好在他们的青春期,甚至童年时期就开展教育),当风雨真的来临之时,我们就可以帮助他们顺利渡过难关。

教育与准备

家长与其他成年人都可以帮助青少年应对悲痛事件,成年人可以在孩子童年时期就开始打基础,并给孩子一个良好的环境,让孩子们可以发挥自主意识,通过有效的沟通、交流思想和感受,通过做他们的榜样等有建设性的方式来帮助青少年找到内心的安全感,也找到生命的意义,这样,即使他们面临人生的重大危机,也仍能够乐观地看到生活的馈赠。

麦克内尔为成年人与青少年就死亡的话题的交流提出以下几点意见:

1. 青少年对死亡的担忧和恐惧,成年人要主动将其提到意识层面上来,与孩子坦诚地谈话,发现他们的想法。

2. 认真聆听青少年的想法，尤其要注意掩藏在话语背后的情感。
3. 认识到青少年的情感是真实的，非常重要的，也是很正常的。
4. 积极地回应，以反映你对孩子们的想法的肯定和理解。
5. 不要轻易代替他们解决问题，而是帮助他们找到自己的解决办法。
6. 抽出时间享受与孩子相处的时光，要经常创造与孩子沟通的机会。

这种交流沟通可以作为孩子在高中和大学所接受的死亡教育课程的辅助，还有很多关于的死亡的文学作品也能够帮助他们。有很多文献关于成年人如何对儿童谈论死亡话题，经过适当的修改，其实也同样适用于青少年；当然也有很多直接关于青少年与死亡的话题的书籍。所有的这些教育方法、文献和帮助，都必须达到一定效果，以满足青少年的需求。罗森塔尔曾设计过一门专门帮助青少年在面对死亡以及临终前的悲痛课程，她建议教师们在选择主题、教材和教学方法以及考试的过程中必须注意到以下三个基本方面：信息、自我意识和帮助的技巧。而更重要的是必须让他们敞开心扉与脆弱的孩子们建立交流，而不是让他们备感孤立。

帮助经历过丧亲之痛的人

在戴安娜王妃去世之后，一位父亲对王妃儿子的一位同学讲："不要再提及王妃，你有义务这样做，你必须装作什么事情都没有发生，而继续你的生活。"事实上，有这样重大的事情发生，戴妃的孩子们无论如何也无法让事情就这样从脑海中抹掉。如果我们能够采取积极主动的态度来帮助孩子们，让他们知道该知道的事情，从而帮助他们解读生与死，重新构建自己未来的生活，才是最明智的做法。我们还要帮助他们明确对待死亡的情绪和反应是怎样的，给他们一个安全的空间来发泄情绪，然后让他们自己找到应对的方法，鼓励他们参加葬礼和纪念仪式，找回健康生活的方式和意义。写日记也是很好的办法，它可以作为其他帮助手段的辅助措施，抑或对倾向于暗自宣泄情绪的孩子们是有益的。

对青少年的悲伤辅导应该基于以下两个原则：第一，提供一个安全的环境，让青少年在其中找到问题所在；第二，帮助他们应对现状的同时，也要注意帮助他们成长，这两点在青少年时期是紧密交织在一起的。第二点的建议的意思是，我们必须让青少年自己去找到一种可行的方式来解决人生的危机，而不是别的什么人。

死亡课

有一些青少年并不愿意对父母、老师或者其他人倾诉,但是他们喜欢参加一些同龄人的互助团体,在这些团体中,大家有着相似的经历,在这样的环境中,往往可以解除他们对死亡的忧虑。建立这样的团体,孩子们就没有了被抛弃和被排斥的感觉,因为大家都是一样的。这种排斥对悲痛中的青少年影响是十分巨大的,因为他们的年龄正处在需要融入同龄人的群体,被接受被承认的愿望非常强烈。互助团体可以帮助青少年了解相关的知识,帮助他们舒缓精神压力,在生活中受到重创之后,找到了适当的帮助,让自己明白痛失是人生中的自然经历,是非常正常的,这个信息对于青少年来说非常重要。

还有一些青少年对待死亡的看法是正面的,他们认为即使是如此之大的悲痛,终会有好的结果,他们会更加珍惜生命,更加关爱他人,与家人更加亲密无间。成年人应该鼓励这些想法,让他们从自己的生活中总结人生的重要经验。

第十三章　中青年人

东正教大主教面对母亲的死亡

我的母亲与癌症抗争了三年，最终去世了。

那次手术失败后，医生告诉了我情况，并补充说道："但你不能跟老人家说这些。"我说："我会告诉她的。"我也的确这么做了。

我还记得我是怎样走到她的面前告诉她手术并不成功。我沉默了一会，我母亲说话了："那么，我会死的，是不是？"我说："是的。"

之后，我们就彻底安静了，默然相对。我们当时其实没想什么，至少我是这么认为的。我们只是面对生活中发生的问题，我们也在改变生活。这并不是阴影，也不邪恶，更不恐怖，那只是生命的大限。我们必须面对它，尽管我们也不知道它最终会怎样发生。我们只是尽可能活下去，生命就这么延续着。

在此期间，我和母亲没有一刻是在谎言中相对的，从没有强求对方刻意装假，从中得到些许安慰。我从来没有面带虚假的微笑进入母亲的病房，也没有对她说谎。我们从不故作轻松来企图征服死亡或者疾病，强求事情能够好转，我们知道那是不可能的。我们也从不掩藏对对方的需要，从不拒绝对方的帮助。当她需要帮助的时候，她就会按响铃声，我就会到她的身边，我们可以开诚布公地谈论她的死亡和我的悲痛。

她非常热爱生活，就在她去世前几天，她还说，她都准备好了活到150岁，哪怕是在病痛中备受折磨，她也愿意。她爱我们，一想到要别离，她就非常悲伤："哦，即使我将再也无法触摸你们，我的声音也会依旧在你们心中的。"

还有一些时候，我感到非常痛苦，我会跟母亲倾谈。她会支持我，帮助我面对她的死亡。这才是深层次的真实的母子关系，没有谎言。

此外，因为死亡随时会到来，一旦做错什么事情，很可能连挽回的机会都没有。所以，我们要随时表达出情感，表达得越完美越完整越好，表达出我们的爱和尊重。只有死亡可以让平日显得非常渺小和无足轻重的事情变得重大起来。你为母亲准备的每一杯茶，每次为她垫好后背的靠垫，你的一举一动、一颦一笑，所有这一切都是对你们美好的关系的表达。

一旦出现了错误的信息传递，出现了裂缝，或者有事情出了错，那就必须马上弥补，因为谁知道下一刻是不是就让一切都变得太晚了呢？死亡用一种无与伦比的犀利和清澈，让你看到了生命的真谛。

中青年人所面临任务以及死亡问题

中青年阶段基本有40年左右，从20出头的青春期延伸至60多岁的老年初期。有人说这是历时最长的一个年龄阶段，或誉为"壮年"或"生命的全盛期"。还有人将这一时期又分为两个时期，每个时期历时20年，即21、22至45岁的青壮年时期和45~65岁的中年时期。根据埃里克森的看法，青壮年时期的主要任务是亲密关系，而中年时期的主要任务是传承。

尽管这一年龄群体中个体也有很大差异，但是他们也有很多共同之处，例如家庭关系、工作角色以及对死亡的关注和焦虑越来越大。他们所要面对的最大的挑战就是他们所处的年龄阶段的特殊性，也就是三明治一代——这样的一代人显著特点是：上有老，下有小。尽管如此，因为有大量的变量影响着他们的生活，也因为这个年龄群体有太多的发展层面，有一些还没有被详尽地研究过，所以我们在概括这个群体的特质和他们的经历时，还是力求严谨。

总而言之，中青年是基于已确立下来的人生和职业选择，来充分发掘和利用这一身份的阶段。在血气方刚的青年时期所决定下来的人生、职业和生活方式会影响着他们之后的人生轨迹。这些决定帮助人们更全面地了解自己，比青少年时期的自己更进一步。中年时期，人们要保存和发展自己已经积累下来的个人、社会和职业资源。由青年向中年转变的过程中，人们总是留恋着过去（青春和许多的机会）；转变也会让人们重新审视和欣赏生活，他们对自己有了全新的认识，对未来的生活方式也有所选择。"中年危机"这样的说法曾经一度盛行，而现在大多数人认为，中年其实没有那么动荡，还是以平稳的过渡为主。

莱文森用量化的方法，将跨度相对较广的中青年时期又划分为几个"季节"，并划分了边界区、过渡期并描述了相应的特点。青年期，是刚刚进入成人世界，编织梦想的季节；在大约30岁的时候，开始内部转型，到达了稳定期；而中年又是另外一个季节，是在50岁左右完成内部转型的，至此中青年时期就要接近尾声，逐渐进入老年期。莱文森认为在青年和中年之间的界限就是著名的中年过渡，在这期间人们总是怀旧，告别青年，调整生活结构，开始中年生活，他们努力解决四个主要对立面：年轻与年老，破与立，男与女，联系与分离。

很多对成年人的原创性研究都局限于男性。但是，莱文森去世后，人们发表了他的一项研究结果，研究是基于1980—1982年期间，对45名妇女进行的采访。研究将这45名妇女分为三类：家庭主妇、在商界工作的女性和在学术界工作的女性。研究结果是，男人和女人都有建立—维持阶段和转型阶段的交替序列。这与他早期研究男性的发展"季节"是相吻合的。

吉利根却认为女人的转变过程与男人有着显著的不同。例如，男人和女人都觉得上有老下有小这种情况的确造成了很大的压力。但是，他们面对这个困境的反应却十分不同。举个例子来说，当家里老人或者孩子需要照料的时候，男人从古至今就认为他们需要提供经济和后勤保障，但是具体的照顾工作，就落到了女人的肩上。至今，这种情况依旧延续。

有人认为这种性别分工的不同在当今的社会也不完全准确了。现在有很多女性在家庭之外的职场承担了很多新的责任。但无论怎样，男女之间的差异还是存在的，并严重影响着男女的社会分工。很多在外工作的女性需要承担家庭内外双重负担，在这方面，男性有可能会帮忙，但是基本上并不承担具体的家务活和照顾老小的责任。莱文森至此总结说，对成年人的生活的描述要考虑到两方面的因素，那就是年龄和性别的特殊性都要考虑在内。关键问题是成年人的共同点可能与性别差异、历史和其他因素共存。

中青年阶段的死亡情况

中青年人的死亡数据

25～64岁的人口占美国人口总数的52.5%。2004年，这个人群共有568 624人死亡，在当年美国近2 400 000的死亡人数中占23.7%。

死亡课

将该人群按照每十年一个年龄段划分，2004年美国统计数据表明45～54岁这个年龄段的死亡数目急剧增加。2004年，25～34岁每10万人共有102.1人死亡，而55～64岁年龄段每10万人中有910.3人死亡，死亡率陡升为青年人的9倍。这个情况适用于所有人群，不管是男女，是美国白人、拉美裔，还是美国黑人或是亚太裔群体。

美国社会成年人死亡状况的重要特点包括：第一，中年人比青年人死亡数目要高很多，死亡率也高很多。第二，年龄段每上升10岁，死亡数目和死亡率也会随之上升。第三，婴儿的死亡率和死亡人数比一般群体都要高，但是55～64岁年龄段死亡率和死亡人数比婴儿还要高。

中青年阶段主要的死亡原因

根据数据统计，五大主要死亡原因在青年时期到中年时期开始出现转变。从2004年的统计数据来看，25～44岁年龄段死亡第一大原因是事故。与癌症、心脏病有关的死亡共计可达总死亡人数的50%。自杀和谋杀紧随其后。

45～65岁人群，癌症和心脏病占到总死亡率的56%，远高于事故和其他退化性疾病（慢性呼吸道疾病、糖尿病、脑血管疾病、慢性肝病和肝硬化）。在癌症致死的人群中，肺癌占第一位，其次是男性的前列腺癌和女性的乳腺癌。

在中青年时期由于事故引起死亡的死亡率比青少年时期要低，但是由于交通事故致死的情况却呈上趋势。

1994年之前，25～44人群中艾滋病是第一致死原因。但到2004年，艾滋病已经跌至第6位，在11年中，艾滋病致死的死亡率下降了80%。对艾滋病的教育和宣传、行之有效的防范措施，以及对感染者的更好的治疗和照顾发挥了显著作用。

影响中青年死亡的两个重要变量：性别和种族

数据表明，男性中青年的死亡率远远高于女性。男性比女性更容易心脏病致死和自杀，但是女性更容易因癌症致死。

在中青年群体中，美国白人的死亡数目远远高于美国黑人、拉美裔美国人、亚太裔美国人和印第安人。但是美国黑人的死亡率却远远高于美国白人。在所有种族和文化群体中，男性的死亡人数和死亡率都大大高于女性。艾滋病和谋杀是美国黑人的典型死因，但是自杀却在美国白人中更典型。

 ## 中青年人对死亡的态度

成年人死亡的特点影响了他们对死亡的态度——尤其是中年人。30岁左右的人比青少年在自我认识方面更加稳定。所以，对于死亡的恐惧和抗拒要比青少年时期来得相对缓和。当然，新的遭遇会带来新的威胁和焦虑。随着人们进入中年，他们对死亡的态度也开始有所改变。

例如，成年人遭遇死亡的典型经历就是他们上一辈人开始渐渐步入暮年，死亡率越来越高，所以中年人的丧亲的情况也随之增加。本章开始所描述的主教的母亲的去世就是中年人经常遭遇的事件。这个情况再加上家中一天天长大的孩子，就构成了我们所说的三明治一代的含义——同时陷入来自老少两代人的压力。

对于青年人来说，对于死亡有关的焦虑主要来自于担心他人的死亡。但是，随着他们生活经验的不断累积，他们具有新的个性化的死亡观念。这个认识主要以两种方式体现出来：由于父母、同龄人、兄弟姐妹或者配偶的死亡，他们可能在人生中第一次遭遇了死亡，尤其是由于自然原因造成的结果；他们逐渐意识到生命的局限性，人是会死的，任何时候都有可能。

同龄人、兄弟姐妹或者配偶可能随时都会死去，但在成年时期，他们很可能会因为某种自然原因死去，例如疾病。一旦发生，悲痛的人们就无法轻易地以厄运或者外界原因为借口而寻求释然，因为厄运和外因所致的死亡是可以避免的，但是自然原因的死亡与疾病是不可避免的。同样，当人们开始感觉到自己生命的局限，或者意识到年老或者不良生活方式都会导致死亡的时候，他们再也不能像青少年时期那样认为自己是刀枪不入的了。结果，他们将视角从已经活了多少时间，转变成还有多少时间可以活。由此，成年人就开始反思性地评价自己的成就，意识到自己已经过了大半辈子了，未来并不会无限延伸，不会像以前那样认为终点还在远得看不见的某个地方，也不敢拿退休和死亡开玩笑了。

他们会由此重新审视个人的价值观和该做的事情，很可能就激起了他们深厚的爱，开始享受更加丰富的富有意义的生活，也有可能导致对过去的不满和

死亡课

遗憾。总之，死亡深刻地影响着人们对人生和自我的重新评价，这也构成了中年人的特质。

随着中青年人渐渐思考进而正视死亡的现实，他们就总不自觉地想起如果自己死去的话，那对他们的孩子将意味着什么，对家里其他人将意味着什么，对他们的事业将意味着什么。

艾滋病是致命的传染性疾病，但是自从20世纪90年代开始，这种疾病在形式与程度上都有了重大的变化。有人曾经这样跟我们说："在发现艾滋病之前，世界是一个样子；发现艾滋病之后，世界又是一个样子。发现艾滋病之后，很多事情都改变了。"如果是这样，那么对于很多人来说，生命就不可挽回地被改变了。而且，恐怖主义袭击、伊拉克战争等等也给新一代的中青年人造成了新的死亡威胁。

还有一些与核武器、环境、酗酒和吸毒有关的问题被世人所熟知，再加上自然原因的死亡，使得人们的死亡意识越来越强，尤其是那些中老年人。但这些死亡事件让青年人同样感觉焦虑和失望，他们说话开始有了中年人才有的语气，对周围所爱的人也倍加珍惜。

中青年人应对恶性疾病和死亡

青年人如何应对

如果青壮年时期的发展任务是取得亲密的关系，那么恶性疾病与死亡就威胁到了他们发展亲密关系，达到他们的目标和今后的计划实际支持。"亲密是与他人敞开胸怀，互相支持和亲近，而不必担心在其中失去自我。与某人取得亲密的关系还意味着双方相互理解，能够满足彼此的需要，接受彼此的缺点，并关心对方。"总之，亲密取决于自我身份的认同和对他人的信任。

要想过有质量的生活，年轻的患者依然需要亲密的关系。总之，如果不能发展亲密的关系，会导致孤立。就像我们在第五章所看到的，被抛弃和孤独是患有恶性疾病的患者所面临的最大的问题。所以，恶性疾病与死亡直接威胁到青壮年的发展需求。他们无法获得亲密的关系的主要障碍就是对死亡的恐惧，或者缺乏对疾病的认识。我们所要做的就是重新审视这些障碍，通过不懈的努力，在有限的宝贵时间里学会与他人分享，这将会让人有新的收获。

很多夫妇都很自然地通过两性活动来表达亲密，不一定仅仅局限于性生活，两性活动广义上包括了思想、感受和行为。患有恶性疾病的青年人也应该在生活中尽量培养性的表达。通过打扮自己，通过温柔的爱抚，与配偶敞开心扉谈论自己的身心需求等等都能有利于身心发展。客观的态度、适当的隐私和不懈地努力适应疾病所带来的生活上的改变都是对病人很有帮助的。

对于青壮年人，恶性疾病可能在很多方面危害到了他们对未来的打算，例如结婚生子、深造或者事业发展等等。在这种情况下，青年人必须重新调整他们的计划，好好思考在新的状况下哪些打算是合适的。他们很可能需要他人的协助来看清现实，同时又能够尊重他们个人的意愿，给他们很大的自主空间。只有这样，患者才能在满足个人的发展需求的同时，认清现实情况所造成的诸多局限。

中年人如何应对

根据埃里克森的研究，中年人的主要发展任务就是传承。如果在中年时期患上恶性疾病危及生命，那么这就意味着他们要重新评估个人生活，继续自身的角色，让事情尽量能够在掌控之内。以新的方式看待生命，保养和有所准备是中年人的显著特点。他们回顾过去，吸取经验教训，并努力将其传承下去，而不再自我沉浸和停滞不前。他们需要为未来做准备，并开始渐渐将经验与责任交予他人。当中年人意识到自己将不久于人世的时候，他们不但不会停下脚步，反而会加快脚步，完成自己的任务。

中年时期对生命的重新评估主要关注生命的意义和方向。年龄与疾病的双重刺激，导致了他们对类似的问题感到更多的疑问，更加痛彻心扉也更加紧迫。当意识到了疾病所带来的各方面的压力会影响到他们的事业时，他们便更加卖力地加紧步伐去完成。还有一些人会改变最初的计划，而转向新的方向。不管是哪种方式，人们总还是会为未来那若隐若现的生命威胁以及之前留下的种种遗憾而倍加伤感。

但是，他们选择向前看，尽管未来再也不是以前看上去的那样无限了，尽管未来有些黯淡，与疾病抗争的中年人可能会去考虑他们为未来所奠定的基础所能持续的价值。他们可能会更加勤奋地实现目标，或者享受既得的成果。对于患病的中年人，我们应该支持他们做有建设性的传承工作，以适当的方式让他们继续担当有意义的角色。

死亡课

在身患重病的情况下放眼未来，这些中年人们深感身上的重担，这让他们必须将所有事情处理得井井有条。这些事情包括继续为家庭和所爱的人担当起责任，并保证在他们死后这些责任仍然会有人承担。尽管疾病和死亡威胁到了他们履行义务，但是他们总会尽其所能。在他人的帮助下，这些中年患者可以通过订立遗嘱，表达重要的意愿和信息，最大限度地安排好家人的未来。安排自己的后事也是一种有益的做法，尽量减少后事给他人带来的负担，这也是一种负责任的态度。

 ## 中青年人应对悲痛情绪

逐渐上了年纪的人们失去朋友和亲人的情况变得越来越多。中青年人可能一边为失去了父母、祖父母、配偶、兄弟姐妹、朋友和孩子而饱受痛苦，一边时刻经受着自身死亡的威胁。在某种程度上，这是这个年龄段所特有的：他们的孩子和大多数的青少年还没有自己的孩子，无所谓痛失下一代的经历，而老年人早已经历过了他们父辈去世。所以，中青年人的悲痛是最具有特殊性的，失去亲人的悲痛切实地威胁着他们。

即使是自己刚出生的孩子患有某种先天的疾病，都有可能让年轻的父母感到缺失、挑战和他们必须面对的打击。每一次失去都是极为痛苦的。但是，桑德斯的研究显示，对人们打击最大的依次是孩子、配偶和父母的死亡。这与流行在成年人中的一句话不谋而合："父母的去世，意味着我的过去死掉了；配偶的去世，意味着我的现在死去了；而孩子的死去，意味着我的未来毁灭了。"

孩子的死

流产。很多年轻的夫妇都经历过胎儿流产或者死胎的情况，这有别于选择性堕胎。

一些人可能认为流产或者死胎对父母所造成的影响不大，不会引起很大的悲痛反应，所以给这些父母错误的安慰："现在，你们有一个在天堂的小天使了。"或者"你们还可以再要孩子的。"这样的话很轻易地抹杀掉了他人的悲痛，反映出人们的无知和旁人的冷漠。"还没有真正与孩子生活在一起，也没有什么真实情感的维系，所以不会太痛苦的。"这是无知的想法，只会加剧失去孩子的父母的悲痛。事实上，在怀孕阶段，很多父母已经开始改变生活方式和自我认识来迎接孩子的降生。他们通过仪器观察着胎儿在子宫的一举一动，为孩子取名字，准备生活用品，他们的梦想在一天天长大。

当胎儿不幸死亡，对父母而言最重要的是完成情感的维系，这种情感的维系之前就已经存在，完成它有助于青年父母及早从悲痛中走出来。对未出生的胎儿和出生不久的新生儿的死亡，父母也会非常悲痛，这与孩子生命的长短无关，那只是血缘关系的本能。我们必须认识到孩子父母的深切痛苦，以及他们如何应对痛失。否则，他们的悲痛会被无情地忽略掉，对他们的恢复很不利。

所以，现在，在婴儿去世之后，如果父母想要抱抱他们的话，这是允许的，还可以给死去的孩子取名字，拍照，保留一些纪念物（例如小毯子、名签或者一缕头发等等），知道尸检结果，为孩子举行葬礼仪式来证明他曾来过这个世界。这些行为都为父母们提供了与孩子接触的机会，并为有益哀悼活动提供了现实的基础。但这些活动需要我们注意细节，关注失去孩子的父母的需求。关键是要理解失去孩子对那些父母意味着什么，要给他们合适的帮助，目的就是要让孩子在世间的短暂生命真实而有意义，并且尊重悲痛者的需求。

对于那些因为无法抚养孩子而选择堕胎的父母，或者孩子出生不久就不得不送给他人领养的父母都会经历失去和悲伤的情绪。无论是出于自愿与否，尽管有可能会认为在子宫的孩子还未成形，选择堕胎的人也会感觉到痛失，他们有哀痛的需要。对于将孩子送给他人抚养的人，即使他们知道自己是真的无法抚养这个孩子，仍然会感觉到痛苦和后悔。他们都会因为自己的无能为力而感到痛苦不堪。但是，如果人们认为他们的决定毫无痛苦，只是轻而易举地逃避责任的话，那就错了。

新生儿和婴儿的死亡。在孩子出生之后，新生儿通常有两种相差甚远的死亡情况。一种情况是，由于先天性不足、早产、新生儿体重过轻、受产妇妊娠并发症影响或是患有呼吸窘迫综合征等等的新生儿，这些孩子们在死亡前，自己曾为生命而抗争，也有医生的介入治疗，更有父母对亲生骨肉的担心。在这种情况下，孩子的死亡可能发生在医院，可能要与父母隔离，至少父母不能总在身边。另一种情况是婴儿猝死。这就不涉及以上这些因素，因为这个病是不明原因突发性的，第一症状就是死亡，通常发生在家中，父母通常会感到很内疚。

死亡课

新生儿的死都是因为他们过于幼小和虚弱而过早悄无声息地死去。尽管在母体中、生产时和襁褓期对于孩子来说都是有一定生命风险的,但是我们总是认为这么可怜幼小的孩子不应该死去。所以人们总是说:"这不公平。"但残酷的现实摆在面前,没有人能保证自己就能长寿。

新生儿的过早去世所带来的影响要看当时的具体情况。例如,在重症监护病房死去的新生儿对医生和父母都造成了极大的痛苦。如果医生与孩子家属之间产生了冲突,或者家属内部出现冲突,那情况就会更加复杂。一些刚失去孩子的妈妈渴望能继续留在产科病房得到专业人士的产后治疗,但其他人可能希望将她调到其他病房,这样可以避免她看见其他喜得孩子的父母而更加悲伤。

在很多情况下,新生儿的死会让他们的父母和其他相关的人发生各种各样的问题。这些问题包括责任感,失去了他们理想中的孩子就像失去了身体的一部分,也失去了未来,缺失了回忆,没有纪念仪式,缺乏来自社会的支持。即使有人帮忙,也可能无法满足他们真正的需求,也不能很长时间都在他们身边支持他们。

由于孩子的死,年轻的夫妇常常沉浸于自己的悲痛,这往往会影响他们的夫妻感情。另外,单亲父母所遇到的困难就更特殊了,因为他们必须要独自承担失去爱子的痛苦。这些父母往往不愿意为自己寻求重新生活的出路。这些家长需要我们的帮助,正是这些人才需要相关的知识(关于新生儿死亡,关于父母悲痛的应对措施等等),也需要专业人士的支持,以及与曾有过类似经验的父母们的交流接触。

儿童、青少年和青年人的死亡。儿童、青少年和青年人(但在很多方面仍旧是父母眼里的孩子)可能会因为车祸、谋杀、自然灾害、社会矛盾、恐怖事件或者战争而死去。这些死亡事件的一个典型的特点就是事发突然,几乎没有征兆,也没有心理准备,会引起生者巨大的创伤。在所有这些事件中,对于遇害者的父母所造成的问题是多重的:失去了孩子,失去了自己生活的一部分,失去了希望和梦想,失去了意义。

这种痛苦异常深刻,而且无处不在,旷日持久。狄更斯在他的小说中,就通过一位悲痛的父亲之口说出了下面的话:"在如此丰盈而忙碌的世界中,一个弱小的生命的流逝却在人们的心里留下了深不见底的伤痕,以至于只有永恒的广度和深度才能填满!"比狄更斯早几年,还有爱默生也有类似的言论,他的儿子死后，他在 1842 年 1 月 28 日的日记中这样写道："悲痛让我们重新变成了孩子。"

失去孩子的父母会遇到一个特殊的问题，就是经常会有人问看似简单日常的问题，例如："你有几个孩子？"这是很难回答的，部分原因是因为这些父母该如何看待自己的身份。"我还是父母吗？孩子的死对我意味着什么？"还有一部分原因是个人意愿问题，即他是否愿意向对方袒露个人隐私，袒露多少。总之，就是该继续深爱着逝去的孩子，或者是否应该保存对孩子的记忆。悲痛的父母会以不同的方式来接受这个挑战，但他们的苦痛绝对是没有同样经历的父母难以想象的。

如果孩子的死是人为所造成的（例如自杀或者被谋杀）；或是非常突然的（例如发生事故）；或是由于疏忽造成（例如醉酒驾车）；或者因为战争或者恐怖事件（例如阿富汗和伊拉克战争），这将导致孩子的父母对肇事者的愤恨、谴责，或者对自己疏忽的深深的内疚，这些因素会渗入到悲痛情绪当中，增加逝者亲人的沉重的心理负担。然而尽管会遇到种种困难，一些专业人士和其他人都还是能够提供有效帮助的。为了帮助其他失去孩子的父母们，有过类似经历的人们可以根据自己的经验参与制定专业人士工作指导，例如如何料理后事和葬礼等等。

父母的愧疚感。当人们由于失职或者失去原则做错了事情就会感到内疚。有些人的愧疚感是基于事实的，有确实根据的，但有些人的愧疚感其实并非建立在事实根据之上的。愧疚感的典型表现是降低自尊，自责，感觉自己要为后果负责任。愧疚感不仅仅限于父母在失去孩子的时候。在发生悲剧之后，内疚是一直存在着的一种主要的情感表现。

迈尔斯和黛米认为，父母的内疚源于他们的责任感和无助。这些情感让他们不断质问自己，认为自己过去和现在的行为和感受才导致了孩子的死。理想的状态和实际的做法之间无可避免存在差异，正是这个差异造成了愧疚感。那么这个愧疚感如何在不同的个案中产生作用，要视以下因素而定：不同的父母、当时的情况、逝者个人情况和社会因素。至少有六个潜在的愧疚根源：

1. 因果关系联想造成的愧疚。父母认为自己对孩子的死负有责任，没能保护好孩子。

2. 与疾病有关的愧疚。父母认为在孩子重病期间，自己没有尽到做父母的责任。

3. 承担父母的角色而感到愧疚。这些父母认为自己是不合格的父母，没有达到社会对父母职责的期望。

4. 道德愧疚。认为孩子的死是因为自己触犯了道德与宗教的要求而遭到的惩罚。

5. 生还者的愧疚。通常人们认为子女一定会活得比自己的父母久，因此白发人送黑发人会让父母感觉愧疚。

6. 由于悲痛过度而事后感到愧疚。在孩子死去时，自己在情绪和行为上表现得过于激动而感到愧疚。

失去孩子的父母必须及时发现和解决这些引致内疚的因素，不然会影响到日后的生活和经历。

悲痛的父母的性别与角色差异。父亲和母亲是不同的；已婚的、未婚的和离婚的情况也各有不同。每一个经历悲痛的人都因其性别、角色和个人性格而各有不同。每一个因素都可能会影响人们的日后的经历。例如，传统的性别角色中，女性可以表达强烈的情绪，而男性这样做就不太好了。类似的还有，结婚后，女人应该做家庭主妇，男人出去工作赚钱。尽管社会变了，这些性别角色并不适用于所有家庭，但这些因素仍然在父母所经历的悲痛中起一定的作用。

哪怕去除其他一切因素，仅仅就夫妻二人而言，他们在不同的时间里所表现出的对悲痛和失去的反应也是不同的，他们可能不再像以前正常的婚姻生活中那样互相支持、互相鼓励。此时，夫妻之间应该努力做到宽容和耐心。朋友的帮助、其他有过类似经历的人或者相关团体的帮助和指导、一个有经验的心理医生都是有益的。

现在，社会对性别期待转变了，社会分工也改变了，每个人都可以自由地表达，这些使人们对悲痛的反应也有所改变。单亲家庭中的父亲或者母亲，独自生还的父亲或者母亲在失去孩子之后要独自面对不同的情况。离婚或丧偶的父母，失去了一个孩子，可能会在悲痛的情绪与照顾其他孩子之间分身乏术。年轻的父母和祖父母之间可能有时不知道该如何互相帮助。我们必须接受悲痛所带给我们生活的种种情况。

配偶、伴侣、兄弟姐妹、朋友的死亡

在人的生命中，与他人的关系非常重要。成年人与他人的关系可能是非常稳定的，从童年或者青年时便相伴的，也有在成年后新结交的关系。关系有很多种，婚姻关系不是唯一的模式。一个人与他人有很多特殊的关系，例如兄弟姐妹、亲属、朋友、同事、爱人、伴侣等等。这些关系可能是公开的或者隐藏的，延续的或者断续的，有的幸福，有的复杂，有的健康，有的不健康。有多少相关的人，有多少相处的方式，在他们之间就有多少影响他们关系的变量。

逝者的死对生者的意义首先取决于他们之间的亲密程度，以及逝者于生者的重要性。例如，兄弟姐妹的关系是典型的、最长久的家庭关系。如果关系非常亲密的话，其中的一位逝去很可能影响到还在世的兄弟姐妹的身份认同。不同的家庭对失去兄弟姐妹的反应都是不一样的。

如果是伴侣关系，或者其他亲密的朋友关系，他们的感情可能是逐步变得深厚，对彼此都很重要，以至于成为彼此生活中的一部分。一旦其中一个人走了，就不能再感受到生者的爱，也不能继续爱着对方，从前能从彼此身上得到的安慰现在也不再存在了，他们为之计划的未来也不再可能成为现实了。

这一类型的悲痛的另外一个重要因素与逝者的死因有关。当一个人遭遇了生命中重要的人的死亡，而这个人又是因为自杀或者谋杀而死，那么这个因素就显现出来了。这种死亡给亲人造成的伤害很大。在伊拉克和阿富汗战争中战死的士兵，他们的家属也遭遇了类似的悲痛和情感上的挫折。对很多人来说，很难接受亲人是暴力创伤性的死亡。

伴侣、配偶、兄弟姐妹或者朋友的死亡可能会改变一个人的世界观，以及他们对自己和他人的态度。一个人的死亡能够对他人造成情绪方面、社会方面、经济方面、精神方面和其他种种损失，也可能会促成一个人新一轮的对身份的困惑。很多因素是视死亡情况、生者的态度和社会规范而定的。例如，如果自己的前夫去世了，自己是否还被认定为是寡妇？这是否会影响到自己再婚？

佛罗伦斯·格里菲斯·乔伊纳的死

佛罗伦斯·格里菲斯·乔伊纳的朋友和粉丝们都叫她"弗洛霍"。弗洛霍在1998年9月21日意外死亡，年仅38岁。

弗洛霍是著名的短跑运动员，华丽的风格和超长的运动能力使她盛名远播。她在1988年汉城奥运会上摘得三枚金牌和一枚银牌。

弗洛霍的丈夫阿尔乔伊纳曾经历过他母亲的突然死亡，那年母亲37岁，

死亡课

> 死于流行性脑脊髓膜炎。但阿尔说，即使有过这样痛苦的经历，他仍然对弗洛霍的死亡毫无准备。
>
> 1998年9月21日，阿尔清晨6点半被闹钟叫醒。他想去叫醒自己的妻子。此时，他的妻子正与自己7岁的女儿睡着。阿尔事后回忆他经历了"生命中最无望的时刻。"
>
> 尸检结果显示弗洛霍死于癫痫窒息。几个星期后，报道称阿尔说："如果没有女儿玛丽的话，我真的认为我会做出傻事。我感觉活着没什么意义了，直至我想起了自己的女儿。"
>
> 阿尔还说他一直没有停掉妻子的手机服务。事实上，他总是一遍一遍拨打妻子的手机，就为了听听她的声音："我是弗洛伦斯，现在我不方便接电话，请留言。"

关于父母祖父母的死亡

中青年人尤其渴望能够从父母与家庭的束缚中解脱出来。例如，他们想摆脱父母的影响，无论是心理上还是地域上。通常在成年之后，人们会与父母、祖父母以及家庭其他成员重新建立一种与童年时期不同的新的关系。无论怎样，成年人总与他们的父母和祖父母保持着独有的关系——可能简单，可能矛盾，也可能复杂。长辈们是有经验的人，他们可以给予青年人建议、支持和帮助。但有时，他们也需要自己的子孙的照顾。

在我们的社会里，大多数的成年人认为自己的长辈们是要先于自己去世的，事实上，长辈们的先后去世也是成年阶段最主要的悲痛来源。尽管如此，长辈去世对于生者来说都是相当痛苦的。毕竟他们从生下来就与长辈们在一起，长久以来共同经历了很多欢乐与痛苦。很多人为长辈付出了很多精力和时间来照顾他们，但是现在他们却去世了，这的确很难受，在他们看来，长辈的去世让他们失去了抵御自身死亡的保护伞和缓冲器，感觉到死亡的迫近。

有很多描写在自己父母去世之后的经历的作品，还有很多描写失去了父母的人的情况的书籍，这些文章都描述了在这一特定情况下，人们特殊的情绪。有时候，死亡会被认为是一种漫长痛苦的解脱。但是，也同样意味着失去的机会、未竟的事业和不能分享儿女的成长历程的遗憾。

例如，长辈去世，子女们便不能再与他们重叙天伦之乐，一些重要的事情也就永远无法完成了。父母的去世让子女不得不迅速成熟起来，让他们产生自我的价值感和责任感，好像有一股无形的力量让自己感受到自身的局限性和责任的重大。因为，从现在开始，他们就成为家庭中最年长的人了。最终，年轻夫妻中一方的父母去世，也对他们的关系产生多重的影响，这种影响并非局限于某个人，而是涉及各种感情、关系和距离等现实的问题。

第十四章　老年人

生命因爱而多彩

他通常叫她美国小姐，有时她也会叫他已故丈夫的名字——约翰。他叫弗朗西斯·埃尔德里奇，今年92岁，她叫玛丽·弗兰森，已经97岁高龄。在他们9年前相识之前，两人都过着充实和幸福的生活。弗朗西斯与前妻共同生活了58年，而玛丽和其已故丈夫度过了64个春秋。

两人在老年中心吃午饭相识时，都没有准备开始另一段婚姻，而是希望能成为知音。弗朗西斯对其后在玛丽家里发生的事记忆犹新，他说："当时玛丽在开窗时遇到了点麻烦，于是我过去给她帮了个小忙，然后自然而然地我就留下了，再也没有离开。"

他们决定再婚，于是一个月后，弗朗西斯搬进了玛丽的小屋。弗朗西斯非常喜欢玛丽的厨艺，特别是她做的炖牛肉、匈牙利菜炖牛肉和煎白菜卷，这让他的体重很快增长到了80公斤。

后来，玛丽被诊断出患有阿尔茨海默症，但是只要弗朗西斯在玛丽身边，总是能明白她想要说的事。

直到1999年3月，弗朗西斯患了严重的肺炎，在医院住了3个星期。

从医院出来的弗朗西斯非常虚弱，已经无法照顾自己，更无法照顾玛丽了。他搬到了女儿西尔维娅的家里，而玛丽则进了水晶橡树园（一家老人院）。

"他跟我在一起的时候非常开心，但是他非常想念她。"西尔维娅说。"我每周带他去老人院探望玛丽一到两次，但是他还是一天天瘦了下去。除了我母亲，玛丽是我父亲唯一牵挂的人了。"

弗朗西斯急剧地消瘦下来，玛丽非常担忧，"他现在只有50公斤了。她都急疯了。"西尔维娅说。实在没有办法了，玛丽帮弗朗西斯搬到了水晶橡树园，与玛丽同住。

弗朗西斯的体重有所回升，有60公斤了。玛丽的阿尔茨海默症不会痊愈，但是她现在清醒的时间却越来越长。

第十四章 老年人

"你想象不到自己的心情会如何影响自己的身体。"弗朗西斯说着,他正与玛丽在水晶橡树园的绿色长椅上晒太阳。他们每天早餐后都会牵着手到这里来,对每位路过的人打招呼。

他们两个正在互相打趣对方的舞姿时,弗朗西斯的腕表报时:"10点42分",接着是一声鸡叫。弗朗西斯和玛丽视力都不太好了,他们要靠着设定的鸡叫来告诉他们该回去了。

他们沿着光滑的地砖走着,直到找到喷泉,这喷泉对他们来说是一个地标。

"找到喷泉,就找到我们的房间了。"玛丽说。

房间里,玛丽收集了很多泰迪熊。这都是朋友们来探望的时候送的,玛丽留它们一段时间之后,就会将它们送给其他的访客和朋友。但是那只穿着蓝色衣服的小熊却从未离开过玛丽,因为这是弗朗西斯送给她的。

每天午休的时候,小熊总是陪伴着他俩躺在床上。他们会相拥着睡上一个小时。

老年人的发展任务和死亡

2004年,年过65岁的老年人占美国人口的12.4%。这个数量还在增长,估计到2025年,老年人口的数量会从2004年的3 630万人,增长到6 350万人,美国就成为老龄化严重的国家了。在很多社会中,老年人群被认为是社会智慧的化身,但是美国是一个年轻化的国家,对此看法并不太认同。所以,老年人的地位就显得格外模糊而不受尊重。

随着老年医学的发展,很多人认识到老年人的发展任务和其他方面的问题与其他群体是不同的。人们尤其认识到了年老并非与多病画等号。步入老龄势必要经历一系列的生理、心理和社会的变化,但是美国大多数的老年人仍然精力充沛,生活充实而幸福。NBC新闻记者汤姆·布罗考称老年人为社会中最伟大的一代;美国前总统吉米·卡特还写过一本名为《年老的好处》的书。老年人中还有一个更令人骄傲的例子,约翰·格伦——1962年2月20日第一个进入地球轨道的美国人,于1998年10月29日再次成功返回太空。作为一个成功的军人,一位优秀的宇航员和美国参议员,此时他已是77岁高龄。

死亡课

尽管如此，美国社会还是会如巴特勒所说的对老年人有一定的歧视。他们的价值被大大贬损，他们本应该与其他人群共享的权利也被剥夺了。我们不应该对他们歧视，而应该认识到对任何人都平等对待，这是人们该有的价值观。正是有老年人的存在，才使我们的社会变得多样化，这是他们对社会的贡献。如果我们承认"人之初，性相近"的话，那么在人们年老的时候，正是因为他们每一个人都曾有过一段漫长又独特的历史和故事，才使人类变得越来越多样化。

许多关于老年人的研究证明，如果没有完全认识这个年龄群体而妄下断言的话，是非常不合适的。事实上，老年阶段不是一个停滞的阶段，老年人群也不是一个苍白单一的人口群体。研究者发现，"老年人并不在意年老本身的意义，他们关注的是在老年阶段自我生命的意义。所以，核心问题是老年人如何保持延续感和信念，来帮助他们应对生命的转折。"

两个老婆婆：老年人是否还有价值？

当人们谈起老年人，常会不自觉地联想起没有能力和对他人严重的依赖感。这种想法可不仅仅是我们周围的主流社会才有的。在近北极圈的地域，有些部落有时候会遗弃老年人，认为他们不能再为部落出力了。薇玛·瓦利斯曾在2004年出版过一本书《星星婆婆的雪鞋》，这个故事是她的母亲讲给她听的，故事讲的就是阿拉斯加阿萨巴斯卡族的传奇。

故事一开始介绍了一个部落里有两位上了年纪的老婆婆，部落的其他人认为她们两个爱抱怨，很挑剔，部落已经不再需要她们了。部落里的资源本来就很少，而两位老婆婆更被视为是负担。在一个严寒的冬天，部落的粮食快吃光了，人们很饿，部落的首领决定不再要这两个老人家了。

接下来，瓦利斯是这样写的："两个婆婆又老又瘦小，她们坐在篝火前，骄傲地昂着头以掩饰自己的震惊……她们面无表情地注视前方，假装没听见首领的宣判。将她们留在这个似乎只有强者才能生存下来的蛮荒之地，无疑是宣判了她们的死刑。两个弱小的老婆婆根本无力反抗这个制度。"

但是，这只是故事的开端。这两个老婆婆并没有在孤单和绝望中沉沦，更没有死去。相反，恶劣的条件唤醒了她们的潜能——无论是心理、身体、智慧还是精神——她们也从未认识到自己会有这样的能力，她们活了下来，而且获得了大丰收。一年后，当部落再一次遇到两个老婆婆，部落的情况十

> 分不好。老人家将自己用辛苦和智慧获得的粮食给部落的人吃。最后，部落的人们以及这两位老婆婆都意识到他们是可以互相帮助的。所以，年老不一定就意味着失去能力，更加依赖他人；她们只是到达了与他人关系的一个新的层次，在这个层次上，每个人仍然是可以受益的。

埃里克森于1959年创立的一个图形模式中，人类生命的最后一个阶段被叫做"衰老"（senescence）。这个词汇早在1922年被哈尔用来表示人类生命的整个后半阶段。这个词汇本身就代表了衰老的过程，所以后来被转用到老年人这个具体的群体中。很不幸的是，从词源学的角度上，"衰老"一词最初是与衰老的状态有关，现在不仅仅局限于变老的状态，更有认知功能障碍的含义。人们却错误地将这个词用在老年人身上，相当于说每个上了年纪的人都有认知功能障碍。这种简单地将人生的发展阶段与疾病挂钩的做法非常错误。也许是为了避免误解，后来埃里克森将老年阶段的描述更正为成熟阶段，或者生命发展的完成阶段。

很多研究生命发展理论的学者对老年人的发展任务有着类似的说法。埃里克森认为老年人的发展任务是自我完善而不是绝望和自我厌恶，马斯洛认为老年人的发展任务是实现自我意义，而比伦认为是身心和谐。在这些看法中，老年人最根本的发展任务是实现内在意识的整体性。接受过去，解决生命前几个阶段发展任务可以帮助老年人通过内省的反思达到身心平衡和和谐，这就是巴特勒所说的生命的回顾。

在内在提高的过程中，过去的经历会不经意地被提升到意识层面上，被人不断反思和评估，也许还会重新解读和整合。目的是解决旧有的纠结，从而达到一个新的境界，这个境界既是对过往的总结也是对死亡的准备。如果这个过程进行得很顺利的话，那么老年人会变得非常智慧；反之，人们会对过去的生活不满，而现有的精力和时间又不允许他做新的改变来弥补过失，从而让人产生绝望。

通常来讲，我们的社会认为65岁以上算作老龄阶段（部分原因是多数人在这个年纪就必须退休了）。但21世纪这个情况就更加复杂了。例如，2004年统计，人均寿命在83.7岁，也就是说65岁的人们，平均还有18.7年的寿命。而近年来，人均寿命还在不断上升。事实上，在21世纪前半期，这个年

死亡课

龄段的群体被认为是增长最快的群体。

  总而言之，很多老年人——尤其是65～74岁的老年群体中很多人身体状况良好，受过良好的教育，有更多闲暇时光，具有很强的购买力，也就是说这个群体实际非常活跃。因此，我们需要将老年群体进一步细化为"青老年"（65～74岁）、"老年"或者"老老年"（75～84岁），及"高龄老人"（85岁以上）。有些人认为高龄老人就是"体弱长者"，但是这是一个医学分类，并非生命发展中的称谓——老年人无论处于哪个阶段，都不一定是体弱的。在任何情况下，很明显的，在老年群体中还有不同的亚群体和各自的发展任务。

怎样延长你的寿命

有"好"的基因（要明智选择好你的父母！）

努力抑制血压升高，每天吃一片阿司匹林

定期锻炼，保持体重

不要吃高蛋白高脂肪的东西，少喝咖啡

不要抽烟，还要远离吸烟的人们，控制二手烟的吸入

少喝酒，一天不要超过两次

不要过度晒太阳

有效的情绪和压力管理，培养幽默感

培养有益的兴趣

多交朋友，多参加活动

看看那本叫《活到100岁：发挥潜能，越活越有劲》的书，到www.livingto100.com去测试一下自己在这方面做得怎么样

如果你能活到100岁，甚至更久：

你最想做什么？

你的生活目标是什么？

你计划如何维持生计？

你觉得会有哪些健康问题？

你想和谁生活在一起？

你想在哪儿生活？

你渴望的生活环境是怎样的？

 老年人的死亡

老年阶段死亡率

2004年在美国有176万65岁以上老人死亡，占当年240万死亡总数的73.2%，占美国总人口的12.4%。

数据表明65～74岁年龄段死亡人数为399 666人，而75～84岁年龄段死亡人数急剧上升为684 230人。85岁以上老人群体相对较小，所以死亡人数相对减缓至671 773人。

老年人的死亡率也呈类似趋势。65～74岁人群死亡率为每10万人中有2 164.6人死亡，75岁以上有13 823.5人死亡。在整体老年阶段中的各个阶段的死亡率呈类似趋势上升。总之，死亡是老年人生命所要面对的一部分。因为人的生命是有限的，不可能长生不老，老年人生活得越久，就越接近生命的终点。

老年人的主要死因

老年人的主要死因是慢性或退化性疾病。人为原因致死或传染性疾病致死的情况比青年阶段有所减少。无论是老年男性还是老年女性，第一致死原因都是一样的。

影响老年人死亡的两个因素是性别和民族。

首先，男性老年人死亡数量高于女性，但是到了75岁以上，情况就有所改变了。原因是，女性寿命长过男性，活到老龄阶段的女性比男性要多，所以在这个年龄段死亡的女性也就比男性要多。

美国白人老年群体，从青老年到老年的过渡中，死亡率陡然上升，到了85岁以后上升减缓。拉丁裔黑人、亚太裔美国人死亡数目明显减少，印度裔美国老人死亡数目从青老年阶段到老年阶段死亡数目上升相对缓慢，但85岁以后死亡数目迅速下降。在这些少数族裔里，死亡率都是随着年龄增长逐步增加，男性死亡率高于女性。

死亡课

 ## 老年人对待死亡的态度

老年人对待死亡的恐惧感要远弱于年轻人，这是很多研究之后公认的结论。当然，"对死亡的恐惧"并非一个简单的概念，在老年群体当中情况也有所不同。同样，那些影响着老年人生活质量的因素，例如身体疾病、精神疾病、孤寡、收容所等因素，会影响他们对死亡的恐惧。尽管如此，很多研究表明，老年人经常会谈论上了年纪或者死亡的事情，甚至在一些相对禁忌此类话题的场合，他们也会谈论。

卡利什为老年人对死亡的恐惧相对较弱给出了解释：（1）因为他们在这个世界上过了长久充实的生活，所以他们比年轻人更容易接受死亡；（2）他们可能渐渐接受自己的死亡，认为这是一种社会化进程，之前他们已经经历了很多周围的人们的死亡；（3）他们开始认为相对于年轻人来说，自己的生命价值在渐渐降低，所以他们对此不会紧紧抓住不放。无论是哪个原因，死亡对于老年人来说还不如身体衰弱、孤独和对他人的依赖来的痛苦。结果就是，大多数的老年人宁愿选择在家中死去，毫无痛苦地，也不会对家人造成负担地死去。

 ## 老年人应对恶性疾病和死亡

库克和奥尔特杰本斯认为，对于正在与病魔作斗争的老年人来说，他们有四项具体的需求："他们需要自我的存在感；可以参与事关自己生活的重大决定；需要确认自己的生命还有价值；得到适当的治疗和照顾。"

保持自我的存在感

保持和确立自身的价值在一个人的发展过程中是非常重要的任务，尤其对那些身处过渡时期，需要重新进行自我认识的老年人来说，尤为重要。一个人只有获得自我认知和自尊的时候，他的人格才是完整的。如同我们已经认识到的，老年人对自我的重新评估和认识是通过对自我过去生活的回顾和反思完成的。

正在与疾病抗争的老年人，尽管他们饱受痛苦，精力减退，注意力下降，

得不到社会的帮助，甚至社会倾向于忽视和轻视老年人，但是没有必要因为这些负面因素而去刻意试图抹去这个过程。尽管有这些负面的因素，老人的家庭和一些专业的医护人员仍然有一些办法来帮助老人实现有益的生命反思。例如，他们可以直接聆听老人说话，做老人心声的传达者，给老人一些照片和曾经的获奖经历来鼓励他们。帮助病患老人尽量留在家中，在社团中帮助他们维护自我的独立性和自我表达能力，这样既尊重每个老人的个性，也维护了他们的价值。安养项目常常鼓励病患老人做一些手工和有趣的小礼物送给其他人。赠与礼物给他人本身就是一个慈善项目，也可以将自我价值持久地传递下去。热心地接受这些礼物并由衷地欣赏它们也是一种爱的表现。

参与事关自己生命和生活的重要决定

在西方社会，自立是很多人很看重的品质。老年人尤其看重这个，因为他们已经经历了很多的失去，所以非常注意依赖感对人造成的影响。老年人常常想要尽可能地参与事关自己生命和生活的决定。他们可能在这些决定中起到非常广泛和积极的作用，也可能只是起到一些象征性的作用。尽管如此，尊重老人的参与的意愿仍然是很重要的，应该尽量满足。

吉米·卡特：年老和面对死亡

当我们年老的时候我们就会担心自己的身体情况和来自社会的歧视，这种歧视类似于种族歧视和性别歧视。不同的是，这种歧视还存在于这个群体内部和快要迈入这个群体的人们中。当我向一些人谈起这本书的书名《年老的好处》的时候，大多数人的反应是"好处？变老还能有什么好处？"当然，最明显的答案是从另一个角度去看到年老。但也有很多其他的好答案——很多答案是基于我们个人的经历和观察。

在我们年老的时候，也许最困扰我们的问题就是死亡的迫近。对于一些人来说，这个事实成了很大的心理负担，有时甚至伴随着对上帝和周围的人们的怨恨。

我们可以心怀怨恨、恐惧和压力地面对死亡，也可以满怀信心和勇气去面对，平和、优雅、幽默地去接受不可避免的结果。当我的家人发现自己患了不治之症的时候，他们能够得到最好的医疗服务。但是，他们每个人都选择不用那些精密的维生系统，只留几个家人和朋友在身边，然后平静地死去。

死亡课

> 他们都维护了自己用一生所锻造的性格和尊严。在他们生命的最后几天,他们依旧享受生活,减轻痛苦,不对身边的人发怒。我的姐姐格洛丽亚在临终前是和她的车队好友们在一起,他们谈论着哈雷摩托和曾经在路上的快乐岁月。最后,为她送葬的是由37辆哈雷摩托组成的送葬队伍。我弟弟比利和我的母亲在他们最后的日子里都保持了极大的幽默感,我最小的妹妹露斯仍然是一个满怀热情的福音传道者。
>
> 罗莎琳和我希望我们也能和他们一样,我们在遗嘱中嘱咐不需要任何人为的维生系统来延长生命。

保持着高贵纯净的灵魂和平和的气质,一步步完成自己的目标。不心浮气躁,攀比计较,执著苛求。笑着面对狂风暴雨,留给世界的永远是优雅平静的微笑。那么在最后的时光回首自己,将会看到真正从容、美丽而不凡的身影。

培养老人的独立自主可能需要老人与家人及医护人员之间较为微妙的互动和商议。例如,很多老年人想在家中度过生命的最后一段时光,如果在这个时候还坚持将老人送入长期的疗养场所很可能引起老人和家人的争执和矛盾。在有些情况下,当老人的愿望得不到支持和响应的时候,还可能引起他们精神上的无助和绝望。

美国社会长久以来一直看重个性与自主。但是,直到最近我们的社会才逐渐认识到老年人尤其需要自主和自主所代表的价值。所以,根据1991年美国确立的《病人自主法案》,接受治疗的病人必须被告知他们拥有确立遗嘱和指定医疗代理的权利,有授予他人代理自己医疗事务的权利,也有权要求自己的治疗被记录在案并受到尊重。这个过程有利于病人的精神健康和对生活的信心。换句话说,鼓励老年人参与决定自己的生活可以防止心理及身体的过早衰弱和死亡。反之,老人会觉得自己已经失去了对生命的掌控,不堪内外交加的压力,严重影响生活质量,从而导致心理上的绝望、无助和自暴自弃。

让老人知道自己的生命是有价值的

正如我们已经认识到的,在年轻人备受关注的当今社会,对老年人的歧视就是轻视他们的价值。加之过往生活中的种种失意,例如退休和身体出现问题,这种态度可能会促使他们更加怀疑自己的价值。恶性疾病和死亡会使这个情况更加糟糕。与他人的交往日渐减少还会让老人感到孤独,产生一种错觉,认为即使现在还活着的,自己的社会生命已经死亡。至少对于一些老人来说,高质量生活的一个重要方面就是自己是否还可以表达自己对性的需求。性可以代表性生活,但经常只是指一些简单的拥抱和抚摸,就像我们在本章开始的时候讲的那个小故事一样。

老年安养服务的基本工作方针旨在提高老人的生活质量,减少对他们生命价值的贬低。无论他们是否患有恶性疾病,是否要不久于人世,我们都要向他们传递一个信息,那就是他们的生命仍然值得尊敬,对很多人来说,他们是那么的重要,他们仍然可以在生活中找到乐趣,这对树立他们的自信心非常重要。我们只需要做一些简单的事情,例如,跟老人说话的时候要注意不要数落他们,不要认为他们耳背或者头脑不灵光了,这些就可以帮助他们树立自信和自尊。向老人家属示范如何用适当的方式照顾他们,既可以提高老人的生活质量,也可以减少双方的挫败感和负疚感。

得到适当的医疗服务

1967年美国和英国共同组建的一个课题展现了那些因为生命垂危而被送到医院急救室的老人,他们所接受的治疗可能不如青年人所接受的治疗那么全面和积极。这个发现引起了社会对于平等的质疑,以及对一些生命垂危、临终、脆弱甚至孤寡的老人,他们无法独立做出决定而引发的问题。人们从一些安养计划和尊重生命的理念,以及老年医学、老年专门化领域(护理、社工、法律)等方面来改变现状。患有恶性疾病的老年人曾帮助创立和支持社会安养服务和福利体系。作为回报,这些体系应该以适当的方式解决他们对健康服务的诉求。

 ## 老年人应对悲痛情绪

大多数的老年人都经历过很多令人悲痛的事情。在本节开头的故事中也有说这样的情况。并不是所有的悲痛的事情都跟死亡有关,但是,亲友的去世本身对老年人就有很广泛的影响,配偶、伴侣、朋友、年迈的父母、儿女、孙辈的去世都会让老年人经历相当的困难。另外,宠物的死亡对老年人,尤其是残疾的或者长久独居的老人来说,是非常难过的。事实上,卡斯腾鲍姆注意到,

老年人经历的类似事件要比其他年龄群体所经历的事件，无论从数量上，还是范围上都大得多。结果就是，老年人经常是悲痛情绪超载，以至于他们没有足够的时间，也无法得到足够的帮助来处理生活中接踵而至的重大的悲痛。对于这样的老人，悲痛将一直伴随着他们的生活。

病痛、残疾和失去

老年人可能因为生活中曾出现了太多的死亡而变得很悲痛，其中有一类死亡是跟疾病有关的。并不是每一个老年人都经历过这样的失去，但是很多人都曾经背负过一个或者多个因疾病而造成的负担。例如，高血压和动脉梗阻在老年人中很常见，还有一些癌症（例如肺癌、前列腺癌、乳腺癌）也是老年人常遇到的。即使这些疾病还不至于致命，但还是会影响生活质量。慢性病例如关节炎、肺气肿、糖尿病也都会有影响。

一些慢性的衰老性疾病，例如阿尔茨海默症、帕金森症或者肌萎缩侧索硬化也会影响老年人的生活。这些疾病会在各个方面显现它们的破坏力，例如身体方面（疼痛，失去肌肉控制的能力）、心理方面（人们会感到迷惑）、社会方面（失去活动力，对社会交往的接受能力变得有限）、精神方面（怀疑生命的意义和世界本善的信念）。这些既影响了个人——患有阿尔茨海默症的人可能会意识到自己的大脑在衰退——也影响了他们所爱的人，因为自己现在连生活都不能自理了，更无法去照顾自己所爱的人了。这些疾病经常引发一些特殊的复杂问题，例如社会心理的死亡。这就是托因比所说的"尽管生理上还存活，但是精神已经过早地死亡"。这些问题与老人参与决定的问题、医疗模式问题和经费问题一样棘手。

还有一些情况不是十分明显，但影响巨大，即人生中一点点积累起来的痛失经历，和随着年龄增长不断下降的办事效率，包括感知缺损、口腔问题及牙病、精力不济、肌体力量减弱、平衡力减弱、骨质疏松、关节炎和性功能降低。这些能力的丧失以及遗留下来的副作用导致老年人的生活质量下降，也让照顾他们的家人因此而感到愧疚。

配偶、伴侣、兄弟姐妹、朋友和其他重要的人的去世

在老年时期失去配偶、伴侣、兄弟姐妹、朋友和其他重要的人是常有发生的事情。其中有一个老年人问题，尤其是高龄群体的问题，就是家庭里所有或

者多数同辈亲友都去世了，最后的这位老人就属于一个特殊的群体——"孤独的老人"，这种特殊的孤独是无法得到补偿的，哪怕是他们现实生活中的乐趣及晚辈的关爱也都无法替代。

总之，持久的社会和生活角色及与他人的稳定关系对大多数的正经历悲痛的老年人都是至关重要的。这些关系和角色中最重要的包括陪伴，有个能说话的人，身边有个能够甘苦与共的人，在性方面可以得到满足，随着年岁的增长能够满足自己不断增加的需求和关怀。如果这个人就是自己的伴侣，那么他们的生活将紧密地交织在一起，"一旦失去一方，便终结了另一方的生存的意义。"当然，大多数的伴侣关系在某种程度上都是复杂的，也并非没有矛盾。当然，对于经历了很多重要的人的去世的老人，在以后的日子里更容易生病或者死亡（可能因为疾病，也可能因为自杀）。

配偶或者身边亲近的人的去世会使老人因为分别而悲痛，也有可能感到孤独。在我们的社会当中，丧偶的老人多数是女性。女性的平均寿命比男性长，而夫妻之间，多数是男性比女性大。另外，丧偶的男性再婚的几率比丧偶的女性大，因为对于丧偶的男性来说，可选择与之再婚的女性更多。但是，很多丧偶的男性的恢复能力很强，但并不等于所有老年人都有再婚的愿望。无论是哪种情况，对去世的伴侣的怀念会一直持续着，无论是男性还是女性，过去的回忆都会被珍藏着的。所以，性别并不是影响悲痛情绪及其表达的因素。

社会支持、自助团体及一对一帮助项目都对正在经历悲痛的老人有着极大的帮助。这种基于相同经历的人互相帮助的社会干预形式对各种具体的悲痛恢复意义重大。通过这些活动，有过相似经历的人们可以分享感受和遇到的问题。他们也可以互相鼓励，通过听取不同的建议，吸取经验而重新拾起对生活的掌控能力。同样，老年人也可以从悲痛、失去和生活中掌握有益的信息。

白发人送黑发人

对于父母来说，子女无论年纪已经多大了，他们仍然是自己的孩子。在美国，随着人均寿命的不断提高，中老年人越来越有可能经历到自己的子女的去世。例如，很多二三十岁的年轻人死于事故、传染病，四五十岁的死于疾病，而他们的父母却还依然健在。一项研究结果表明，10%的60岁以上的老年人经历过自己的子女的去世。

这些父母的悲伤往往伴随着一些特殊的发展复杂性。例如，失去了孩子的父母可能感到自己的孩子的死是非自然常规情况下的死亡，他们本应该在老一辈之后走的。这些父母就会怀有愧疚，希望自己可以替孩子去死。另外，如果子女正在承担照顾老人的责任的时候去世，这对老人来说生活便会更加困难。自己的子女去世了，老人就必须由其他途径受到照顾，很有可能被送进养老院，自己的社会关系也会渐渐断掉。在失去老伴或孙辈的痛苦之上，再失去对自己照顾有加的儿女，就更加深了老人的失落感。还有很多情况下，失去了自己的子女后，老人家还要担负起养育孙辈的责任。

孙辈或者重孙辈的死亡

现在人的寿命越来越长，很多孩子们都可以看到健在的爷爷奶奶，甚至曾祖辈的老人，那么也就有老人家经历过失去孙辈或重孙辈的悲痛。尽管这种跨辈分的情感会很深厚，但这个领域的研究仍然很少。

祖父母往往被认为是被遗忘的悲痛者，他们既知道孙辈的死亡，同时又被隔离于此类事件之外。这种并没有遵守自然顺序的死亡包含了很多伤害的因素，对因为失职而导致孩子死亡的父母感到生气和失望，开始怀疑上帝。所有的反应如果再遇到令人难以接受的死因（例如自杀或者患有艾滋病），情况就会变得更加复杂。最后，还有可能在孩子祖父母与父母之间产生冲突——例如他们互相指责对方，或者老人被动卷入争执当中。

宠物的死亡

我们在第九章中已经探讨过宠物的死，但是对与老年人来说，宠物具有格外特殊的重要性。宠物给人的爱是无条件的，同样也是人类释放爱的情怀的对象。有些动物还可以保护和帮助残疾人。近年来，动物在很多养老院成为很受欢迎的访客，因为它们的到来可以减轻老人的孤单，让生活有了希望，更加强了老人的自尊心。

当老人的宠物死去了，重要的是老人与动物之间的关系，而不是动物本身有多少隐含的价值。一旦失去了自己的宠物，那些本来社交有限的老人们就会十分悲痛，所以我们千万不可以轻视。有一些老人已经没有能力照顾宠物，不能支付兽医的费用，抑或不得不搬到公寓楼里住，这些地方不允许养宠物。还有一种情况是，宠物太老了，生病了，不得不施行安乐死。还有一些老人担心如果自己死去，他们珍爱的宠物将会怎样。

 老年人的自杀

在我们的社会中,尽管自杀并不是老人死亡的主要原因,但是 2004 年在美国有 5 198 位 65 岁以上的老人自杀,占所有自杀死亡人数的 16%,而老人人数才占总人口的 12.4%。尽管人数少,但是比例高,这很不正常。

老人的自杀发生率比美国总人口自杀率要略微高一些,比 15~24 岁人口自杀率也高。

总体来讲,老人自杀的可能性应该比年轻人要小,但是一旦决心已定,执行力却比年轻人要高很多,因为他们很少会后悔而去求助他人以挽救自己的生命。一旦决定自杀,大多数老人是会执行到底的。所以,一旦发现老年人有自杀倾向,那人们一定要严肃对待,小心处理。

老年人最明显有自杀倾向的征兆就是抑郁。另外一个因素是长期留在老人看护机构,这也会使老人产生自杀的想法。当老年人在生命的回顾和反思过程中对生命产生绝望,就有可能开始酝酿自杀的想法。当他们感觉身体和心智都在衰弱,当他们经历了老伴或者重要的人的死亡,当他们被长期困在老人院,感觉对自己的生命的掌控能力越来越弱时,他们都会产生自杀的念头。

在这些情况下,一些人便会认为自杀是可以帮助自己摆脱现状的唯一办法。其他的因素,例如一些将自己的事业看得很重的人忽然遭遇离职或者退休,或者自己长久以来十分依赖的老伴去世了,或者社交少、孤独的老人——这些打击都有可能产生自杀的念头,而且男性要高于女性。

在美国社会,有一些因素可以阻止,至少降低老年人的自杀行为。有一些办法最初在防止青年人自杀方面很有成效,但并不适合老年人。例如,告诫人们不要用终结生命的办法来解决暂时的问题,这个办法对心血来潮的青年人较有成效,但对于习惯深思熟虑的老年人来说,这种教导往往不怎么起作用。同样,建议人们将注意力放在未来,未来大有希望,未来可能前程似锦,这对有大把时间和对未来有美好期许的青年人很管用,但对老年人来说就不好使了。或者建议人们多与人交往,这些都适合青年人,而老年人可能受到环境和身体等各方面因素的限制而不能实现与人交往的情况,这个建议也不管用。

况且,人们也很少会跟老人谈论自杀是终结生命之类的问题。有些人认为

强行劝阻老人的自杀行为无非是对老人本来渴求的自主和自治强加的侮辱,但对老年人自杀行为的过度宽容,反而是对生命的漠视。

最后,老年人自杀行为需要得到人们的理解。但是,人们仍需关注社会对老年人的轻视甚至歧视,以及对他们需求的漠视。如果这些问题得到重视,社会风气得以改变,那么老年人的自杀问题就会在很大程度上得到解决。

第五部分
法律、理念和伦理

死亡课

在这一部分我们主要探讨与死亡和悲痛有直接关系的法律、理念、伦理、宗教和哲学问题。与法律、自杀、协助自杀、安乐死和有关生命意义的终极问题在这里被综合起来,因为它们在社会上引起了概念上和伦理上的激烈争论。要解决这些问题,人们必须完成两个任务:第一,理解当前形势下的诸多事实及其意义以及有哪些选择;第二,在此情势下选择价值观和行为。

我们先从法律问题开始,因为法律是社会在其死亡系统中建立的最明确的规则和程序的框架。

第十五章　法律问题

志愿捐献

　　1989年的一天，约翰驾车回家的途中遇到了堵车，看情景大概是前面发生了交通事故。所有的车辆排成长龙，缓缓前行。当他靠近事故现场时，却意外地发现事故车辆非常眼熟，是妻子丽莎的车。他瞬间感到大脑一片空白，并意识到妻子可能出事了。

　　在医院里，他得知丽莎脑死亡，已经没有活过来的可能了。

　　"几年前，我们曾讨论过如果一方死去，另一方该怎么做。"约翰回忆说，"我们不约而同地表明要捐献遗体和器官。在那个我人生中最悲痛的时刻，我想起了这件事，那段谈话又重新提醒了我，我应该去完成她的遗愿，因为她，很多人将会获得重生。"随后，约翰忍着悲痛为妻子办理了器官捐献。

　　在父母的影响下，丽莎去世后不久，女儿安琪拉和儿子伯恩也都做出了志愿死后捐献器官的决定。他们知道器官捐献对其他人意味着什么，也亲眼目睹了母亲的器官捐献为其他家庭带来了多少安慰。"我为他们骄傲。"约翰这样说，"我们一个家庭能做的可能很有限，但多一个人参与，就可能影响更多的人。每一个人的捐献都会影响更多的人——他们的家人、朋友、同事。"

　　通过丽莎的捐献：

●一位致力于研究免疫科学的生物学家得到了一颗新的心脏。

●一位年轻的大学生曾因透析而不得不休学在家，如今他得到了一个健康的肾脏，重返校园。

●一个在事故中失明的13岁小男孩得到了一个新的角膜。

●一个有4个孩子的单身母亲得到了肺，得以重新工作，抚育孩子长大成人。

> 死亡课

 医疗事前指示

"医疗事前指示"一词适用于各种指示，可以是口头的，也可以是正式书面的。某人因为种种原因不能做出决定时，可以按照他提前提出的想要或者不想要的某些行动决定。当然，提前嘱咐好自己的后事，安排好家人朋友的生活，这完全取决于个人意愿。很多人遇到类似的问题时会显得迟疑不决，也许是因为他们必须要考虑自己的死亡问题，而显得顾虑重重。

从1991年开始，《患者自决法案》要求接受联邦医疗保险和医疗补助的医院，对在其接受治疗的病人有义务告知他们的权利，患者有权接受或者拒绝治疗，有权执行自己的医疗事前指示。为了更好地帮助患者履行他们的权利，医院还必须告知患者其他的选择和可能性。即使这样，很多人还是不能履行自己的医疗事前指示——其实，那些都是他们的权利。

当然，有一些医疗事前指示是在一个人死亡之时开始生效的——例如是否愿意进行器官捐献，如何处理遗体，处理遗产。我们将在本章后期讨论这些指示。我们现在讨论的事前指示是死亡发生之前接受治疗的决定，例如，生前预嘱，关于委托某人决定治疗的事宜，以及"五个愿望"文件。

生前预嘱

生前预嘱是从20世纪70年代开始出现的，患者趁能做出决定之时，对自己所患的恶性疾病是否愿意接受治疗，向医生、家人和朋友表达自己的想法。生前预嘱是特别针对当病人到了疾病末期无法表达意愿的情况订立的一系列指示。

最初，生前预嘱并没有固定格式，也没有法律效力，只是让病人表达治疗意愿的一份文件。这种早期的生前预嘱往往是出于以下几种顾虑：（1）考虑到自己可能在不久的将来没有能力参与决定；（2）担心自己可能因病被转移到陌生的环境中，那里的人们可能有对病人治疗方案的专业建议，而患者自己的意愿和决定往往被忽略或者否定了。

为了解决这些顾虑和担心，早期的生前预嘱通常表达了订立者的愿望并附有他的签名；要求自己的意愿能够被医护人员尊重；在某些特殊的情况下，自

己要能够承担责任。这最后一点，可以理解为对执行预嘱的医护人员的一种保护，使他们免于因执行预嘱而被控告，免于民事赔偿或者刑事起诉。无论我们怎样解读，生前预嘱都代表尊重患者对于生死问题的个人意愿，对其重要决定的表达制定规则，并将这些意愿表达传达给其他的人。

因为生前预嘱没有法律保护和限制，个人和组织可以随心所欲地制定规则。人们开始制定生前预嘱的标准格式和语言时，重在表达病人在自己的病情没有治愈希望的情况下，对单纯为了延长生命的治疗持有坚持或者放弃的意愿，以及对限制止痛治疗的意见。

但是我们得注意的是，生前预嘱并不能直接决定是否执行安乐死或者协助性自杀等。大多数情况，他们会很明确地写出："我不希望采取极端手段直接放弃生命，但也不希望盲目地延长临终的过程。"多数生前预嘱基本上是对某种干预手段的回避（一些人为延长生命的手段），这种干预手段已经不再属于疾病治疗的范畴内了，患者只希望自己的临终过程可以顺其自然；对于由于疾病而引起的疼痛，患者可能要求缓解疼痛，尽管缓解疼痛可能会加速生命的终结。

现在，生前预嘱有了广阔的法律环境，这有助于保护隐私，提高人权，让患者在知情的情况下做出接受或者拒绝干预手段的决定，即使这些措施有可能会影响死亡的进程。

1976年，加利福尼亚立法机关颁布第一部《自然死亡》或称《生前预嘱》规定。之后，类似的法律在美国50个州和哥伦比亚特区通过。尤其是以下这些规定：（1）规定了可以签署生前预嘱的人的情况；（2）规定了这些文件必须具有法律效力；（3）规定了哪些干预手段是可以被患者接受或拒绝的——例如，以治疗为目的的干预手段，可以同意或拒绝添加营养剂或者补水成分；（4）文件签署者有权在任何时间，以口头或者书面形式取消之前订立的生前预嘱；（5）要求医护人员或者遵守患者的生前预嘱，或者放弃对患者的治疗权，将其转交给其他人员处理（这样做是受法律保护的，但是不这样做，理论上不但要承担医疗事故责任，还有可能面临处罚，甚至被吊销执照）；（6）一些可能会导致患者死亡的做法，如果合乎法律规定，则不被视作以保险为目的的自杀。

还有一些机构提出了一些相关的法规模式。这些法规事关：（1）所有有民事行为能力的成年人和心智已成熟的成年人都可以签署生前预嘱，而不仅限于

死亡课

将死之人；(2) 适用于所有医疗干预措施，而不仅限于那些有可能被患者拒绝的干预措施；(3) 允许患者指定代理人决定以下情况；(4) 要求医护人员遵守患者的生前预嘱，制止不遵守的人；(5) 对于拒绝其他治疗的病人，也应该享受止痛干预措施。这个模式扩大了早期的生前预嘱的覆盖范围，并对患者代理人的权限做出了更加明晰的确认。

历史上，生前预嘱的发展也不是一帆风顺的。在一个复杂而危及生命的情况发生之前，任何一份文件都不能预料到事情发生的时候的具体形式。也许是因为这个原因，文件的影响和力度要视每个家庭成员的理解和医护人员的建议而定。

鉴于生前预嘱的局限性和潜在的困难，一些人采取了另外一种办法，用有持久效力的委托书，授权一位患者代理为患者做决定。"委托书"是当事人委托另一人在某些特殊事件和特定场合代替自己做出决定的具有法律效力的文件。

例如，委托书可以委托一个人代表自己签署卖房合同。历史上，委托书只有在委托人有决定能力的时候才生效。但是现在，具有持久效力的委托书会一直生效，直到委托书被撤销；即使在委托人已经没有能力做出决定的时候，仍然生效，事实上，在委托人没有决定能力的时候，才特别能发挥出委托书的功能。

尽管生前预嘱本意是要保护个人的自主权，但是有人认为生前预嘱并没有达到这个目的。法格林和施耐德发现了生前预嘱存在几个问题，有些问题很严重，公共政策实际上不应该支持生前预嘱。这些问题是：

(1) 多数（有80%）的美国人并没有生前预嘱，原因包括：有些人根本就不了解生前预嘱；他们也怀疑自己能否用上这些预嘱；他们认为即使有生前预嘱，也不会改变他们所能得到的治疗；他们发现这些文件与他们的文化传统格格不入。

(2) 人们不知道自己将来都会得到哪些治疗，也可能到时候遇到变故就改主意了。

(3) 生前预嘱常常不能很清晰地表达自己到底需要什么样的治疗，预嘱的条款和用词往往太笼统，到时候往往派不上用场，或者人的意愿往往是十分具体的，以至于早就超出了人们陈述和理解能力的范围。

(4) 生前预嘱可能会丢失，或者需要的时候找不到。

(5) 解读生前预嘱的人可能不能准确理解订立人的实际意愿。

(6) 生前预嘱实际上对患者得到什么样的治疗起不到督促的作用。

(7) 生前预嘱的社会成本很高，但收效甚微。

尽管这些都是生前预嘱的严重问题，但法格林和施耐德和其他承认这些问题的人也并没有主张废除生前预嘱制度。所以，施瓦茨伯格说："我是否还是要建议你订立一份生前预嘱呢？答案是肯定的，仅仅是为了一旦出现状况，也许它还是能派上点用场的。订立生前预嘱可以帮你理解自己想要什么，也让你的家人对你的想法有更好的理解。"况且，所有订立生前预嘱的人都认为，正是因为生前预嘱执行起来有困难，才使预嘱中的委托显得尤为重要。如果委托人能够认真仔细地执行生前预嘱，与患者保持良好的交流沟通，可以减少很多问题的发生。

生前预嘱的拥护者认为，有持久效力的委托书与其他书面或者口头的预嘱相比，有两方面的优势。第一，指定一个代替自己做决定的人，可以应对任何情况。第二，受托者可以被授意拒绝所有人为干预措施，或者坚持所有干预措施，或者同意干预方案中的一部分，而拒绝另外一部分。第一个优势是可以应对各种时刻变化的情况，而减少问题发生，同时受托人可以更好地解释那些书面的文件；第二个优势是在某种程度上允许受托人选择一些干预措施，而拒绝另外一些，这样大大增加了决策的灵活性。

五个愿望

1997年，佛罗里达尊老协会创立了一个新的文件叫做《五个愿望》，这个文件整合了很多生前预嘱和医疗委托书的优势，非常易于理解使用，设计个性化，也非常全面。这份文件的第一页是这样写的："这是给亲朋的礼物，这样他们便不用再为你究竟需要什么而猜来猜去。"人们填写《五个愿望》来表达自己的对以下问题的期望，以及提供相关的建议：(1) 当我自己不能做出决定的时候，我想委托谁帮我决定；(2) 在弥留之际，或者昏迷甚至是受到严重的不可复原的脑损伤时，或者还有一些不需要人为维持生命的情况，我想要或者不想要哪些医学治疗；(3) 可以选择自我感觉舒服的方式；(4) 希望旁人如何对待自己；(5) 我需要让亲人知道哪些事情。

由于《五个愿望》备受欢迎，美国律师协会协助拟定了一个改良的版本以达到受法律保护的目的。此后，有600万份这样的文件被分发到各地相关部门，在美国38个州和哥伦比亚特区有效；其他的州和地区则将其视为可以帮助患者提供给其家人和护理者的护理指导。完整的《五个愿望》文件及所附使用指导视频和手册可以在各地的尊老协会拿到，只需要支付一点象征性的费用即可。该文件还有西班牙文的版本。

死亡的定义、判定及死亡证明

与死亡本身和死亡发生时间有关的核心问题在于死亡的定义、判定和相关证明。

死亡的定义

死亡的定义反映了人类对生与死的基本理解。这个理解是所有有关死亡的判定和证明出具的基础。这些问题都涉及能够确认社会所定义的死亡真实存在的所有措施。尤其，对死亡的判定必须基于一个定义，这个定义能够有区别地对待真实的死亡和疑似死亡的情况。这个定义对生与死的清晰的区别是必不可少的。如同对待生者一样地对待死者，或者如同对待死人一样地对待活人都是极端错误的。

断定生死的区别非常重要。亚里士多德称死亡为从有到无的一个毁灭性的变化。他的意思是死亡是一种生命本质的变化。当一个人死去，一个重要的结果就是：这个人不再存在了，只有一具身体。虽然身体依然是值得人们尊重的，不能草草处理了事，但是，不要把这与活人相混淆。这就是为什么当所爱的人去世的时候，人们会说两种截然不同的话："那是帮助过我、安慰过我的双手啊"和"我所爱的人的一切都不复存在了"。

那么，我们如何来定义死亡呢？答案是：（1）循环系统和呼吸系统不可逆转地停止工作；（2）整个大脑包括脑干不可逆地停止工作。上述两条，符合任何一条即可被定义为死亡。

死亡的判定

死亡的判定是确定死亡是否真实发生了，以及确定死亡发生时的情况，评估死亡状态，确认是否需要进一步的调查。这个判定要经过一些检验及应用专业的标准来力求达到精确。传统的检验方法人所周知。过去，会把羽毛放到人的鼻孔下观察是否有呼吸。有时候也会用镜子来检验呼吸中的水蒸气，如果没有，说明人已经死亡。还有就是听胸腔是否有心跳，触摸身体看是否有脉搏。随着科技的发展，人们研发出了更加灵敏的检验办法，例如利用听诊器来听身体内部的声音。

所有这些办法都是基于当时科技所能达到的范围内。这些检验方式因时间和地域的不同而各有差异。但是，对死亡的判定还是不可避免地受人类的局限性和判断误差所限制。尤其是，现代医药措施在某些方面使这种死亡的判定变得更加复杂和困难。我们都知道现在人的细胞、组织和器官可以脱离人体在实验室里存活。先进的生命维持仪器也可以延长身体器官工作的时间，尽管还不十分确定这样做是否有意义。也就是说，不管患者是否还有生命，先进的生命维系仪器依然可以让细胞、组织器官在这个人体中继续工作。

死亡证明

现在，很多死亡都是发生在医院、安养院。在这种情况下，通常是由医生或者其他有资质的人员来判定死亡发生的时间和原因，以及其他重要情况。这些信息被记录在死亡证明上，之后要由医生或者专业人士签字。

现代社会，死亡证明是很多关于死亡和健康档案及数据的重要依据。无论针对社会还是个人都起着重要作用，例如领取生命保险及其他死亡恤金，处理遗产，以及刑事侦查等等。

器官组织和遗体捐献

尽管现在有很多活体捐献者捐献他们的肾脏或其他器官，但是供解剖用的器官组织和遗体捐献前提是捐献者已死。我们先来了解一下背景知识以便于理解这个复杂的话题。

背景：组织分型，抗排异反应和器官捐献

现代器官组织捐献开始于 20 世纪 50 年代，先进的药理学知识、技术和操作使生物医学家和医生让成功移植器官组织成为可能。其中一项重要的收获就

是人类组织分类，使捐献者与接受方的生物特性达到最大可能的匹配。另外一个重大突破是人们常说的"世纪最显著的发展"——抗排异反应的药物，这是在20世纪70年代发展起来，并于1983年商业化的。有效的抗排异反应药物可以抑制接受者的免疫系统攻击和排斥移植器官。这项进展使人类器官组织移植成为真正能够提高患者生命质量的成功的方式。

组织捐献

人类组织捐献可以起到很大的作用。例如，皮肤移植可以挽救烧伤和事故患者；心脏瓣膜和动脉瓣移植可以维持心脏工作；隐静脉和股静脉可以用来做心脏搭桥手术；眼睛和视觉组织可以恢复和提高视力，骨头和结缔组织移植术可以帮助牙周和精神创伤重建。因为捐献的组织内血液和脂肪细胞已经被去除掉，所以移植之后基本不存在排异反应。

另外，很多可移植的人类组织可以经过消毒冷冻保存很多年。美国社会中约95%的死亡——尤其是因为意外事故导致心脏死亡的——都会捐献组织（只有5%的会捐献器官），而每个组织捐献会改变70个人的生活。进一步的统计是在美国每年有超过90万人成功地进行了组织移植。有两种特殊的组织移植是异种移植——可以是从动物身体取出组织移植到人的身上，人们曾经成功地用猪的心脏瓣膜做人体心脏瓣膜移植。还有一种是一些经过肥胖症治疗手术的患者，这些活着的人捐献了自己的皮肤。尽管有这些例子，但是组织捐献和移植仍然不能被大众所理解和支持。

遗体捐献

为教育和科研目的捐献遗体也是可能的。但是这与器官组织捐献有一些重要的区别，这些区别表现在对遗体捐献的需求和捐献的方式上。如果有人希望在死后捐献出自己的遗体，那么他们需要提前确认一些协议，指出需要将遗体捐献给谁，还要履行一些必要的程序。接受遗体的机构包括医院的解剖部门、牙科学校、地方的相关机构，还有一些组织，例如世界医学推进协会。

为什么需要器官捐献和移植

对于可移植器官的需求主要来自于那些自身身体相应器官出现问题的患者。借助更好的筛查和诊断技术，人们现在可以通过早期诊断，使移植手术有更好的效果。

在认识到了这些进步之后,美国国会在1984年出台了《器官移植法案》。该法案确立了器官获得和移植网络以帮助稀有器官的公平获取和科学分配。根据美国保健服务中心下面的移植部门的协议,器官分配联合网络目前负责管理器官获得和移植网络。器官移植法案还确立了移植器官接受者的科学注册,对接受者从接受器官移植到手术成功或失败甚至患者死亡的情况跟踪来衡量移植的成功性。

根据2007年11月30日等候移植的申请者情况来看,大多数人在等待肾脏和肝脏。但是,每天大约有18位申请者因为找不到匹配的器官而死亡。2006年总共有6 706名申请者因为死亡而从申请者名单中除去。

另有数据表明,1988—2006年期间,对器官捐献和移植的需求量逐年上升。在这19年当中,申请者的数目增长了500%,而移植的数量和捐献的数量分别增长了大约130%和150%。换句话说,相对于对器官移植需求的显著增长,器官的捐献远远落后,供不应求。

可见,当今器官移植的最大障碍是器官的稀缺。因为没有捐献,何谈移植?我们应该关注一下器官捐献以及人们为鼓励捐献而做出的努力。

谁可以捐献?

器官捐献有两个条件:(1)器官的捐献不会影响捐献者的健康;(2)捐献者已经死亡,但是器官仍可工作。第一个条件适合活体捐献者,而第二条件适合死者。1968年通过的《统一遗体捐赠法案》,在1987年作了补充和轻微的改动后,在美国各州通过:人们可以在生前宣布自己捐献器官的愿望。法案规定了谁是捐赠的执行者;谁可以得到捐赠;捐赠目的是什么;如何授权遗体捐赠,如何修改和否定;人们在死亡时的权利和义务,及遗体器官将会捐献给哪个组织。根据法案,年满18岁,心智健全的人都可以决定在死时为教育、研究、医疗和移植捐献身体某部分器官或整个身体。

活体捐献者 活体捐献者可以是有目的性的捐献,比如捐献器官给某个他们选定的人,也可以是捐献给任何需要的人。所有的活体捐献者都可以捐献可再生的物质(例如献血),或者捐献一个肾脏,或者某个器官的一部分(例如肝脏、胰脏、肠和肺)。还有极少数人,捐献了多个器官,例如一个肾脏和部分胰腺。活体捐献必须是捐献者自己愿意,经过一系列自愿的筛查和评估,以

死亡课

确认是否与接受者匹配,这一系列的筛查和评估包括确认捐献者能否承受捐献手术的过程,能否承受术后的情况。

近年来越来越多的活体捐献者反映出人们开始接受捐献自己身体的一部分来帮助别人——无论这些接受者是否与他们有血缘关系。1988年,活体捐献占所有捐献的31%,2006年上升至45.6%。2001年,活体捐献者的数量首次超过了死后捐献者的数量,2004年,死后捐献者的数量明显增长,所以又反超了活体捐献者的数量。2006年,6 731名活体捐献者提供了约占总移植器官数量的23.3%的器官。

活体捐献有很多优势。医生可以事先知道捐献者的医疗记录,可以在捐献之前做充分的调查和评估。而且,捐献者是自己直接同意捐献而不是通过某人代理决定的;器官也是在很好的状况下被取出,由于离开身体的时间很短,大大提高了器官的效能。捐献者还可以积极配合捐献和移植的过程。

例如,捐献者可以指定自己希望捐献的人,但是与那个接受者(A)的情况并不匹配。这样,可以安排捐献给另外一个合适的人(B),作为回报,B接受者可以捐献器官给A(如果AB匹配的话)。这种交换捐献或者更加复杂的形式显示出了活体捐献的灵活性。最后,对于捐献者的承诺是如果这次捐献影响了未来的健康——例如,在捐献了一个肾脏之后,发现捐献者的另外一个肾脏有了问题——那么,这位捐献者将被优先排在器官申请名单的前列。

死后捐献者 如果器官在人死后及时恢复,那么可以实现很多器官的捐献,如同我们在本章开端看到的那个故事一样。2006年美国有14 775人死后捐献。但很重要的一点是,在死亡发生之后,器官不能受损,否则就不再适合做捐献移植了。这意味着在人死后不久,器官必须及时得到恢复。死后捐献是几乎所有组织捐献的来源。

死后捐献者有两种类型:一种是脑死亡,一种是心脏死亡。绝大多数的案例中,死者都是突发性死亡,或者是心脑血管疾病的突发(例如心脏病突发或者脑出血),或者是脑部受到重创(例如事故、谋杀或者自杀)。这些人最后多会出现在医院的急诊室,因为这里有齐全的外部设施可以稳定住他们的身体情况,为诊断提供更多的时间。之后,这些人会被宣布死亡,多数是基于临床诊断(包括动脉血流情况),宣布是脑死亡或者是由神经造成的死亡。这种被称做脑死亡。在这种情况下,外部维生系统仍旧工作,不是为了让已经死去的人维持"活着"的状态,而是短期内维持他的身体各项功能,以争取时间确认捐献是否是被允许的。如果是被允许的，接下来就要观察器官的状态。如果死者不同意捐献，那么外部维生系统会被撤掉，开始处理遗体。

第二种死后捐献者是长期处于植物状态，但是还没有脑死亡的人。这些人表面上看来呼吸和循环系统还在工作，但是谁也不知道这是人工维生的现象，还是患者自己的呼吸和循环能力。为了验证这点，医院就必须撤走外部的维生系统，看看患者是否还能自主完成这些功能。

在我们的社会中有很多人处于这种状况，代为做出决定的亲属可以决定这种单纯靠外部维生仪器维持机体工作是否还有必要。

在这种情况下，如果家属同意了，医护人员即可以撤去仪器，让患者"自然地离去"。也就是说，当事人既可以接受外部维生仪器来维持生命，也可以选择按照自然规则离开人世。这种患者的去世，属于心脏死亡。如果亲属同意，就可以进行器官捐献。

捐献：原则和程序

有一些国家在重要器官捐献问题上有一种做法叫"假定同意"（即如果当事人或亲属没有明确的书面指示拒绝器官捐献，那么就等于同意器官捐献）。但是，从历史上来看，美国并没有广泛认同这个做法。在美国，必须有符合《统一遗体捐献法案》的授权文件才可以进行捐献。

《捐献者权利》法规和当事人同意。历史上，在美国绝大多数的捐献授权文件，即使是捐献者曾经郑重宣布希望自己死后捐献器官，如果亲属反对，也无法实现。这背后的原因有两层：（1）人们有这样的观点，死后，身体便不再属于死者自己；（2）局外人（例如器官获得机构或者医院）所面临的现实问题是，他们也不愿意介入到死者亲属在关于捐献问题的争执当中。

近年来，美国很多州通过了《捐献者权利》法规，法规确立了"捐献者同意"的有效性。凡年满18岁、心智健全就可以自己决定是否死后捐献，该权利受到法律保护，而不需要其他旁证或者经过家庭同意。家属则拥有以下权利：他们会得到关于捐献问题的解释，他们的问题也可以得到解答，他们可以得到帮助，他们可以提供死者曾经的医疗和社会记录，他们可以得到后续的信息以及得到安抚和支持。

亲属同意捐献。当捐献当事人不满足"捐献者同意"的条件，无法自己做出决定，也没有明确表示不同意捐献时，那么可以由其亲属决定；根据《统一遗体捐献法案》，死者代理人、配偶、成年子女、父母、成年兄弟姐妹、法定监护人和其他被授权者可以代为决定。

在亲属之间存在分歧的情况下，死者配偶的决定权高于其父母和子女。当然，如果死者生前指定代理人，那么他的决定权将高于一切亲属。

如果是非器官复原或者移植科的医生宣布患者死亡，那么医生要尽量温和地告知死者家属，并给他们时间来接受这个现实，然后再寻找机会提出器官捐献的事情。接着，提供给家属有一些支持和帮助，告诉他们关于器官捐献和移植的事情，提供捐献的机会，并且要允许家属有一些时间考虑。如果同意捐献，医生会使用一些外部维生仪器维持死者机体活性，以便有评估的时间，并找到匹配的接受者，进行移植。

在向家属征求意见的时候，最好采用"提供捐献机会"的方式，而不是"要求捐献"的方式。在家属最悲痛的时刻向他们提出要求，很容易被误会，家属会有痛上加痛的感觉，那就潜在地影响了他们做出理智的决定；相反，如果采取"提供捐献的机会"的说法，会使家属感觉在对一切都失去控制的情况下，还能控制最后一点事情。在征求家属意见的时候，要注意措辞，防止伤害死者家属。

提供捐献的机会意味着要尊重捐献者家属的任何决定，即使他们拒绝捐献。最重要的是要向他们提供这个机会。想象一下，如果有死者家属说他们本希望尊重逝者的决定捐献器官的，只是当时真的很痛苦，很迷茫，没有过多地考虑这个问题，这该有多么的遗憾；或者家属本来是想捐献的，但当时根本就没人跟他们提这件事情。

关于《器官组织和眼睛捐献的条件》的规定在1998年正式实施。所有接受政府医疗保险和补助的医院必须：（1）提交与当地器官、组织和眼睛保存机构的协议；（2）向当地器官获得机构报告所有临终患者和在医院去世的人员；（3）允许器官获得机构决定这些患者的捐献资质；（4）安排有经验的工作人员向死者家属提供捐献的机会。专业的器官捐献机构工作人员是做这方面工作最有成效的。但是，必须注意，工作人员不能胁迫当事人或者其家属同意捐献。无论是否同意捐献，都要尊重对方的决定。

该法规旨在提高捐献数量。同时，它还有一个目的是保证家属在经历巨大痛苦的时候，有合适的机会来考虑是否捐献。很多研究报告显示用遗体捐赠的方式来帮助其他人，也是心灵上巨大的安慰，为逝者家属抚平创伤起到了积极的作用。因为捐献也是逝者生命延续的方式，这使家属们多少获得了安慰。

努力提高器官组织捐献

近年来，很多人开始致力于教育公众关于器官和组织捐献移植的知识，为捐献者广开大门，鼓励更多的活体捐献者，争取让意外事故死亡者的组织被捐献出来。例如，通过口头相传，公众教育计划，打破"脑死亡"不能再复活的诅咒。

除了有可能会晚几天，器官组织捐献通常对葬礼不会有大的影响；在美国，器官和组织捐献几乎被所有的宗教社会所支持。有些研究表明，有一些少数族裔捐献率较低，反而最有可能找到同族裔内部成员匹配的基因和血型；而等候在申请名单中的人们数量还在不断增长。国家会通过类似以下信息来鼓励人们捐献："请不要将器官带到天堂，天堂知道我们需要它们"，或者"杰里·奥巴赫（著名的百老汇演员，2004年去世时捐献了眼睛）将他的整个心灵奉献给了表演事业，又将光明奉献给了两名纽约人"。

一些捐献教育鼓励潜在的捐献者签署自己的名字和日期，亲眼看看捐献者卡片。捐献者卡片可以从联邦政府的移植部门或者当地的一些组织那里拿到。有很多州在捐献者的驾照的背面就是捐献者卡片，当人们更新驾照的时候，计算机系统也保存了关于他们的捐献意愿的信息。但是，正如我们先前发现的那样，在大多数的州当事人同意，或者捐献者权益已经替代了"捐献意愿"的注册。这样做的目的是提高大众对于器官捐献的需求的敏感度，鼓励人们谈论捐献，如果他们有此意愿，会知道办理的方式。

但是，单凭这些努力——除了申请当事人同意这点以外——还是远远不够的。将同意捐献写入遗嘱也是不妥的，因为遗嘱通常是死亡发生之后才被提及的，到公布遗嘱的时候，为时已晚。所以将捐献意愿写入遗嘱并不是个好办法。那么，那些有捐献意愿的人要做的就是跟自己的直系亲属说明自己的意愿。有句话说得好："分享生命，分享决定。"这样做的理由是让家人知道自己的决定，让他们在必要的时候对此事有所准备，引导他们遵从自己的意愿并签署捐献文件。历史上，没有当事人同意的立法规定，没有与家人进行充分探讨，这些成为器官捐献的巨大障碍。所以，如果有捐献意愿，那么请注册"当事人同意"文件，并对家人清楚明确地表示自己的意愿。

关于影响家属做出决定的因素的一项研究表明，那些签署同意捐献文件的

死亡课

家属往往都了解脑死亡，之前也曾经讨论过捐献的事情，也更加了解逝者的意愿，与那些不同意捐献的家属相比，他们对捐献持有更正面积极的态度。捐献机构和医院的人对于家属们也往往很关爱，提供给他们有益的信息和时间让他们考虑。少数族裔的人相对不太愿意捐献，研究发现，非裔美国人通常对医生和医疗系统持有怀疑的态度，家庭成员之间也不讨论器官捐献的事情。因此，如果在某一特定文化种族内部，有颇具影响力的人，进行具有文化针对性的器官疾病和器官捐献的知识推广，那就有可能提高捐献的数量。当然，正如有人所说，在器官捐献的问题上，永远是供不应求的。

2003年4月，美国保健服务中心启动了器官捐献突破性合作项目，该项目大大提高了获得可移植器官的机会。这个项目的目的就是与其他机构合作复制医院的操作模式，业已取得了很大的进展，现在器官捐献率已经达到了75%以上。从2003—2006年，这些项目的启动使死后人体器官捐献数量增长了24%。在全国200多家大型医院的75%的捐献率可以挽救数以千计的生命，也可以提高很多人的生活质量。

在实行捐献期间及其之后对家属的照顾

对家属解释"当事人同意"文件以及当事人捐献意愿，给家属提供机会同意签署自己所爱的人的捐献意愿，都是对每个人表达关爱所必须要做的事情。很多家属说这个机会让他们：

- 可以尊重逝者的愿望；
- 对于自己所心爱的人的死，赋予了更多的意义；
- 在人生最困难的时候，从捐献中找到了一些安慰；
- 通过奉献无私的爱来帮助更多人得到益处；
- 他们对捐献持有积极的态度，所以这样做也是遂愿。

这样一来，在提供捐献机会的同时，我们还需要一个全面的家属关怀计划。原则是要合理实施"捐献者家属权益法案"。另外，国家捐献者家属委员会还出版了季刊《给那些捐献者和悲痛者》英文和西班牙文版，还出版很多其他知识读物，例如关于脑死亡的读物等等。

国家捐献者家属委员会及其母机构国家肾脏捐献基金会合作，每年举办一次国家级的庆祝活动——国家捐献者感谢会和每两年一次的器官移植者运动会。国家捐献者感谢会帮助大家认识那些曾经捐献器官帮助过他人的捐献者和家属，让人们知道他们当时做出这样的决定是很困难，需要很多勇气和爱的。器官移植者运动会是要人们看到在接受移植手术之后，有多少人过上了丰富多彩的生活。对于器官接受者，国家肾脏移植基金会也出版过两本非常有价值的手册：《等待移植》和《从病患到健康：移植后的生活》。另外，国家捐献者家属委员会和国家肾脏移植基金会牵头开发了国家沟通原则，旨在促进有关捐献各方的有效沟通。这些原则的目的是保证捐献者家属、捐献志愿者可以得到关于捐献的有效的信息；帮助器官接受者表达谢意；帮助专业人士辅助促成沟通。研究表明：（1）捐献者家属和器官接受者的有效沟通对任何一方都是有好处的；（2）健康的伦理道德也可以帮助人们实现有效的沟通。

捐献者家属一般拥有以下权利：

1. 了解全面详细的家人的健康状况和医生的预测。

2. 与医疗团队共同承担决策责任，决定家人及自身需要何种照顾。

3. 得到详细全面的关于家人死亡或者即将被确认死亡的信息，是脑死亡还是心脏死亡。

4. 当死亡发生之时，家属有权单独与家人共处一段时间。在合理的范围内，有权看望、拥抱和参与照料遗体。

5. 家属可以根据需要得到专业人士的辅助和照料。

6. 有权知道逝者是否有提前表示过要进行器官组织捐献。

7. 如果情况适宜且符合法律规定，医院和机构要提供给家属决定是否要进行器官组织捐献的机会。要给予家属足够的时间考虑。

8. 要视家属当时的精神状况来适当提供关于器官组织捐献的知识，可以在准备葬礼或者看望遗体期间提供。

9. 要给予足够的时间、空间和自由，并保护逝者及家属的相关隐私。

10. 家属要有机会与逝者单独相处、道别，要尊重家属的文化宗教信仰和他们的日后需求。

11. 在器官捐献过程中保证逝者是受到尊重的。

12. 在做出决定之后，家属有权在几日内得到基本的关于器官接收组织的信息。至少要有书面的材料以供签署。家属应得到关于器官和组织被使用的信息，以及一些事后信息。

13. 根据需要，家属应及时得到关于哪些器官组织被取走的信息，并有权知道原因。

死亡课

14. 家属应得到关于器官如何被使用，何时被使用的信息。如果需要的话，家属可以与器官接受者取得联系。根据需要，捐献者家属有权得知器官接受者的身体状况的即时信息。

15. 确保捐献者家属不会因为捐献而负担费用，如果发生了不必要的花费，要帮助家属解决问题。

16. 继续帮助捐献者家属善后事务和帮助他们渡过难关。这些帮助包括：留下姓名、地址和电话，可以让捐献者家属找到专业人士探讨他们的经历；通过让捐献者家属回答一些问卷来评估他们的经历和状态；免费提供关于器官组织捐献的读物；免费提供关于悲痛治疗的文献；帮助他们与其他捐献者家属接触；提供参加互助团体；帮助他们向有经验的人们寻求帮助。

遗嘱和遗愿

逝者生前如果没有留下有效的遗嘱，在美国基本上是基于州立法机构规定如何处理死者的财产的。例如，逝者配偶和子女通常被认为是法定继承人，或者孙辈为直接受益人。如果没有任何法定继承人，那么其财产归州所有。

通过正式地订立遗嘱人们就可以控制自己的财产分配。每个州都对订立遗嘱的过程、格式和方式作了规定，并确认遗嘱检验的过程有效，确实是出于遗嘱订立人本人的意愿。例如，心智健全的人才能订立遗嘱，遗嘱必须签署姓名和日期，这些决定并没有受到其他人的影响，签署遗嘱过程中必须有一定数量（根据各州的规定）的与遗嘱不发生个人利益的人员在场目击。总之，通过遗嘱，人们可以根据自己的意愿处理自己的遗产，但是要符合各州立法规定，以保护直系亲属的利益不被完全剥夺。总之，我们建议遗嘱的订立和执行最好有专业的法律协助以保证遗嘱订立人的本意得到实现。

遗嘱可以在订立人生前修改，当然这要在订立人神志清醒，并自愿修改遗嘱的前提下。修改条件以附件形式存在，之前的版本不能被改动。可以通过订立新的遗嘱来撤销之前的；或者正式撤销之前的遗嘱，而不订立新的遗嘱；或者因为某种行为（例如离婚、再婚或者奉子成婚）而修改遗嘱。

第十六章 关于自杀

两起自杀

1961年7月海明威去世时只有62岁。他是一位成功的记者和作家，有很多著作，例如《太阳照常升起》、《永别了，武器》、《丧钟为谁而鸣》。他还因为杰出的小说《老人与海》获普利策奖，两年后，又获得了诺贝尔文学奖。他呈现给大众的形象是一个作家、猎人、充满勇气和坚忍的运动员——一个真正的汉子。然而，在他的真实生活中，海明威备受抑郁和妄想症的折磨。结果，他用一支枪结束了自己的生命。也许他的小说《丧钟为谁而鸣》中的语句预示了这个结局——"长久而充满痛苦的死亡才是最坏的，因为它侮辱了你。"

普拉斯（1932—1963）是美国著名的诗人和小说家。她最著名的作品《钟形罩》于1963年1月以英语出版，一个月后，她自杀了。这本书描写了一个处在极度危机状态下的女人企图自杀的故事，极具自传意味。就像她的诗歌一样，《钟形罩》着眼于因为紧张的家庭关系和对社会禁锢的叛逆精神而导致的冲突。

在普拉斯8岁的时候，她父亲的死对她的一生产生了重大影响，阿尔瓦雷茨这样说："她拼命地想要自杀，而这个行为是极为严肃的。"1953年，她吃了偷来的安眠药，留下了一封假书信，掩盖自己的行踪，然后藏进了地窖里鲜为人知的黑暗的柴火堆后面。普拉斯还曾在1962年的车祸中险些丧命，在那次车祸中，她故意将车开离正确车道。

1962年12月，普拉斯与丈夫分居，她的丈夫是英国诗人泰德·休斯。他们1956年6月结婚，然后搬到了伦敦，育有两个孩子，弗雷达和尼古拉斯。1963年2月11日的清晨，普拉斯死去了。在她死前的几天里，普拉斯的朋友和医生都为她的精神状态担心。她的医生给她开了镇静剂并试图帮她引荐一位心理辅导师。但是普拉斯说服他们说自己已经好多了，可以回到自己的公寓，希望2月10日和孩子们在一起待一晚上。家里的

死亡课

新保姆会在 11 日早晨 9 点来帮忙照顾孩子，料理家务。

当保姆到了普拉斯所住的公寓楼下，没有人为她开门，于是她离开了，想找个电话，打给自己供职的家政服务公司以确认这个地址是否是正确的。然后，她再一次回来敲门，之后第二次找电话致电家政服务公司。等她再回来的时候，已经是上午 11 点了，她最终在工人的帮助下进到了公寓楼里。闻到了一阵煤气味儿，他们强行打开了普拉斯的公寓门，发现了普拉斯，她的身体还是温热的，她留了一张字条，上面有她的医生的电话，让人打电话给医生。孩子们在楼上睡觉，尽管天气很冷，但是他们身上盖着舒适的毯子，旁边还放着一盘面包、黄油和牛奶，这是为他们醒来后准备的。但是他们的房间窗户早已经被打开，防止他们煤气中毒。

很明显，清晨 6 点，普拉斯做了这一切的安排。她把自己关在厨房，用毛巾把门窗的四周都封堵严实，把头靠近炉灶，打开煤气。楼下的邻居因为煤气中毒也昏迷了，所以没有人为保姆开公寓楼的门。

 ## 自杀：个性与困惑

对很多人来说，企图结束自己生命的行为令人费解。第一，这种行为一直挑战着人类公认的价值观，包括对生命的尊重。第二，自杀背后的动机和倾向往往很难被人理解。因此，当自杀发生时，人们总会拼命寻找死者留下的字条、解释，或者什么深奥的意义。但是，导致人自杀行为的个性和困惑是没有单纯的解释或者意义的。所以，贾米森这样写道："导致自杀的就是自杀本身：非常隐秘，不为人所知，很可怕。自杀对于自杀者来说是最好的也是最坏的可能，任何对于这一生命最后领土的干预行为都只不过是一次失败的举动，会被一笔带过而又令人恼羞成怒。"这可能就是自杀最令人捉摸不透又让人欲罢不能的一面。

杀害自己，就能让自己死亡。如果是这样的话，那我就做点什么让自己死

第十六章 关于自杀

掉，或者我什么都不做，不去阻止自己的死亡。没有人能够干预我。海明威和普拉斯的死亡就是很好的例子。没有其他人在场，没有其他人的行为导致自己的死亡。这是自杀的一部分含义。

但是，这不是全部的含义。有些人做了某件事情，结果意外导致了自己的死亡。例如，跳伞运动员的降落伞没有打开，而导致了自己的死亡，但是这种死亡不叫自杀。区别就在于有没有想死的倾向。

所以，明知道这种行为会导致必然的死亡，还这样做的，叫做自杀。但是确认一个人是否有自杀的倾向，即使是问自己，也绝不是件容易的事情。自杀行为经常是一种模棱两可和矛盾的行为。而且自杀者的情况也有很大的差异。有可能是报复式自杀，或者是为了引起注意，或者是为了结束痛苦，也许还有几种情况交织在一起的。

可能是因为动机和倾向的矛盾和模棱两可，所以很难确定某种特定的情况到底是不是自杀。我们可以从普拉斯的案例中看出这点，而且阿尔瓦雷次对此事评价说"这次她不是真的想死。"假定某人患有糖尿病，已经被医生警告要注意饮食。那么如果这个人他还是不注意饮食，死于糖尿病休克，那么这算是自杀吗？如果一个人开车过快，当他的车高速撞到桥上，而没有留下刹车的痕迹，当时的天气又很好，那这算是自杀吗？有没有人是在下意识的情况下结束了自己的生命呢？这些问题一直折磨着研究者。

无法确定某一行为是否属于自杀行为对这个领域的任何研究者都会有很大的影响。例如，由于无法确定，所以某种行为没有被列为自杀行为，那就可能会造成社会影响。如果是这样的话，那么对于自杀数量的统计都是不准确的了。

还有一些其他的原因也可以让自杀死亡的数据不准确。例如，专业人士往往不愿意判定某个死亡是自杀造成的，因为这样遇难者家属就会得到一些相应的利益和权益，保护他们不受愧疚的折磨，不受社会的歧视。而家庭成员自己也会因为一些福利问题而拒绝承认死者是自杀。基于这些原因，实际上自杀的数目应该是官方统计数据的两倍。这样，自杀被个人和社会共同地严重歪曲了。

还有，因为无法确认死者当时的意识倾向是什么，这可能导致我们无法认清某种行为到底是不是自杀行为。如果我们不相信某个人具有自杀倾向，或者那个人并没有表达出这种倾向或者否认这种倾向，我们就会对他放松警惕。所

死亡课

以，某些自杀行为有时候会被人们低估以为他只是在寻求帮助而已。尽管这样，至少，普拉斯的事情显示自杀行为确实是某种寻求帮助的极端方式，无论她是不是真的能看到死亡的来临，或者是否真的想死，这种寻求帮助的方式确实有着危及生命的后果。所以，真正理解自杀对个人和整个社会都是非常重要的。

一些关于自杀行为的数据

2004年，在美国自杀被排为第11位死因，总共有32 439人自杀死亡。这样算，大概每天有89人自杀死亡，每16分钟就有一人自杀死亡。

将自杀的数据和谋杀的数据项比较来看，2004年，总共有17 357人被谋杀死亡，自杀死亡比谋杀死亡足足多出15 082人。也就是说，更多的人是死在自己的手里。那年因为艾滋病死亡的人数是13 063人。即使是艾滋病死亡和谋杀死亡加在一起的总和都没有自杀死亡的数量多。

2004年，平均每16.2分钟里就有一个人自杀死亡；分类来看，平均每101分钟里就有一个老人自杀死亡；122分钟里就有一个青年人自杀死亡。男性自杀死亡数量是女性的3.7倍；而女性自杀行为却比男性要多，是男性的3倍。自杀的方式来看，主要是枪支自杀。2004年在美国枪支和上吊自杀占总数量的58%。上吊自杀位居第二。

最让人感到不安的是15~24岁年轻人的自杀行为很频繁。随着年龄增长，当青少年转变成为成年人，自杀率更随之增加。在美国的华裔和日裔中，老年人的自杀死亡率增长更快。美国的亚裔老年人自杀死亡率是所有族裔老年人中自杀死亡率最高的。

人们对于自杀行为的各种解释

人们总是迫切地想知道自杀行为的原因，为何会产生这种不稳定的行为。这种迫切是可以理解的，但想完全了解就没那么容易了。

比如说，很多人都想弄明白"9.11"事件中劫机撞击美国世贸中心大楼，进行自杀式爆炸的恐怖分子，为什么这么做。从表面上看，这些行为与扭曲的狂热宗教信仰有关。但是，这并不足以解释他们的行为。以色列特拉维夫大学政治暴力研究中心主任艾利尔·米拉里曾广泛地研究过恐怖分子的暴力行为，他认为虽然世界上有很多狂热的宗教信仰者，但并不是所有的人都有自杀式恐怖行为。

于是，他开始寻找其他原因。首先，他发现有这种行为的人并不全都有宗教信仰。历史上两次世界大战中的战士以及在第二次世界大战中的日本飞行员也都曾有过类似"9.11"恐怖事件中的自杀行为。其次，米拉里发现这些人有一个共同点：他们都加入过某种组织，组织煽动这些人做出自杀式的恐怖行为。他尤其强调，这些组织有三个特点：（1）他们擅长鼓动成员克服矛盾心理，接受任务。（2）对成员施加集团压力，让他们坚持执行任务。（3）直接要求组织成员的承诺，保证完成任务。第三条还包括，确认成员为集团中"活着的烈士"，让他们写家书，把身份告知家人。当他们公开承认自己接受了组织的任务，他们就再没有回头路了。

无论米拉里的解释充分与否，至少它都说明了任何单一的原因都很难解释自杀的复杂性。我们暂且分三个主要的角度来理解。

从心理学的角度解释自杀行为

李纳斯从心理学角度确定了三种主要方法来解释自杀行为。第一种方法是弗洛伊德的精神分析理论。弗洛伊德认为自杀就是谋杀的180度逆转行为，这跟失去了挚爱的人或东西有关。心理学上，失去挚爱会让人们产生愤怒的情绪，想去惩罚逝去的人；又因为他们认为自己和逝去的人有某种联系，自然就迁怒于自身，最终导致自杀。

第二种方法认为自杀在本质上属认知行为。临床抑郁症（自杀与临床抑郁症有高度关联），特别是绝望，是导致自杀的重要因素。自杀者的世界观普遍是悲观消极的。未来、自我、现状以及有限的几个解决办法都不尽如人意，悲观的情绪让他们出现思维障碍。这种自发的、无意识的思维障碍使人犯错，极端的还会造成意识的扭曲。这就能解释所谓的"警察协助自杀"，即寻死的人采取故意挑衅警察来将他们射杀的自杀方式。

第三种理论认为自杀是种模仿行为。有自杀倾向的孩子对外界没有攻击性，却转而攻击自身。如上所述，抑郁同样是重要的原因。而在这里，外界环境进一步加深了他们的负面情绪，最终导致了自杀。我们甚至可以认为正是自杀者周围的人们加深了他的抑郁情绪。举个例子来说，海明威的父亲就是自杀身亡的，这刺激并强化了海明威的抑郁。该理论还认为自杀者都不善沟通，无法建立正确的生死观。

贾米森是一个曾经试图自杀的心理医生。她认为心理病态是自杀行为最常见的因素，情绪障碍、精神分裂、边缘型人格障碍、反社会人格障碍、酗酒和吸毒与自杀之间的关系尤其密切。她将基因和脑化学异常现象与心理病态结合起来进行研究，认为精神疾病对自杀行为有着至关重要的影响，即便把其他因素考虑在内，精神疾病仍然是自杀行为最为重要的原因。

当然，以上这些心理学理论的观点并不一致，但既然自杀是一个复杂的行为，就得综合地去看，才能帮助我们全面理解自杀行为，从而更加清晰地看清事情的本质。

从生理学的角度解释自杀行为

有些研究在探索自杀行为是否有生理上的原因，主要研究影响神经系统的化学物质和基因。一些研究者认为一旦大脑中的某种化学物质出现紊乱，人就会有自杀倾向。例如自杀者的血清素含量（该血清素与攻击行为和焦虑情绪的调节有关）就比正常人低。但是这项研究还没有表明血清素含量降低是否就与抑郁、自杀或者外向暴力和内向攻击有关。

还有一些研究猜测自杀的倾向也可能与遗传有关。在丹麦，人们曾研究过一批因患有"情感障碍"而自杀身亡的领养儿童。当调查他们的血缘亲属时发现，患有类似症状的亲属比例比正常人群的比例要高。但该研究也不能确定这些孩子究竟是遗传了对冲动行为的缺乏自控还是遗传了自杀倾向本身。

所以，这就无法证明生物因素与自杀行为是否有直接关系。但对这个领域的深入研究最终会为我们提供有价值的信息，对已知的导致自杀行为的其他因素进行更详尽的补充。

从社会学的角度解释自杀行为

最早尝试从社会学的角度解释自杀行为的是法国著名社会学家埃米尔·涂尔干。他的研究成果最初是在19世纪后期于法国出版。涂尔干认为任何一个心理因素本身并不能导致自杀行为。相反，自杀可以被理解为个人与他所处的社会关系的一种结果。涂尔干将研究重点放在如何处理个人与社会的关系的问题上，即他们是否有集体意识和自我调节意识。涂尔干的分析在当时遭受了不少批评，但是他的书堪称是自杀研究领域的经典之作。在书中，他概括了导致自杀行为的三种主要的人与社会关系。同时，他也简要提出了导致自杀行为的四种可能性。

第一种是利己性自杀，这通常发生在性格孤僻的人身上。研究表明如果这些人融入社会群体中，那么自杀的危险性就会大大降低。但是，当他们被孤立，社会群体对他们不再产生影响，自杀就成为非常可能的事情。就这个观点，涂尔干提出了三种群体类型，即宗教群体、家庭群体和政治群体。宗教群体是通过统一的强大的信仰来团结成员；家庭群体（婚姻是家庭群体的一种形式）通过温暖的情感和回忆，让人们找到了生活的意义，从而减少了自杀的可能性；政治群体也为帮助人们融入社会创造机会。但是，当这些群体不能有效地帮助人们找到生活的意义时，也就失去了影响力。当人们又被打回了原来的状态，需求得不到满足时，就容易产生自杀的心理倾向。

涂尔干的观点概括起来就是：当个体发现在群体中找不到自己的位置，就容易产生自杀行为。利己性自杀是缺乏参与、脱离社会环境和孤立的结果。

第二种自杀源自个人的过度参与群体生活，即利他性自杀。在这种情况下，个人与群体之间的关系过分紧密，就会出现利他性自杀，或者说是为了群体的利益而自杀。集体的利益高于一切。例如在一些高度团结的群体中，有些情况要求成员履行职责，以牺牲生命来保全集体的利益。

涂尔干列举了历史上个人与集体高度团结，在必要的情况下采取自杀方式保全集体利益的例子：年老生病的爱斯基摩人会以自杀的方式减轻族人的负担；在英国殖民者来到印度之前，印度的妇女要在丈夫死后殉夫；远古社会中，主人死后，仆人要殉葬。也有人因为没有完成公民义务或者宗教任务以致给自己、家庭和集体蒙羞而选择自杀，我们熟悉的日本武士切腹自杀就是一个例子。再比如1978年人民圣殿教煽动一些美国人在圭亚那首都乔治敦附近集体自杀，1997年美国邪教组织"天堂之门"的39名成员在加利福尼亚圣迭戈集体自杀。同样，"9.11"事件和之后一些类似的恐怖事件也有部分的宗教因素在里面。

涂尔干所描述的第三种自杀是失范型自杀，不再是个人能否融入社会环境的问题，而是社会如何规范个人的问题。人类对于物质和性行为等欲望是需要加以规范的，社会在某种程度上帮助人们遵守规范，让他们的欲望得以控制。

但是，当社会制度正在经历重大变革或者政治动乱，便无暇顾及个体的规范，人们会感到无所适从，出现了"失范"的现象。

当他们突然陷入一种混乱的境况中，无法忍受失去道德和行为规范，则会出现自杀。当今美国社会，这种情况往往发生在以下几类人中：被同龄群体抛弃的青少年；被剥夺了赖以生存的资源、经济情况恶化而导致破产的农民；有一技之长，多年来为公司兢兢业业地工作，却突然被解雇，以致没有经济来源的中年人。这些人，突然间生活失控，感到希望破灭而无法忍受下去，最终自杀。

对于第四种宿命型自杀，涂尔干只是在书中的注脚处作为失范型自杀的对立面简单地提了一下。宿命型自杀来自社会环境对个人的过度规范——例如囚犯和奴隶，这些人的未来被无情地扼杀掉，情感被野蛮地压制着。涂尔干认为这种自杀行为在他所处的社会中非常少见，却可以反映一种社会力量，这种力量引导个体去摆脱社会的过度统治。

自杀：有很多决定因素和意义的层面

与涂尔干相似的论述指出仅仅从研究自杀者心理的角度来理解自杀行为远远不够，门宁格这样写道："自杀是一种复杂的行为，不是单纯的偶然的心血来潮的行为，它既合乎逻辑又无法解释。"这两位研究者都认为一次自杀有很多原因，而不仅仅出于某一个原因。

能够反映自杀行为的复杂性的一个普遍的方式就是仔细考虑一下它的三个因素：不幸、无助和绝望。当在这些因素上再加入以下几个诱因，自杀就更加复杂了：(1) 生活状态不稳定，总是试图伤害自己；(2) 与日俱增的心理问题；(3) 钻牛角尖，目光狭窄，觉得自己的选择很少；(4) 为了从痛苦和孤独中解脱出来，而采取结束生命的方式。

自杀的这些特征让我们得到了一个重要的结论。如同我们看到的，自杀学研究者和自杀死者家属总是有一种强烈的冲动企图找到自杀的原因。很多人都试图在自杀现场寻找死者留下的字条，希望字条可以解释所发生的一切。但事实上，自杀绝不仅仅是单一的原因造成的结果。自杀总是有很多的决定因素和意义层面。它可能是很多生理、心理、社会原因综合起来的结果。一位研究自杀行为的专家这样写道："自杀的人通常无法写出有意义的信息；相反，如果这个人能够写出有意义的内容，那他可能就不会自杀了。"

 ## 自杀所造成的影响

自杀除了会对当事人的生命有威胁，同样也影响着其他人。20世纪70年代的一部文献指出，通过与心理医生、心理辅导师、互助团体的持续沟通，这些专业人士都表示自杀者的家属对其死亡是很难接受的。这些专业人士的报告的共同的主题就是自杀所造成的影响，家属们通常经历了愤怒、悲伤、内疚、抱怨以及其他常见的悲痛方式，所以，有人这样说："自杀者家属被困在悲痛中出不来，要承受很多年的孤独，无法与人亲近，总是感觉自己被抛弃了，或者是遭到了报应。"

我们也不能将自杀者家属的悲痛反应过度概括，以免对他们造成成见和误解，这样使他们的恢复变得更加困难。

所以，我们对自杀者家属的悲痛及其与其他形式死者的家属的区别的研究只是实验性的。也许对此最清晰的论点是来自于巴瑞特和斯哥特的研究。他们指出，自杀者家属相对于其他类型死者家属，所要面临的问题更多。他们需要应对所有死者家属都需要面临的挑战。此外，还要应对非自然死亡所特有的问题，还要面对突然死亡所特有的问题。最后，还要面对自杀所带来的特有的问题，例如开始否认一些关于生命的价值观，并体会到自杀本身所蕴涵的抛弃的含义。

与其他死亡形式相比，有些问题会出现得更加频繁。谴责和愧疚，感觉被死者抛弃，苦苦寻找死者自杀的原因是自杀者家属最显著的特征。

一些人认为自杀者家属也会出现自残和自杀的念头和行为，但是还有一些人认为正是因为他们意识到了自杀带给家人致命的痛苦，反而不会出现这种危险的念头。

自杀者家属所面临的挑战的程度是不一样的。有证据表明，与自杀者的亲密程度起着很大的作用。而且，孩子们在理解父母自杀的问题时可能会面对特殊的问题。

死亡课

与父亲的生活——一个 9 岁女孩的真实故事

7年前,曾有一个两岁的女孩。她的爸爸死于自杀。她常问妈妈关于爸爸的事情,但是妈妈对她撒谎说:"他死于车祸。"自从那件事情发生之后,妈妈总是哭。

过了一年,小女孩在祖父母家过夜,他们把她的拖鞋放在床边,这样第二天她醒来就可以穿上。但是,第二天,拖鞋竟然不见了。祖父母想着鞋会跑哪去呢?然后,奶奶突然想起什么,她说:"是不是她爸爸把鞋拿走了?"爷爷说:"有可能啊,让我们看看明天鞋是不是会回来,如果回来了,那就说明一定是孩子爸爸拿走的。"第二天,他们真的发现鞋子就在原来的地方出现了。

小女孩生日的时候,祖父母开车去小女孩家庆祝。他们发现小女孩好像是在和谁说话,于是奶奶问:"你在和谁说话?"小女孩回答说:"和爸爸。"他们都很吃惊。他们把这件事情告诉了孩子妈妈。妈妈觉得这件事很奇怪。她问女儿是不是真的在和爸爸说话,小女孩说:"是的,我总和他聊天的。他就坐在我的旁边。"

当她 4 岁的时候,她要去上幼儿园了。每天她都带着一个小毯子,这是她爸爸送她的。她给毯子取了个名字叫"凯凯",在幼儿园的时候她总是紧紧地抱着毯子。午休的时候,对于小女孩来说,就是想爸爸的时候,她总是依偎在小毯子里。

第二年,妈妈有了新的丈夫。小女孩大哭,因为她并不认识他。后来他们渐渐地熟悉了起来,小女孩开始叫他爸爸了。

当她 6 岁的时候,妈妈和继父对她说:"你要有小妹妹了。"小女孩很高兴。小宝宝降生之后,小女孩拥抱了她,亲吻着自己的小妹妹。每天晚上夜深人静的时候,小女孩就会把当天发生的事情告诉爸爸。

在她三年级的时候,小女孩告诉她的同学自己的父亲已经死了。一天,一位同学笑话她没有爸爸。但是小女孩什么都没说,她静静地走开了。后来那位同学向她道歉,而她却说:"我不可能原谅你。"

她 8 岁的时候,一天放学后,女孩知道了自己的父亲是怎么死的。小女孩开始有点兴奋,但多数还是感到恐惧,因为她的家人瞒了她整整 6 年。她的妈妈说:"我告诉你你的父亲是怎么死的。他自杀了,他用一样东西结束了自己的生命。"小女孩大哭起来。

第十六章 关于自杀

> 第二天,妈妈打电话给学校的心理辅导师,希望他们能够劝劝孩子。辅导师将小女孩叫出了教室,带她到了辅导室。辅导师给她一只小熊。然后,他们开始聊天,聊所发生的一切,小女孩感觉好多了。那次谈话之后,小女孩再也没有因为父亲的事而感到难过。

除了老年人之外的死者亲属通常需要 6 个月的时间让自己的悲痛情绪有所缓和,但是有一项对于自杀者的老年亲属的研究表明,他们所需要的时间更长。甚至在经过两年半的时间之后,一些自杀者家属的精神状态仍然与其他死者家属不同。

巴洛和科尔曼曾做过一项研究,是关于家庭对自杀者家属悲痛恢复的作用和影响的。他们发现,有些家庭结成"愈伤联盟",这个办法能更好地帮助他们应对各种问题。相反,如果没有这个条件,那么悲痛恢复的过程就会更加困难。愈伤联盟主要是家属们互相观察彼此的反应,允许彼此用自己的方式来发泄悲痛。这种互相关注主要是旨在防止有另外的悲剧发生,他们可以彼此互相照顾。

有一些家庭成员之间可以自由谈论自杀问题,而另一些家庭对此类话题则很回避。有些家庭对此话题的回避是出于对感情脆弱的亲人的保护,但是巴洛和科尔曼发现,这种表现,一旦加上家庭成员对其中某一位成员的谴责,就会让他陷入崩溃,甚至引起严重的家庭纠纷。这使悲痛恢复的过程更加复杂了。

还有一种因素也影响着自杀者家属的悲痛恢复,那就是与家庭以外的人沟通交流。一些研究表明,与家庭内部互相帮助相比,这些与外人的沟通得到的帮助相对较少。自杀者家属可能被社会剥夺了悲痛的权利。这些人会担心社会的标准会规范着他们的悲痛表现,相对于其他死者家属的悲痛,自杀者家属的悲痛表现似乎要遵守更多的规范要求。另一个复杂的因素是悲痛者自己就会远离人群,拒绝接受帮助。所以,自杀者家属可能有的遭遇与自身和社会都相关。

但是,悲痛的恢复还是需要社会的帮助的。有效的交流和他人不带成见的安慰都是很有帮助的。

还有一种关于自杀的问题是集体自杀或者叫模仿自杀。这种死亡通常发生在 15~24 岁年龄段和 45~64 岁年龄段。尽管不排除有的青少年是受了他人的自杀经历的影响(或者之前有认识的人自杀了,或者从媒体获知的自杀新闻),但无论他们是否是受到他人的影响，他们的自杀一定还有其他的原因。这些原因包括药物滥用、残疾、易怒、就学压力大、过于频繁的搬家、家庭情况复杂等等。

 ## 对自杀行为的干预

因为没有人能够阻止非常坚定的自杀念头，我们在此只是谈论减少自杀成功的可能性。全世界很多机构都致力于此，通常是运用危机干预手段。这些机构帮助那些感到自己正处在危机状态的人们和看起来有自杀倾向的人们。经过几十年的工作，人们掌握了很多关于自杀的行为特征，进而掌握了如何帮助人们，有建设性地干预自杀行为。

首先，必须正面解决对于自杀行为的错误认识。例如，很多人认为想要自杀的人不会谈及自己的这个念头，自杀只不过是一时的心血来潮。跟心情低落的人谈论自杀会诱导他们自杀。但是现在我们知道，这些认识都是错误的。那些想自杀的人多数是会谈论起这个念头的。有统计表明大约有 80% 的人在自杀前曾经跟家人、朋友或者医生讲过自己的想法。所以，我们可以这么说，大多数的自杀者实际上是拼命地求生存，至少对于生死的选择是很矛盾的；他们只不过是没有看到解决问题的其他方法。

关于自杀的错误认识和事实

错误认识 1：那些谈论自杀的人往往不会自杀。

事实：每 10 个自杀的人当中就有 8 个曾经表露过自杀的念头。自杀的念头表露和自杀行为都要被人们重视起来。

错误认识 2：自杀通常是毫无征兆的。

事实：研究表明，自杀者往往会给出很多线索和警告。关注这些呼救，可以阻止自杀行为的发生。

错误认识 3：自杀的人通常是非常明确地想要结束生命。

事实：大多数自杀的人其实在生与死之间是很犹豫的，他们只是把宝押在了死亡上，指望着别人能够救自己。几乎没有人自杀还不想让别人知道他的感受。只是这种呼救是隐性的。注意到那些抑郁的信号往往就可以拯救一条性命。

第十六章 关于自杀

> 错误认识4：一旦一个人有了自杀行为，他之后还会这么做。
>
> 事实：让人欣慰的是，自杀的念头只是一段时间内的想法。如果获救，他们就能够最终走上生活的正常轨道。
>
> 错误认识5：尝试过自杀之后，当事人有了一定的进步，也就是说自杀的风险已经消失了。
>
> 事实：大多数的自杀发生在第一次自杀未遂之后，当自杀者开始有了进展的三个月左右，当自杀者体力恢复，可能将危险的念头再次付诸实施。亲属和医生对这段时期要密切关注。
>
> 错误认识6：自杀的人往往都是有钱人，或者自杀的人多数都是穷人。
>
> 事实：自杀既不是有钱人的疾病，也不是穷人的诅咒。自杀是非常"民主"的，社会每个阶层的人都会自杀。
>
> 错误认识7：自杀是会被遗传的。
>
> 事实：不是家里有人自杀，家属们就一定自杀。这只是个人行为，是可以被制止的。
>
> 错误认识8：所有自杀的人精神都不健康，只有精神病人才会自杀。
>
> 事实：经过对几百份自杀者遗言的调查表明，尽管自杀的人都非常痛苦，但不一定患有精神疾病。他的痛苦可能是源自暂时性的情绪低潮，或者痛苦难当的病痛，或者出于绝望。因为"自杀是疯狂的举动"，所以得出结论说所有自杀的人都是疯子，这是不对的。

自杀很少在没有征兆的情况下发生。通常是之前已经考虑成型，并经过精心筹划的。自杀者往往给出很多自杀念头的迹象。这些迹象有可能是通过语言表达，也有可能是通过其他方式表达的。他们有可能将心爱的东西送人，改变自己的作息和饮食习惯，甚至本来是很焦虑的，突然变得很沉稳镇定（沉稳镇定是因为他们最终决定了要怎么做）。

问某人是否有自杀的想法，并不会诱导他自杀。那些极端抑郁和焦虑的人往往早已经想过自杀的事情了。很多自杀方面的研究者相信绝大多数的人类都曾经考虑过自杀的事情。所以，自杀可不是什么罕为人知的解决之道。如果有人不主动谈论自杀的念头，那么最好的方式就是直接问他。

一旦关注到自杀的念头，干预的措施就有很多种。下面会介绍一些行之有效的措施。首先，人们要注意，很多自杀的念头并不是长期的。干预是帮助对方走出那个短暂的危机阶段。这是所有危机干预手段中最基本的策略。

自杀的征兆

有自杀倾向的人们多数情况下会有以下的征兆：

1. 念头成型

表达自杀的念头

- 威胁说要自杀，谈论过要自杀的念头；
- 寻求自杀的方式，买枪、买药等；
- 谈论或者写出死亡和自杀的事情。

2. 药物滥用

对酒精和药物的依赖增加。

3. 毫无目的性

找不到活着的理由，感觉没有或者没有什么目标。

4. 焦虑

焦虑，失眠，或者总在睡觉。

5. 被困

感觉自己被困住了，出不来了。

6. 绝望

7. 孤立

远离朋友、家人和社会。

8. 愤怒

9. 鲁莽

做事冲动，做很多危险活动，看起来根本就不考虑后果。

10. 情绪改变

非常明显的情绪改变。

一些有效的干预和帮助措施

- 认真对待他；时刻准备着倾听他的心灵。
- 允许他表达自己的感受，试着接受他；以悲悯之心镇定地、毫无成见

第十六章 关于自杀

地对待他。
- 不要害怕公开谈论自杀；问一些类似"你是否曾经想过要自杀或者伤害自己？"的问题。你也可以提供一些具体的事例，帮助你推定这个人是否有自杀的念头。
- 通过认真倾听，表达你的担心和关心，要用眼神交流，逐渐靠近他，如果合适的话，甚至应该抚摸他，握住他的手。
- 不要与他争论自杀是否是正确的，也不要争论他的感受是好是坏；一味的说教或者争论只会让你们之间的距离越来越远。
- 绝对不要激他；不要让他置于危险之中。
- 找出他是否有具体的自杀计划。
- 指出一些有建设性的建议可以替代自杀来解决问题，但是不要欺骗他；强调自杀是用一种永恒的方式来解决一个暂时的问题，很不值得的。
- 采取行动将可能夺走性命的武器或者药物拿走。
- 提醒他尽管他可以为自己做出决定，但是人们还是愿意帮助他，人们还是很关心他的，你也可以试着与其他帮助机构取得联系。
- 向有经验的人或者专业机构寻求帮助。
- 在你得到帮助之前，要尽量与他待在一起，不要离开，不要让他独处；如果你必须离开，让他向你保证不会采取进一步的行动，直到他们得到帮助解决问题。
- 不要无条件地向他保证你会保密。当然，在你们必须要互相承诺的情况下，这样的保证也是可以的。

　　帮助自杀者最重要的方式是要懂得倾听。关注他，在他身边帮助他。一定要倾听他的感受，试着去理解他的需求。聆听的过程包括注意获得自杀信息，理解对方的话语所包含的几层意思。大多数的危机干预工作者坚持每一个关于自杀的话语信息都必须要严肃对待。

　　一旦注意到这些信息，就要揣摩它实际的含义和计划。如果一个人想自杀的程度越深，那么他计划得就越多，类似的话语就要更加严肃对待。像"有时候真想杀了自己"却没有下文，就比有具体想法和实施计划的语言所产生的

死亡课

意义要轻很多。已经有了具体的实施步骤，并准备付诸行动的情况是最危险的。

变化也是很重要的因素。如果有人本来很抑郁，但最近却突然情绪不错，这可不是掉以轻心的时候。当人们走出抑郁的时候，实际上往往是自杀可能性增加的时候。在这种情况下，他们最终可能有了实施自杀行为所必需的体力。类似的变化还有，变得焦虑也可能预示着危机的到来。

倾听一定要用心，要注意对方说了些什么。这是指我们在倾听的时候不要带上主观的评断。他们在意识形态上所产生的问题往往就是这个人的问题所在。告诉他问题并不严重，自杀并不能帮助他解决问题。这表示其实我们并没有用心去听他们说话，也没有意识到问题的严重性，这很有可能让他们不再向我们寻求帮助。

很多自杀的人都有钻牛角尖的过程，他们认为解决问题的办法很少。自杀可能就成了唯一能解决问题的办法。我们所要做的就是帮助他们指出还有其他解决办法，给他们建设性的意见，例如寻求内心的力量，这可能是自杀者之前没有意识到的，或者向外部寻求帮助，解决危机。

最后，达成某种协议是必要的，例如以下几个问题：你能不能答应我，在我到你那儿之前，不要做任何事情？你能不能跟我一起去找心理医生？你能不能答应我不要伤害自己，直到我们找到辅导师？还有一点很重要，就是不要让他自己待着，不要让他找到自杀的工具或者方式。很多情况下，一个训练有素的专业人士还是有必要的。

最后一点是对危机干预工作者讲的：一些在这个领域工作的人指出，归根结底没有人能够为他人的生命负责。如果有人真的想结束自己的生命，通常他人是阻止不了的——因为我们根本就不能拘禁他。尽管人们对他人的自杀总感到很愧疚，最终自杀还是局外人所不能控制的事情。因为那是作为人类的一种自我选择。

需要补充的是，一些研究者认为，至少在某些情况下，自杀是理智的，并且是为道德所能接受的。

哲学家塞内卡这样写道：

> 生命，如你所知，不必总是匆匆。我们不只为了活着，更是为了活得好。所以，有智慧的人知道自己该如何生活，而不是将就着活命。生命在

于质量,而不在于长短。如果他遇到挫折,心灵不得安宁,他就放开自我。无论他是主动要求终结还是必须接受死亡,无论来得快还是慢,对他来说都无所谓。死得早晚不代表任何事情,死得值不值得才是重点。死得其所也算是对糟糕生活的逃离。

所以,塞内卡等人认为对自杀行为的干预和阻止并非绝对正确。对理智的自杀进行帮助也有可能同样被人们所接受。

自杀是否也可以是符合道德规范的行为?

有一个问题人们自古以来就在讨论,即自杀是否也可以是符合道德规范的行为。要回答这个问题,前提是人们是否相信自杀也有可能是理智的行为。如同我们看到的,抑郁、矛盾和其他强烈的精神情绪因素对一个人的自杀行为起着核心作用。这让有些人认为自杀总是,至少大多数情况是不理智的行为。如果真是这样,就会影响我们看待自杀的道德地位。

但是,有人认为,自杀也可能是理智的,甚至是符合道德标准的行为。罗林就同意这个观点,至少在某些特定的情况下同意。她这样写道:"真正的问题是当人们靠近生命的终点,除了恐怖的死亡没有其他希望的时候,人们到底有没有权利选择放弃生命?"她的观点基础是人的自由和自主的范畴内包括"有死亡的权利"。事实上,在美国任何地方自杀都不是违法行为。这表明很多人自杀是合法的,并且在自知的范畴内。

其他社会也认为自杀在某些特定的条件下是合理的。社会、政治、道德环境接受个人因为社会和家庭的利益而牺牲自己的行为。但是,多数观点认为自杀的合理性至少是建立在自杀者是理智的前提下。

还有一些观点否认自杀的道德性,认为任何人自杀都是不理智的,总会违反某种道德观。例如,几乎所有的宗教都反对自杀。这也许是因为他们相信生命其实并不属于某个人自己,或者是某个圣明或神灵不允许自杀。

 ## 关于自杀的道德性的宗教观点

尽管我们不可能将有关自杀的宗教观点用简单几句话完全概括,但是以下的观点可以让我们窥见一斑。

死亡课

犹太教观点

"人类的生命是根据上帝的形象创造的……所以生命是神圣不可侵犯的,因为没有自我保护而死亡或者殉道而死,生命就会自然结束……即使人性的自主和尊重人权的原则也要退居生命的神圣性之后。所以,即使生病的人也不能自行结束自己的生命。"费尔德曼和罗斯纳的著作中对犹太教观点给出了以上论述。

基督教观点

在基督教里的罗马天主教传统中,关于安乐死的宣言包括以下的陈述:故意导致自身的死亡,或者自杀,与谋杀一样罪过;这种做法是违背上帝意志的。另外,自杀也是对爱的拒绝,否认人类求生的本能,是对正义的责任和全社会的蔑视。史密斯重新强调了最后一点,基于英国国教的传统,他认为:"自杀在任何情况下都是一种社会行为……因为人是社会的一分子,自杀不能仅仅被认为是个人的权利。作为上帝的子民,基督教徒必须谨记在心,他们所做的任何选择都是作为上帝的子民而做的。"他还认为(针对一些医学条件下的自杀的观点,其实也适用于各种自杀的情况),"在医学的领域里,利他性自杀的一个重要问题是,它忽视了他人为此而产生的愧疚感,以及亲友们的被抛弃感。"

伊斯兰教观点

伊斯兰教《古兰经》有"不要亲手毁灭自己"和"不要企图毁灭自己,如果那是出于邪恶的本意和不公正,那人就会饱受火刑"的训诫。但是,拉曼说:"对于穆斯林来说,唯一可以将生命献出的方式就是走阿拉指引的道路,在圣战中成为烈士。根据穆罕默德言行录,人如果是为了保护自己,保护家园、财产和国家免受侵犯而献身的也是烈士。"

印度教观点

"印度教认为出于利己动机而结束自己生命的故意自杀行为是邪恶的。主观地说,邪恶就存在于此种无知和冲动的行为当中;客观地说,邪恶包围着阻止自然过程的行为而引起的因果报应。"但是这个观点后来有所改变,在一些情况下:"如果出于宗教信仰的动机,印度教允许某种自杀方式。印度教整体教义本身就是一个不断发展着的放弃的行为,并且将继续下去,自杀是放弃的最高行为。对智者来说,它是死亡的死亡。"

佛教观点

"佛教认为自杀是无效的、毁灭的欲望误导了的行为……对抗生命是去不了极乐世界的。"但是,在一些情况下,自杀是被佛教所接受的:"菩萨牺牲自己并不是为了对抗生命,而是为了放下生命以服务于人类。他们不是为了自己的利益而死,只是接受死亡的到来,这是他们的职责。"

第十七章 协助自杀与安乐死

特里·夏沃的案例

1990年2月25日，26岁的特里·夏沃已经与丈夫迈克尔·夏沃结婚6年了。她没有签署过医疗生前预嘱和委托书。那天，特里的心脏突然停跳（这是饮食异常的结果），她的大脑开始缺氧。从此，特里就陷入了昏迷状态。有几位医生认为她已经处于植物人状态了。持续性的植物人状态就是"已经失去思考能力，对周围的事情没有意识，但是还有认知以外的功能以及正常的睡眠。无意识的身体活动有可能发生，如果有外界刺激，眼睛能够睁开。有时候甚至面部扭曲，哭泣或者微笑"。

特里始终处于这种状况中，这件事最终却导致了特里的丈夫与她的父母之间的一场法律纠纷。一方面，经过了几年的康复训练，迈克尔相信特里不可能恢复了。他说以前特里曾经说过她不想用人工器械维持生命。基于这点，从1998年他就不断要求当地法院下令撤掉置于特里胃部的引流管。另一方面，特里的父母和兄弟姐妹相信特里仍然是有认知功能的，他们不断地通过各种法律途径阻止迈克尔的请求。

2000年2月，一位佛罗里达巡回法院的法官下令可以撤掉胃管。2001年4月24日医生正式撤掉了特里的胃管。但是在26日，另外一位法官命令医生恢复特里的胃管，因为特里的父母已经对迈克尔进行起诉。在2002年的11月，第一位法官再一次要求撤掉特里的胃管，但是州法院提出上诉，佛罗里达最高法院维持原判，特里的胃管于2003年的10月15日第二次被撤掉。

一群反对这一行动的人们开始在特里的医院外面进行24小时的轮番守夜以抗议撤掉胃管的做法。迫于压力，佛罗里达立法机关介入，很快通过了"特里法案"。这项法案赋予了佛罗里达州长杰博·布什权利，他下令让医院重新置回特里的胃管，2003年10月21日，医院奉命置回胃管。然而2003年12月的民意调查显示65%的群众反对这项法案。但是各种残疾人权益组织都支持州长的做法。

第十七章 协助自杀与安乐死

2004 年 5 月,一位佛罗里达巡回法庭的法官认为特里法案违反了州宪法。州长上诉,但是案件直接被移交给了佛州最高法院。2004 年 8 月,最高法院举行了听证会,9 月,众人一致表决,特里法案违反了行政权与立法权分离的宪法规定。于是法院拒绝重新审理本案。2004 年 12 月,佛州州长要求美国最高法院重新审理本案,但是该请求于 2005 年 1 月被驳回。

2005 年 2 月 25 日,原来那位佛州当地的法官允许撤出特里的胃管。此后,美国国会和布什总统签署了一项法案允许联邦法庭重新审理本案。为了响应特里父母的请求,联邦法院法官审理了本案,但是驳回了将特里的胃管重置的请求。在美国最高法院再一次拒绝重审本案之后,美国第 11 届巡回上诉法院维持判决。判决还规定禁止佛州政府重置特里的胃管,也禁止州政府将特里纳入佛州监管。佛州最高法院也拒绝推翻该项判决,联邦地区法院、第 11 届美国巡回上诉法院和美国最高法院再一次拒绝介入本案。

经过了漫长的 15 年,特里最终于 2005 年 3 月 31 日死去。她去世之后,她的丈夫、父母、律师、生物伦理学家和评论员写了大量的相关文献。

情境评估

本章所涉及的问题主要是在某些特殊的环境下需要终止某人的生命。在当今的社会,人们总是不由自主地想要借助先进的科技来延长自己的生命。例如,在 20 世纪后半叶,现代科技挽救了很多生命。这些人包括不能自主呼吸的,有过严重的脑损伤的,患有衰弱性疾病的,他们如果没有人工呼吸机和食管可能早就不在人世了。另外,化疗、放疗、器官组织移植和很多其他技术也能够延长很多人的生命。这是现代医学科技最让人尊敬的成果。

但是,这些技术不仅仅让人的生命得以延续,有时候也会增加人们痛苦的程度和长度。在一些情况下,单靠这些技术来维持生命,总让一些人感到自己的卑微,也充满痛苦。当现代的医疗技术不能有效地解决人们临终的这些问题,有些人就会认为与其这样痛苦地延长濒死的过程,还不如放手吧。

死亡课

我们必须面对这一争论。安养事业的原则就是如果人们的濒死过程充满了痛苦和卑微的感受,那一定是照顾得不好。安养让患有恶性疾病的人基本没有必要面对死亡是否会比现在这种状态好的问题。但是,并不是每个人都能够得到安养院照料,还有一些病痛是安养院和临终关怀机构也不能解决的。在这些情况下,人们就会想到终结生命可能是比较好的方式。

 ## 决定终结生命

我们在本章中所要探讨的一个根本的问题就是:选择结束某人的生命到底是不是合理的?如果这个回答是肯定的,那么一定会出现其他的问题。这些问题包括:终结生命要用什么方式合适?谁来执行?为了解答这些问题,我们必须寻找一个回答问题的基点,能让我们清楚地思考结束生命的道德性。

协助自杀

作为自杀的一种形式,协助自杀也有着相同的特点。二者的区别在于协助自杀是需要他人审慎协助的。即,协助自杀的方式必须得到他人的帮助或者合作,而对方非常清楚他这么做就是结束生命。

协助自杀的必备要素是:(1)想自杀的人必须寻求另外一个人的协助;(2)第二个人明知道是在帮助对方死亡,还要帮助他完成;(3)第一个人利用了第二个人的协助而完成了自杀。

当一个人请求医生帮忙终结自己的生命,要医生开处方药,这是一种特殊的协助自杀——医生协助自杀。由于医生职业的特殊性,他们能够接触到致命的药物。近年来,医生协助自杀受到社会的广泛关注。但是,在整个过程中,医生并没有直接取了患者的性命,他只是开了药。所以,医生协助自杀不属于安乐死。

还有一些人也可能有其他的办法。例如,朋友或者亲戚也能够接触到致命性药物或者武器来帮助某人结束生命。只要朋友或者亲戚了解他想自杀的想法,还参与帮助的话,都属于协助性自杀,而不属于医生协助自杀。

安乐死

如果有人身体或者精神上承受着巨大的痛苦,他宁愿死去。那么这个人可

第十七章　协助自杀与安乐死

能会向另外一个人寻求帮助，要对方帮助结束自己的生命。这种行为中，那另外一个人的身份便是"安乐死"这个定义的关键。安乐死涉及至少两个人，一个是想死去的人，另一个是认为这样做是对的，并付诸了行动的人。

但是究竟该在巨大的痛苦已经存在还是即将发生时进行安乐死，这是安乐死问题中的一个颇具争议的点。

关于安乐死的另外一个常见的争论是就是死者自己是否同意这样做。如果死者自己要求结束生命，那是自愿安乐死。如果死者生前的意愿不明确，那就属于非自愿安乐死。例如，死者生前已经处于昏迷，或者不能做出决定。

第三种可能性是患者自己是希望能活着的，但是有人决定无论如何还是结束他的生命为好。有人把这叫做不情愿性安乐死。但是违背患者意愿而杀死他，更像是谋杀，而不是安乐死了。所以我们就不把这种情况列入安乐死的范畴内了。

杰克·科沃金医生

20世纪90年代，科沃金医生将协助自杀和安乐死的问题带到了大众的面前。他是一位退休的病理学家，在1990年他宣布自己愿意帮助人们结束生命。当年晚些时候，科沃金参与了54岁的珍妮特·阿德金斯的协助性自杀。尽管社会反对，他认为自己做得对。

科沃金一开始提供的协助是一种"自杀仪器"，人们可以控制致命药物的注射量。后来，科沃金开始提供其他自杀方式。当病人采取自杀行动的时候，科沃金医生下了很大的功夫保证自己不会在场。至少，他没有直接要了患者的命。控方律师发现他根本无法指控科沃金医生犯有协助自杀罪，他的做法并没有触犯法律。后来，一些解剖报告指出在69名要求科沃金医生协助自杀的患者中有17人在六个月之内死亡，他们都患有慢性的痛苦的恶性疾病。

1998年，科沃金承认参与了130人的协助自杀，并且自杀时在场。他还将其中一次直接参与托马斯·尤卡（肌萎缩侧索硬化症患者）的自杀过程拍摄了下来。录像记录了9月15日尤卡同意安乐死并且在科沃金医生的同意书上签字，9月17日，科沃金医生给他注射了两种化学药品致死。11月22日，录像经过编辑在CBS电视台播出，长达60分钟。

11月25日，密歇根州奥克兰郡检控官指控科沃金一级谋杀罪和协助自杀刑事犯罪。几天前他曾经指控过科沃金，但是受到了科沃金的质疑。11月，密歇根公民投票支持协助自杀，所以指控失败。尽管这位检控官曾在选

死亡课

> 举时立誓不会把公共基金浪费在对科沃金的无谓的指控上，他还是认为公开地播放那段录像是对法律的藐视。
>
> 1999年3月的审讯时，科沃金作为自己的律师为自己辩护。在协助自杀的指控被撤销之后，法官判决托马斯·尤卡的家人证词与谋杀指控无关。从此，科沃金不再出庭，也不再找其他目击证人出庭为自己辩护。在3月26日，法庭判科沃金二级谋杀及滥用管制药物。
>
> 1999年4月13日，他因为使用管制药物而被判处10～25年监禁。在宣判时，法官这样说道："这个宣判跟安乐死在政治或者道德上正确与否无关。而是与你有关，先生。你藐视法律，藐视法律系统在社会中的力量。没有人能够凌驾于法律之上，先生，没有人！"法官同意这些判决可以同时执行，但是拒绝将科沃金保释，科沃金之后的上诉也被驳回。科沃金没有像他曾经威胁的那样要绝食。由于表现良好，他于2007年6月1日获得假释，条件是不能再从事协助自杀。

关于安乐死的道德性的讨论中，还有一个经常被讨论的话题，那就是安乐死实施的方式问题。安乐死有主动性安乐死和被动性安乐死之分。主动性安乐死是主动地采取行动来结束病人痛苦的生命。这种情况下，必须有人实施人为的措施来终结生命。这点毫无争议。

但是被动性安乐死就比较复杂了。被动性安乐死有两种选择：不提供维生系统和撤掉维生系统。在实际操作中，社会上有一些人以及很多医护人员都质疑撤掉维生系统是否算是被动性安乐死。因为撤掉维生系统实则是采取行动的一种方式而已。即使没有直接取人性命，但是也为病人走向死亡扫除了障碍。

因为这种不确定性，主动和被动安乐死并非总是区分得很清晰。如果患者故意不就医（也没犯法）是被允许的。另外，我们也不认为不就医就是不道德的。如果医护人员为你提供必要的治疗，但是你却拒绝了，也不算违法。人类有权这样选择。

如果患者没有能力自己离开医院，问题就变得模糊不清了。因为患有恶性疾病的住院患者——不管他愿意不愿意——总之是拒绝治疗，这种情况对很多人来说似乎有点不合法。因为，在很多人眼里，拒绝治疗带有一种微妙的含义就是他不想活了。那看起来就好像是要求别人帮忙自杀，算是一种被动性安乐死。

 终结一个人的生命：关于道德的争论

有人认为故意终结生命与不用维生系统来维持性命有着道德上的区别。例如，很多人认为主动性安乐死不被道德所接受，跟蓄意谋杀没什么区别。但是这些人中也有很多人认为被动性安乐死在某种情况下是为道德所接受的。因为他们认为这是从疾病到死亡的自然规律。

但并不是所有人都接受这个观点。有些人认为无论哪种情况，不管医护人员做了什么还是什么都没做，他们都牵涉其中。因为他们都清楚地知道，采取行动或者不采取行动最终导致的结果是死亡。所以两种情况在道德上是等同的。有这种观点的人还认为如果被动性安乐死被道德所接受，那么主动性安乐死也应该被道德所接受，它们本质上没有区别。

支持安乐死和协助自杀的人们认为，安乐死和协助自杀可以让患者从痛苦中解脱出来，也尊重了人权和自由，同时维护了人的自尊和在人世中生活的质量。

反对安乐死和协助性自杀的人们认为，人必须要尊重生命，维护生命。药物本身就充满不确定性。当决定对某人实行安乐死的时候，也许患者有可能被误诊了，或者有其他什么药物是可以缓解疼痛。另外，医生协助性自杀和安乐死潜藏着破坏了医患关系隐患，因为病人不再相信医生是救死扶伤的。

第十八章　死亡在生命中的意义和地位

佛陀讲述死亡在人生中的位置

一位年轻的女人名叫乔达弥,她生了一个儿子。但是他生来就不能走路,很快就死去了。她非常悲痛,带着儿子的尸体挨家挨户地祈求人们给予良药将他救活。当走到一幢房子的时候,一位老人告诉她有一个人可以救孩子,那就是佛祖释迦牟尼。

于是乔达弥去找佛祖,向他要救孩子的药。佛祖告诉她他的确知道一种药,她要从村里从来没死过人的每家中拿一点芥末种子。于是,她挨家挨户地祈求,但是都无济于事:因为没有一个家庭没死过人。

然后她开始自己思考,觉得是自己错了。这种事情每个人都会遇到。现在她明白世上的所有东西都不是永恒的,最终是会消亡的。

在办完了儿子的葬礼之后,乔达弥来找佛祖。他问她是否拿来了他要的东西。她告诉他没有,现在她明白了所有的人都会死的。然后佛祖跟她说:"所有的生物都和这些灯火一样,有生有灭。"

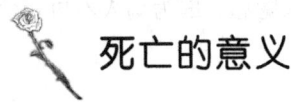

死亡的意义

生命的有限性所引发的问题

几乎所有的人最后都会明白一个不能改变的事实,那就是自己和所爱之人都会死去。很多人和乔达弥一样,从这个事实引发了关于意义的问题:既然总归要死,为什么我们还要诞生?我们活着的意义是什么?死亡对我们生活的意义和价值观有什么影响?死亡是不是就是没有生命?是不是真的就这么简单?还是生与死的关系其实更加复杂?

就像佛祖对乔达弥所说的那样,死亡是所有生命形式共同拥有的,但是人类可以在死亡发生之前对其进行思考。能够提前预知到自己生命的结果的恐怕只有人类。

实际上，人类对死亡的认识构成了人类几乎所有行为的基础。例如，苏格拉底曾经说"按照哲学的方式生活的人们会直接而主动地为自己的死亡做准备"，他认为人类所做的一切最终都会在死亡面前得到检验。如果他是对的，那么我们在本书中所探讨的所有关于死亡、悲痛、协助自杀或者安乐死的问题，实际上都是基于一个根本问题——死亡的意义。例如，我们说人们应该关心临终的人，这是因为我们关于死亡的信仰。如果人们相信死亡是不好的事情，死亡是最大的邪恶的话，这种信仰会影响我们对待临终的人们的方式。如果我们相信还有一些事情会比死亡更可怕，那同样也会影响我们的行为。

对这些问题的几种回应

人们对亡的认识有很多种。中国道教的阴阳八卦图案就是其中的一种。八卦图反映了生（白色部分代表阳）与死（黑色部分代表阴）的关系。它们互相渗透，阴占据了阳的一部分位置，阳也占据了阴的一部分位置。而且，阴的中心是阳，阳的中心是阴。所以，八卦告诉我们有生之处必有死，有死之处也必有生，这就是生命。

人们总是试图想知道死后的情景，传说、人类学文献、哲学、宗教和神学都回答过这个问题，人类很多优秀的思想都跟这个问题有关。苏格拉底、阿尔伯特·加缪、穆罕默德等人的作品都在解答死亡的含义。

 死亡：究竟是门还是墙？

费弗尔在写关于死亡的文章时，将人们对死亡的看法简单地描述成一扇门或者一堵墙。他的意思是当人们看待死亡，人们可以问自己看到了什么。死亡是生命的终结吗？如果死亡来临，是不是真的意味着不可挽回地失去了生命？如果是，那么生命中一切到了这个点上都得终结，这是我们所知道的万物的终点。那么它就是一堵墙，所有的东西撞到墙上都会撞得粉碎，没有人能够越过这堵墙。但是，一些人认为死亡是生命的一个阶段而已。是一条要渡的河，是

死亡课

一段要爬的阶梯,是一道要过的门。如果是这样的话,死亡可能就不是生命的对立面,而是到达另一种生命的通道。

大多数人都相信这两种观点之一。当然,这些想法和信仰可能是下意识的,并没有清晰的思路。但是如果一个人害怕死亡,那么这种恐惧一定是建立在某种对死亡的认知上,例如"我再也看不到自己所爱之人了。""我再也看不到美丽的夕阳了。""我会因为罪过而受到惩罚。""我可能下辈子变成了一个穷人。"既然大多数人对待死亡都有某种反应——无论是欣喜还是悲伤,充满恐惧还是希望——我们总是对死亡的意义怀有信仰。

但是,还有一种情况,人们对死亡的评价没有停留在是门抑或墙的表面含义上。人们认为死亡是一堵墙,但是死亡也是好的,至少所有的痛苦都结束了。人们也可以将死亡看成是一道门,但这道门可能意味着邪恶,通过那道门之后等待着人们的是无尽的折磨和阴暗。这要看每个人的死亡哲学是什么。

死后的景象

了解其他的宗教哲学关于死亡的景象有助于我们理解生与死的关联,丰富我们对这些问题的思考。死亡是不是所有生命形式不可逆转的失去?让我们来看看这些景象是如何回答的。

希腊人的观点

苏格拉底70岁的时候,一些批评他的人指控他不相信上帝,这样会误导年轻人质疑先辈的信仰。苏格拉底被判有罪,处以死刑。

在宣判的时候,苏格拉底描述了死亡对于他意味着什么。他说他相信人类不可能知道死亡对于我们未来的存在意味着什么。他认为人们在这点上都有自己的信仰。在这个最迫切的问题上,苏格拉底认为我们只能选择相信这一缺乏证据的信仰。

苏格拉底最终没下定论说死亡到底对于我们未来的存在有何种意义。也许,一部分原因是他为我们展现了与死亡有关的种种选择。如果死亡是永恒的睡眠或者是再会老朋友的方式,那么死亡就不那么可怕了。

第十八章 死亡在生命中的意义和地位

> **苏格拉底关于死亡含义的思考**
>
> 死亡对我来说一定是件好事，那些认为死亡等于邪恶的人是误解它了。死亡必是两种情况中的一种：或者是死人没有了意识，或者是他的灵魂到了其他的地方。如果死亡就是失去意识，像睡觉一样，那么这个睡眠不会被任何梦惊醒，这简直是太好了。因为那就像是夜晚到来了一样。但是如果死亡是去往另外一个地方的旅程，那么所有人都在那儿。如果真是这样的话，还有比这更好的事情吗？你可以跟俄耳浦斯、穆塞欧斯、赫西俄德和荷马聊天了。与英雄们聊天生活的快乐怎么能用语言表达得出来？

但是，这些推测并不能包含所有的可能性。另外，一位古希腊诗人荷马为人们提供了另外一种死亡的景象，这种景象显然就没那么乐观了。在荷马的《奥德赛》中，主人公奥德修斯回忆自己在阴间死后的情景，他想起了另外一位古希腊英雄阿喀琉斯，阿喀琉斯这么说："对我来说，我对死亡可没什么溢美之词……我宁愿在人间做奴隶，做农民，也不愿意在阴间体会这种让人窒息的死亡。"阿喀琉斯说这是因为阴间可不是个什么让人高兴的地方，死人根本就没有感觉和感受，他们只是一群幽灵。

古希腊的另外一个观点是灵魂不死。这个观点出现在柏拉图的著作中，他曾将人类描述成由两部分组成的生物，身体可死而灵魂不死。柏拉图继续验证灵魂的不死性。他认为，灵魂本质就是不死的，它永恒存在。因为人类的一部分是灵魂，死亡便意味着身体与灵魂的分离，并不意味着灵魂的终结。

古希腊的思想代表了西方思想的一支。另外一支来自于犹太教和基督教传统，以及他们的经典描述。

另一些宗教的观点

有很多死后的情景和信仰来自于希伯来和基督教的经典。以下就是这些文献中有关死后的描述：

1. 只有神才会不死。
2. 有时候"不死"是上帝赐给某个人的特权。
3. 人死后可能是以魂灵的形式存在，就像是一种"湮灭的生命"。
4. 后代就是自己生命的延续。

如果死后生命仍然存在，那么我们可以从身边找到这样的验证：我可以死，但是我的家族还在延续。我可以死，但是我的子孙还在延续。家族是很重要的，血脉的延续就是生命的延续。

西方宗教也经常谈及死后的天堂和地狱。这些概念在伊斯兰教也得以很好的发展。根据伊斯兰教教义，每个人在人世间的行为最终都要得到审判。如果人们服从阿拉的教训，那么死后会得到回报。如果人们反抗阿拉的教训，死后就要受到惩罚。

印度教和佛教的观点

西方人一想到印度教，首先想到的就是转世投胎。这是一个非常古老的思想，有时候也可以从西方的思想中找到。例如，柏拉图的一些对话中我们就能够看到类似的观点。但是转世投胎的观点肯定比柏拉图的文献更加古老。

第一部关于转世投胎观点的文献出现在公元前 7 世纪。一部印度教圣典载有以下内容：

  它是有智慧的……既不生，也不死
  它不从任何地方来，也不变成什么人
  没有生，它是太初，它是永恒
  如果身体被杀死，它也不会死
  生命的本源就像是它乘在一辆战车上
  身体就是它的战车
  如果没有智慧或者心灵不够纯洁
  就不会明白它
  不能达到圆满
  便投入另一个轮回
  如果充满智慧，心灵纯洁
  他就得到圆满
  不会再被投入人间

这一段话表达了印度教关于生命的几个重要的特征性的观点。人类本质是不生不死的魂。这个魂不停地在身体中转世（不一定总是人体，也可能是其他低等生物）。将会投入哪一道，要看它前世做了什么。没有得到智慧，不纯净，不能理解自然的真相，就会被再一次投入六道轮回。但是轮回就会带来痛苦，所以我们所要达到的是不再入六道轮回。《薄伽梵歌》中对这个观点表达得最

第十八章 死亡在生命中的意义和地位

清楚了。它带来了佛对一个人（阿朱纳）的教化。阿朱纳因为在战争中杀了人而感到很痛苦，但是佛告诉他：

> 智慧的人不会因为逝者而悲痛，也不会为了生活而哀怨。我从来都不这样，你也不要这样，以后的每时每刻我们都不能这样。就像人们扔掉用破了的毯子，然后再换个新的，灵魂也一样，一个身体老去了，它就会找一个新的。

如果是这样的话，人们该怎么生活呢？神回答道：

> 怀着与生俱来的纯净的心，我们要严格克制自己，不受噪音和事物的干扰，不受诱惑。我们要慎独，饮食要少，要时刻控制我们的言行和心智，冷静处事，不要限于小我，不要勉强，不要骄傲，不要欲望，不要发怒，不要贪婪，不要自大，心灵宁静，那么他就可以与大梵天王同在。

换句话说，在生活中端正行为，可以引导我们脱离六道轮回，以达成完满的安宁，至自高无上的真理同在。

人死后，存在三种可能性：（1）魂到了天堂等待下一次投胎转世。（2）魂马上被投胎转世。（3）魂得到了大梵天王的永恒护佑，达成了完满，从六道轮回中彻底解脱出来。

在儿童书籍中的佛教观点

《第一场雪》讲的是一个叫里恩的女孩，跟随家人从越南到了新英格兰的一个小镇生活。里恩迫不及待地想要看到她生命中的第一场雪。一次，她偷听到父母的谈话："奶奶快不行了。"当她问"什么叫奶奶快不行了？"没有人回答她。有一天奶奶告诉里恩去花园，然后握着她的手到了天堂，让她自己去理解什么叫死亡。当一片雪花落到里恩的手上，里恩喜爱它的娇小、美丽又脆弱，匆匆而逝。当阳光照到雪花的棱角上，瞬间折射出无数的小彩虹，最后它变成了一滴水，落到了地上，滋润着那棵小松树。这让里恩相信生与死只是同一件事情的两个部分。

佛教的创始人释迦牟尼出生在一个印度教家庭，但是他渐渐发现印度教的很多教义不能让人接受。经过多年痛苦的精神探索，他悟道成佛。他教化人们世事无常，没有什么东西是永恒不变的。人类的降生是痛苦，病痛是痛苦，死亡也是痛苦，悲伤、绝望都是痛苦，那些不愉快的事情是痛苦，得不到快乐也是痛苦。只要人们的灵魂认识不到这一点，不去面对，不能超越，它就永远要

死亡课

一次又一次地降生。这种对真理，对万事万物无常的本质无知的人来说，死亡是可怕的，因为死后还要再一次转世投胎来受苦。只有超脱欲望，灵魂才可脱离轮回的苦楚，到达极乐世界。那里没有欲望，也没有痛苦，只有完全的安宁和快乐。

人类关于死后景象的一个共同关心的问题

关于各种死后景象的描述有很多种，从永恒的睡眠，经过重建另一种存在形式，到彻底静止的状态。有些景象看起来挺吓人的，像地狱的惩罚或荷马笔下的阴间。有些景象好像好一些：可以与老朋友相遇，或者享受永恒的快乐。有些则是平静的状态：从不断的痛苦中脱离出来。每种信仰都会影响着人们的生活以及人们对死亡的看法。

在21世纪的今天，很多人已经不再相信这些古老的宗教信仰。现代的科学的世界观让很多人相信我们就是自然的生物。当我们的身体不再年轻有力，我们就渐渐衰弱，死亡就意味着毁灭。

这个观点对我们看待死亡的影响并不明显。一方面，这个观点看起来并不可怕，因为死亡之后就没有了痛苦，尽管死亡意味着失去了所有珍爱的人和事物。如果生活过得还不错，那么失去它的确不是一件好事，死亡也可能为人们所憎恶。这就是人们为什么抗拒死亡的一个原因吧。

面对这些不确定的答案，人们试图寻找证据。他们想知道死亡到底对未来的存在意味着什么。苏格拉底也许是对的，谁知道呢。我们必须从中选择出一幅景象，来理解死亡。对于所有人，无论他们有无宗教信仰，面对死亡，信仰确是唯一可能的路径。

 ## 濒死的经历

穆迪的《生命不息》记载了很多人描述的濒死时一系列的现象，这引起了人们的关注。人们描述这些现象被解读为提供了死亡之后的情景的证据。但是，这些解读是很有争议性的。为了理解方便，我们先来看看人们描述的这些情景的共同之处，然后再看看人们各自的解读。

什么是濒死的经历？

穆迪采访的这些人都有过相似的经历，但又不完全相同。这些人在描述灵

魂出窍的经历时，他们感觉到一种宁静和安详。这些经历中，他们经常会谈及周围的环境，听到自己被宣布为临床死亡。同时，他们有一些异乎寻常的感知：听到很大的噪音，在一条黑色的隧道中，遇到了其他人，遇到一种发光的东西，回顾他们自己的生活，似乎接近了某种极限。通常，有着这些经历的人们不愿意把经历与他人分享，因为他们怕被人笑话，别人也不会相信。但是，当鼓励他们讲出这些经历的时候，他们发现那种经历太强大了，根本无法用语言表达，没办法描述。他们说这样的经历改变了他们的生活，让他们感到满足和愉悦，不再害怕死亡。

穆迪指出这些人的描述不是完全一样的。但是他认为在一些关键问题上有很多相似之处，值得引起我们的注意。其他研究者也描述过相似的现象，他们认为这应该是濒死经历的主要组成部分。例如，林研究过102例案例，60％的人说自己感觉到一种宁静，感觉很舒服。还有一些人声称"有一种从身体中剥离的感觉"和"到达了一个黑暗的地方"。还有一部分人看到了光亮。有10％的人说到达了光亮的地方。类似的还有萨多姆对案例中最具共同性的特点的总结，就是感到平静和安宁，与身体剥离，感觉到死了，然后又回来了。

对濒死经历的含义的解读

人们最常规的濒死经历的描述是他们曾经"死"过，然后很快又回来了。支持这种说法的人认为濒死经历给了人们一个非常概括的证据，用短暂的一瞥证明了死后景象的存在。这是伊丽莎白·库伯勒·罗斯在为穆迪写序言时的观点。

相反，一些人则认为苏格拉底对死后景象的推测是受当时宗教信仰所限，并没有试验证据能够证明他的说法。凯利说："大多数濒死经历的研究者都忽略了一个问题，如果身体死了，人的意识还能活着吗？只是将注意力放在对濒死经历的描述，或者推测生理机制在其中起着什么作用这类问题上。"这些科学家似乎这样认为：所谓死后复生根本就没有意义；濒死经历的基础——死后复生这一概念本来就站不住脚；濒死经历包含了太多的人工成分，例如生理缺氧或者由于感觉或手术引起的化学物质失衡。总之，濒死经历基本上是幻觉。

事实上，说人们曾经死了，后来又复活，这说法本身就有点可笑。如果说死亡是不可逆转的，那么这些人其实根本就不曾死过，或者他们的经历只是一系列通向死亡的经历。例如，他们可能是临床死亡了，这个意思是他们已经满足了判定死亡的某些标准。但是，介于满足条件和真的死亡中间的界限并不清晰，这两者之间又不等同。再例如，某人如果没有意识表征，不等于这个人就没有经历感受。没有意识在这种情况下只是意味着"没有意识表征"而已，不等于真的没有意识。

凯利和她的同事们特别关注三个濒死经历的特征："当机体功能严重损坏的时候，思维却加强了；灵魂出窍的经历，从俯视的角度看待周围的一切；意识到远处的不能被人类的普通感官所感知的事件。"这些特征本身都不能作为终结争论。但是凯利认为这种高度集中的描述"也许值得我们将其作为推广实验研究的框架和对这种现象的一种仔细思考"。

但是请注意，"我们强调的是，濒死经历所提供的仅仅是一个间接的证据来证明死后是有意识存在的。因为这些人还活着，没有真的死去，故无法提供直接的证据。但是他们很接近那种状态了。"穆迪也说："我非常怀疑依据现在的科技水平和传统方法能否得到死后生命存在的证据，或者得出一个理智的判断。"

没有证据来支持我们对死亡的信仰。即使经过了大量的研究，也顶多是模棱两可的答案。苏格拉底也说："我们不能知道死后究竟发生了什么。但是我们必须要对这些还不完全的证据表明立场——即使是那些不可知论者也承认，我们人性的核心问题是死亡，而死亡是神秘的。"

死亡在生命中的地位

既然我们探讨了一下死后的景象，那么我们很有必要问一问：这些景象对我们眼下的人生有什么意义？

死后的景象和现在的生活

有人会说我们生前所做之事会影响到我们死后的景象。这是在训导规范我们在人世间的言行，争取死后获得幸福。基督教、伊斯兰教、印度教和佛教都这样训导我们，认为我们所作所为都会带来好的或者不好的结果。

即使有人不相信这个，他还是将生前的行为与死后的事情联系起来。例如，如果死亡是永恒的毁灭，那么也许人类应该尽可能丰富地生活。或者，如果死亡是毁灭，那么人们会认为死亡抹杀了一切的价值，毁灭了我们所做的一切：一切皆空。还有，死亡可以意味着摆脱痛苦，正如印度教和佛教的观点，死亡消灭了悲痛和成千上万的肉体所能感知的自然震动。从这点上来看，死亡也不完全是坏事。

有一些人甚至超越了以上的观点，认为"人类一切行为都是基于对死亡的反应"。如果你认为这个观点太武断或者太宽泛，那么至少我们可以说，人类可以让死亡变成一种重要的力量，来驾驭我们对死亡的解读。如果是这样，"尊重和欣赏生命的有限，不仅可以让我们更加了解自己，还可以推动我们不断前进，不断涌现成就和创造。"

人类回避和超越死亡的努力

很多人曾经用很多方式尝试过回避死亡。人们力求找到一种方式可以在自己死后，让自己认为有价值的事物得以延续。利夫顿指出几种类似于"形式上的不朽"的方式。最主要的是生物、社会、自然和神学的不朽，即人的生命可以通过后代来延续；或者通过自己的画作、书籍来延续；或者通过自己的学生、患者、客户、朋友来延续；有的人还可以从自然界中找到延续：人体回归尘土，分解，然后重新组成新的生命。还有一些将希望寄托在来生，或者与神同在。也有人支持人体冷冻，在生病将死之时，将身体冰冻起来，一直保持这种状态，直到有一天未来的人类可以治愈这种疾病。

回避死亡的做法揭示了那个不可逆转、不可避免的时刻充满痛苦。如果我们珍爱生活，那么死亡就威胁到了我们，意味着我们将失去爱人，失去曾经喜爱的地方，失去音乐，失去夕阳，失去我们用劳动换来的物质享受。失去所爱的一切！

如果我们发现这就是死亡的意义，那么死亡肯定影响着我们的生活方式和我们该如何对待他人。它告诉我们生命是多么宝贵。看来无论我们如何解读死亡的含义，面对它我们总会意识到生命的脆弱和价值。诚然，也许只有死亡成就了生命的价值。如果我们总有明天的话，那今天毫无意义，都可以留到明天去做。

最终，人们各自对死亡的理解成就了他们对死亡的信仰。每个人都要独自面对死亡，但是我们几千年来的历史和文化多样性让我们有得交流。每个人都可以通过交流得到帮助，选择如何生活，如何看待死亡。每个人同时也在为历史贡献着自己对死亡的看法。这本书只是对话中的一个声音而已。

第六部分
一种特殊疾病的例子

这一部分与其他章节有很多的不同。在之前的章节中，我们探讨在各种环境和条件下的死亡和悲痛经历，集中探讨一些核心主题。

在这部分中我们会展现这些核心主题是如何整合起来在某一特定的环境下发挥作用的。我们将这些核心主题联系起来共同探讨一种特殊的疾病，而不是再在广阔的环境中探讨这些主题。这种特殊的疾病就是人类免疫缺陷病毒感染（HIV）和获得性免疫缺陷综合征（AIDS），也就是艾滋病。我们用一个具体的例子来展示如何将本书的核心主题运用到一种具体的疾病上。

第十九章　用实例展现本书的主题

珍妮·福勒：为什么是我？

1991年1月初，珍妮·福勒刚刚结束圣诞假期回到堪萨斯城的家中，她从一堆信件中发现了一封信，表示拒绝她的新健康保险的申请。信中说她的血检报告异常，他们会通知医生。

她给保险公司打电话时，他们以保密为由拒绝跟她解释血检异常的真相。她去找到她的医生，医生告诉她，保险公司认为她血检报告HIV呈阳性。之后，经过了当地医疗机构的匿名检验，证实了这一诊断。

珍妮非常震惊。她55岁，过着很传统的生活，不吸毒，与自己的丈夫生活了23年，直到1982年他们离婚。之后，珍妮说她确实与几个与自己年龄相仿的男人有过性关系，他们都离婚了，而且并不是陌生人。其中有一个人叫吉姆，是她生活中的好朋友。

自从发现感染之后，珍妮开始了一段与世隔绝的生活。但是她并没有觉得哪里不舒服。如果不是保险公司的体检，她根本就不会知道自己感染了艾滋病毒。珍妮是个新闻记者，她研究了HIV，发现开始感染阶段会有类似感冒的症状。她回忆起在1986年年初的时候她确实有过类似的症状，而且看了医生。

后来她开始有了让人讨厌的皮肤病，开始强迫性地洗手来对抗细菌侵扰，1991年，珍妮退休了。她告诉她的朋友她想减减压，想保护好身体。事实上，"我退休是因为我没有勇气面对歧视、排斥和冷漠。之后的4年，我过着隐居生活。"

她从日记上确认了自己在5年前的一个新年前夜，与好朋友吉姆度过了一个美好的夜晚，他们那晚没有做防护性措施。所以她打电话联系他。但是他否认自己感染，然后挂掉电话，之后又打过来。他很生气珍妮曾经跟他们共同的朋友讨论过自己得的病，并且把吉姆的名字报告给了当地卫生部门。吉姆从来没有直接承认过自己感染了艾滋病，但承认也许是他传染给珍妮的，他很担心她。吉姆于1995年去世了。

死亡课

吉姆的死帮助珍妮重新审视自己的疾病，不再孤立自己。她决定公开承认自己的困境，对没有感染的人们谈论 HIV。珍妮尤其想谈如何防止感染，以及感染的风险。

 ## 艾滋病

艾滋病最初进入公众视线是在美国，1981 年 6 月 5 日美国疾控中心刊物《疾病与死亡周报》上有报告描述了 5 个年轻人到洛杉矶地区医院就诊，他们出现了异常的症状，主要是免疫系统缺陷。

现在，我们知道艾滋病的症状是人体免疫系统机能障碍，因此人们很容易受到感染，死亡的风险因此大大增加。而艾滋病是由艾滋病毒引起，最终导致人体免疫缺陷的。

如果一个人感染艾滋病毒，他的免疫系统要经过几个星期到几个月才能产生抗体。大多数人在感染后三个月产生抗体，也有一些非典型的病例在感染后半年到一年才产生抗体。通常我们建议如果人们怀疑感染了艾滋病毒，最好在前几周到三个月去做抗体检验。如果第一次检查呈阴性，我们建议在感染后六个月再做第二次检查。如果人们不知道自己感染了艾滋病毒，或者身体还没来得及产生抗体，那么很有可能在不经意间传染给其他人。

2007 年 12 月，联合国艾滋病组织数据显示"每天，有超过 6 800 人感染艾滋病毒，超过 5 700 人死于艾滋病，主要原因是缺乏艾滋病防控和治疗。"联合国艾滋病组织估计 2007 年全世界大约有 3 320 万人感染艾滋病。比 2001 年多了 420 万人。其中有 250 万人是 15 岁以下的儿童，1 540 万人是妇女。同年，新增 250 万人感染艾滋病毒。另外，2007 年全球大约有 210 万人因艾滋病死亡，其中包括 33 万儿童。

联合国艾滋病组织还指出：艾滋病是特殊类型的危机，它既是当务之急，也是长期发展的问题。尽管有不断增长的基金，政府的参与，HIV 治疗的进展，艾滋病扩散的脚步仍然比我们反应的要快。现在全世界没有一个地方没有艾滋病。该病毒的生长和变异的特质让它不断寻找新的传播机会。

第十九章 用实例展现本书的主题

 **人们对艾滋病的错误态度**

对艾滋病的无知和恐惧总会导致社会歧视。很多病人在工作的地方、学校，甚至医院受到不公平的待遇。一些感染者为了将这种耻辱感隐藏起来，隐瞒自己的病情，甚至离群索居。

后来人们开始知道艾滋病不会在人与人的日常交往中被传染（使用公用电话、公用餐具，抚摸、拥抱患者是不会被感染的）。艾滋病传染途径主要有以下几种：（1）没有安全措施的性传播（通过精液、阴道分泌物和血液传播）；（2）与传染者共用注射器和针头；（3）通过血液和哺乳由母亲传给孩子。

很多人很轻易地用道德的眼光来看待艾滋病，因为他们觉得艾滋病人一定是做了不道德的事情。这种观点伤害了很多患者。例如，克利福德一家三个患有血友病的儿子感染了艾滋病毒，人们对他们的态度非常不友好。尽管他们曾经希望能够从自己的社区得到帮助，但是当他们想让孩子跟正常人一样入学时，他们遭到了非常丑陋的抗议和恐吓，一些不知名的人还烧了他家的房子。

这样的伤害患者的态度是愚昧的，应该受到谴责。对新生儿和血友病患者用这样的态度就更加应该受到谴责。对待不道德者的惩罚不应该用在孩子身上，也不应该用在血友病人身上，这对他们的身体是雪上加霜。

 **应对艾滋病的措施**

根据艾滋病的特点，对它的病毒本质、主要传播途径的了解，我们有以下几个具体的建议来防控艾滋病传播：（1）不要与艾滋病感染者有性接触；（2）一夫一妻制，了解对方没有感染艾滋病，没有与任何人共用过针头和注射器；（3）不要注射非处方类药物；（4）不要以任何理由与他人共用注射器和针头；（5）不要参与任何跟血液、精液、阴道分泌物和乳汁有关的交换。另外，感染 HIV 的风险可以因为以下做法而降低：（6）用氯化物消毒剂对针头和注射器消毒（如果没有其他消毒剂，水也可以）；（7）如果要接触血液或者精液

死亡课

等体液，使用橡胶手套。

有些人错误地认为跟 HIV 感染状态不明的人发生一次没有保护措施的性行为，或者与他们共用注射器不会感染艾滋病。事实上，偶尔的一次也会导致感染。

现在，有些人开始相信即使感染了也不会致命，因为现在有药物可以控制这种病了。对于这些错误的想法，近年来不断宣传教育的必要性又被提升上来。

自从很多控制和治疗艾滋病的新药的诞生，有些人开始相信这种病再也不是什么严重的疾病了。但是，这种想法是不对的。很多证据显示感染艾滋病既是生活的灾难，也是危及生命的。一位作家这样写道：

> 艾滋病不是闹着玩的。它一点也不性感，更不是可以控制的。艾滋病让人越来越虚弱，生活越来越扭曲，这是一种致命性并且无法治愈的疾病。HIV 的药物会导致心脏、肾脏和肝脏疾病，还会带来每天身体上的不舒服。很多人每天要吃很多药，每天早晨耗在厕所里呕吐或者腹泻。然后下午还要去定期看医生。每天晚上要不停地为筹钱治病而苦恼。因为吃药花掉了他们的积蓄，生活难以为继。这是一种财力、精力和身体的巨大损耗。

 ## 帮助患者与艾滋病抗争

与艾滋病抗争以及个人的帮助

艾滋病患者的生活在很多方面都改变了：身体、精神、情绪、经济情况等等。首先，他们要像其他患有恶性致命疾病的患者一样来与疾病抗争。但艾滋病又被视作是一种慢性疾病，需要细心的照料。他们要吃很多的药物，要严格按照医生的限定饮食，甚至不能吃东西。他们要应对药物所带来的副作用。

他们还要面对来自于社会的歧视和偏见，很难得到理想的住所、合理的医疗照顾、健康保险和福利，在工作和学校里也得不到公平的待遇。

在经济上，药物平均每月要花去他们 2 100 美金。幸运的人可以得到保险的补偿，但是保险公司对待此类补偿往往非常不情愿。很多感染者并没有购买保险，又不能工作，所以也得不到员工保险。

他们也不能养宠物，为了避免细菌感染。

在日常活动中，很多健康的人认为稀松平常的运动，艾滋病人就要很谨慎了。

很多被感染的孩子通常被留在家中与已经被感染的成年人生活在一起。他们的父母身体状况已经非常不乐观了，根本没有办法好好照顾这些孩子。所以，这些孩子又被寄养在其他人家中，多数是祖父母，甚至曾祖父母。当这些孩子的父母死去，如果又没有其他家庭成员愿意抚养孩子，那对孩子来说实在是太可怜了——他们成了孤儿，等待着被领养。尽管有一些家庭愿意领养他们（大多数是同性家庭），但还有更多的孩子无人领养照料，生活非常艰难。

对于那些自己没有感染艾滋病，但是身边有朋友或者家人感染了的人们来说，他们的生活也因此改变了。没被感染的孩子、配偶、父母、祖父母和其他人必须面对挑战，照顾病人。这对他们来说也是经济上、精神上、社会上、情绪上的巨大挑战。

在我们面对艾滋病的历史中，很多人以巨大的勇气和力量来面对自己的死亡或者爱人的死亡。那些为艾滋病患者提供照顾的专业人士、志愿者、家属和朋友都为我们做出了很好的榜样。

从社会层面上应对艾滋病帮助艾滋病患者

这种能够给个人的生活带来如此巨大影响的疾病，同样潜在地影响着社会。

在很多美国社区，应对艾滋病的首要任务就是为患者提供医疗服务。发展专业的医疗、培养护理人才来解决这一新型疾病所带来的挑战和复杂性。同时，还要提供家庭护理和安养服务。随着这种疾病的发展变化，还要开发新的治疗方法，需要大量的时间和财力。

人们知道目前艾滋病无法治愈，很多社区迅速意识到防控宣传教育的重要性。他们开始游行，以提高人们对艾滋病的意识、知识和敏感度。很多专业人士被派往学校、教堂和医疗机构来提供关于艾滋病的精确信息。为了减少性传播的可能性，一些社区在学校和公共场所免费派送安全套。

因为艾滋病引发了个人经济困难，很多人开始向社会寻求帮助。例如，如果患者不能工作来负担医疗保险，他们就要向各种公共和私立机构寻求经济帮助。一些社区项目帮助患者负担医疗保险费用,或者减免保险费用等。

因为艾滋病人往往需要安全、可靠,并且支付得起的住所,一些地区的社区为这些人提供合适的住所来提高他们的生活质量,鼓励他们配合治疗,帮助他们得到所需要的救治机会,帮助他们和家人团聚。

如果一些家庭因为经济负担已经不能负担孩子上学的费用,也不能让孩子度过正常的节日。很多社区的项目就为这些重要的活动提供经费。

这些社区的资金来源于很多方面,包括国家拨款、私人捐助、州政府和地方政府拨款等等。有一些医疗保障和医疗补助计划也会提供一部分资金。但是让这些社区机构能够维持正常运转的资金筹集必须是持续性的。在经济困难的时期筹集资金尤为困难。

 ## 我们从中得到的教训和价值观

艾滋病让我们在对死亡经历的探索中得到了一些有益的教训和价值观。我们在放眼未来时需将之时刻谨记在心。

我们在死亡、丧亲之痛和艾滋病的病痛中清晰地看到了生命的脆弱。但是同时,也从中看到了很多勇敢和抗争的榜样。

艾滋病也让我们看到了生活质量对我们来说是多么重要。在疾病的笼罩下,人们竭尽全力地活着;在寻找生命的意义的过程中,我们时刻与他们同在。

作为个人,作为社会的一员,作为全世界的一分子,在艾滋病的挑战下我们重新审视我们的信仰、感受、价值观和与死亡悲痛有关的行为。这样,科学一定会代替无知,合理判断一定会代替不理智的决定,这事关我们的行为、人际、公共政策、医疗服务、教育和研究等所有方面。我们这样做的原因是,每一个患有艾滋病的人,归根结底跟其他人没有什么区别,因为最起码他们也是人,而且是正在备受痛苦的人。

桑顿·怀尔德的小说《圣路易斯雷的大桥》的最后一句话是这样写的:"这是一片生者与逝者共有的土地,爱便是二者的桥梁,这是唯一的存在,唯一的意义。"作为医务人员,作为精神导师,作为社会成员,作为朋友,作为家人,甚至就是作为一个人,我们必须关心和爱护那些艾滋病患者,如同我们对待其他正在与病魔和死神抗争着的人们。如果不这样做，我们便失去了最善良的那个自我，失去了人性。关心别人，我们也关心到了自己。作为个人，作为社会一员，作为全世界的一分子，最终我们就完全找回了作为人类的自我！

妙趣横生的通识读本书目（2014年更新）

书名	作者	定价
逻辑的力量（第3版）	斯蒂芬·雷曼	39.00元
思维（第2版）	加里·R·卡比等	39.00元
权衡：批判性思维之探究性途径	莎伦·白琳等	（待出）
逻辑思维能力与素养	杨武金	39.00元
道德的理由（第7版）	詹姆斯·雷切尔斯	35.00元
织梦人	杰克·鲍温	39.80元
咖啡与哲学	布鲁斯·N·沃勒	39.00元
生活的意义（修订版）	陶黎宝华　甄景德	38.00元
周易与人生	杨庆中	29.00元
向死而生（第7版）	查尔斯·科尔等	（待出）
生而向善	达契尔·克特纳	32.00元
爱的历史	西蒙·梅	45.00元
超越复仇	迈克尔·E·麦卡洛	39.00元
未完成的审判	杰夫·阿什顿　莉萨·普利策	58.00元

(续前表)

书名	作者	定价
妙趣横生的心理学	理查德·A·卡斯乔	68.00元
社会学的意蕴	乔尔·M·卡伦等	36.00元
经济思维	董志强	29.00元
管理的12个问题	焦叔斌	37.00元
超个体	伯特·荷尔多布勒等	39.00元
爱因斯坦的望远镜	艾弗琳·盖茨	39.00元
科学中的艺术与政治	哈罗德·瓦穆斯	39.00元
世界文明史（第四版·精装本）	丹尼斯·舍曼等	128.00元
世界文明史（第四版·平装本·上册）	丹尼斯·舍曼等	49.00元
世界文明史（第四版·平装本·下册）	丹尼斯·舍曼等	59.00元
感知艺术：公共艺术教育导论	丹尼斯·J·斯波勒	69.00元
艺术哲学入门	戴维·戈德布拉特	（待出）
艺术中的人文精神	F·大卫·马丁	（待出）
艺术课（第11版）	杜安	（待出）
毕加索和杜尚	拉里·威瑟姆	59.00元
完美创意的实现	滨野安宏	286.00元

Death and Dying, Life and Living, 6th edition
Charles A. Corr, Clyde M. Nabe, Donna M. Corr
Copyright © 2009, 2006 by Wadsworth, a part of Cengage Learning.
Original edition published by Cengage Learning. All Rights reserved.

本书原版由圣智学习出版公司出版。版权所有,盗印必究。

China Renmin University Press is authorized by Cengage Learning to publish and distribute exclusively this simplified Chinese edition. This edition is authorized for sale in the People's Republic of China only (excluding Hong Kong, Macao SAR and Taiwan). Unauthorized export of this edition is a violation of the Copyright Act. No part of this publication may be reproduced or distributed by any means, or stored in a database or retrieval system, without the prior written permission of the publisher.

本书中文简体字翻译版由圣智学习出版公司授权中国人民大学出版社独家出版发行。此版本仅限在中华人民共和国境内(不包括中国香港、澳门特别行政区及中国台湾)销售。未经授权的本书出口将被视为违反版权法的行为。未经出版者预先书面许可,不得以任何方式复制或发行本书的任何部分。

Cengage Learning Asia Pte. Ltd.
5 Shenton Way, #01-01 UIC Building, Singapore 068808

本书封面贴有 Cengage Learning 防伪标签,无标签者不得销售。

北京市版权局著作权合同登记号　图字:01-2008-6031

图书在版编目（CIP）数据

死亡课：关于死亡、临终和丧亲之痛：第6版/查尔斯·科尔等著；榕励译.—北京：中国人民大学出版社，2011.5
 （妙趣横生的通识读本）
 书名原文：Death and Dying，Life and Living
 ISBN 978-7-300-13599-1

Ⅰ.①死… Ⅱ.①查…②榕… Ⅲ.①死亡-教育 Ⅳ.①B845.9

中国版本图书馆CIP数据核字（2011）第063127号

妙趣横生的通识读本
死亡课——关于死亡、临终和丧亲之痛（第6版）
查尔斯·科尔 克莱德·内比 多娜·科尔 著
榕励 译
Siwang Ke

出版发行	中国人民大学出版社		
社　　址	北京中关村大街31号	邮政编码	100080
电　　话	010-62511242（总编室）	010-62511770（质管部）	
	010-82501766（邮购部）	010-62514148（门市部）	
	010-62515195（发行公司）	010-62515275（盗版举报）	
网　　址	http://www.crup.com.cn		
经　　销	新华书店		
印　　刷	固安县铭成印刷有限公司		
开　　本	720 mm×1000 mm 1/16	版　次	2011年6月第1版
印　　张	18.5 插页1	印　次	2024年5月第5次印刷
字　　数	296 000	定　价	59.00元

版权所有　侵权必究　　印装差错　负责调换